Klimagerecht Bauen
Ein Handbuch

Klimagerecht Bauen

Ein Handbuch

Gerhard Hausladen
Petra Liedl
Mike de Saldanha

Birkhäuser
Basel

Inhalt

Vorwort

Durch den weltweiten ökonomischen Fortschritt und den damit einhergehenden wachsenden Wohlstand hat die Bautätigkeit insbesondere in Asien und den arabischen Ländern sowie in Russland und Südamerika stark zugenommen. Aufgrund des Bestrebens, den Lebensstandard schnell zu verbessern, verändern sich in diesen Regionen Architektur und Städtebau innerhalb weniger Jahre, während die Baukultur im „alten Europa" sich über Jahrzehnte oder gar Jahrhunderte entwickelte.

Der Internationale Stil, der in Europa und Amerika enorm verbreitet war, führte zu einer von klimatischen Aspekten losgelösten Architektur. Zu einer Architektur, der es primär um die Formensprache ging und die aus einer Zeit stammt, in der es ein Zeichen von Leistungsfähigkeit war, den klimatischen Anforderungen mit Hilfe von Technik und Energie Rechnung zu tragen. Leider führte dies häufig zu unausgewogenen Lösungen, die unter Berücksichtigung der gestiegenen Komfortansprüche einen enormen Verbrauch von Elektrizität und fossilen Brennstoffen zur Folge hatten. Ziel muss heute eine Architektur sein, die ähnlich wie die tradierten Bauweisen auf die klimatischen Gegebenheiten reagiert. Denn es ist wesentlich sinnvoller, klimatischen Herausforderungen baulich zu begegnen, als sie ausschließlich mit Technik zu bewältigen.

In China, Indien oder der arabischen Welt besteht überwiegend ein Problem mit der Behaglichkeit im Sommer, insbesondere aufgrund der enormen solaren Einstrahlung. Eine weitere Herausforderung besteht in tropischen und subtropischen Gebieten in der hohen Luftfeuchtigkeit. Hier ist eine Luftentfeuchtung notwendig, was meist einen hohen Energie- und Technikeinsatz erfordert.

Im Rahmen der Nutzung von passiven Energiequellen wie Erdsonden zur Kühlung oder von regenerativen aktiven Systemen wie solarer Kühlung müssen die Klimabedingungen am Standort genau analysiert werden. Um adäquate leistungsfähige Lösungen zu entwickeln, ist es nur eingeschränkt sinnvoll, Konzepte aus dem europäischen und nordamerikanischen Raum in Länder anderer Klimazonen zu übertragen.

Um ganzheitliche Konzepte entwickeln zu können, die auch in anderen Ländern und Klimazonen funktionieren, sind klimatische und kulturelle Gegebenheiten wie etwa Religion, Tradition oder Wünsche in Bezug auf Behaglichkeit gleichermaßen zu berücksichtigen. Weitere Aspekte sind ökonomische Faktoren sowie technische Gegebenheiten, wie zum Beispiel die Verfügbarkeit von Technik, die Energiepreise oder das vorhandene Know-how für Wartung und Betrieb.

Für ganzheitliche Ansätze ist eine intensive Auseinandersetzung mit den oftmals extremen Klimabedingungen erforderlich. Es sollte daher bereits in den frühen Planungsphasen eines Gebäudes versucht werden, klimatische Aspekte wie Einstrahlung, Lufttemperaturen, Feuchteverhältnisse und Windsituation in die Gebäudekonzeption mit einzubeziehen. Zur adäquaten Berücksichtigung kultureller Aspekte ist das Studium tradierter Bauweisen und auch die Auseinandersetzung mit aktuellen lokalen Trends unerlässlich.

Ziel des Buches

Die rasche Entwicklung der Bautätigkeit führt bei internationalen Projekten zu immer kürzeren Planungszeiten. Oft fehlt es hinsichtlich der Berücksichtigung klimatischer Einflüsse an Planungserfahrung.

Ziel dieses Buches ist es, Architekten und Ingenieure bei der Planung von Gebäuden im internationalen Kontext zu unterstützen, insbesondere in der Konzeptphase. Dazu legt es eine umfassende Analyse der Wechselwirkungen des Klimas mit der Gebäudestruktur und der Gebäudehülle sowie der Gebäudetechnik und dem Energiekonzept vor. Des Weiteren soll es Studierende in ihrem Studium begleiten und ihnen Arbeitsgebiete auf der ganzen Welt eröffnen.

Ein Schwerpunkt des Buches liegt auf der detaillierten Klimaanalyse als Grundlage für eine zukunftsfähige Architektur. So werden die Herausforderungen und Potenziale des Standorts sichtbar, und die Relevanz der einzelnen Klimaelemente Solarstrahlung, Temperatur, Feuchte und Wind für das Planen wird deutlich. Eine bauklimatische Klimaklassifikation definiert Klimazonen basierend auf der Lufttemperatur und der absoluten Feuchte. Anhand dieser Schlüsselfaktoren ist ein erster Überblick im Hinblick auf klimatische Aspekte der Gebäudeplanung möglich.

Exemplarisch wird für die Städte Moskau, München, Shanghai, Bangalore und Dubai – als typische Vertreter ihrer jeweiligen Klimazone – das Klima in Bezug auf das Bauen untersucht, und der Leser erhält Hinweise zu Planungsstrategien.

Aufbau des Buches

Im ersten Kapitel wird das Klima als Schlüsselgröße klimagerechter Architektur beschrieben. Es erfolgt eine Klimaklassifikation nach bauklimatischen Kriterien, aus der sich durch die Kombination der bauspezifischen Klimaparameter Lufttemperatur und absolute Feuchte Konsequenzen für die Raumkonditionierung ablesen lassen, sodass eine erste Übersicht für den Gebäudeplaner möglich wird. Außerdem werden klimatische Unterschiede, die sich aus Breitengrad, Meeresnähe oder Höhenlage ergeben, aufgezeigt.

Wechselwirkungen der Klimaelemente Temperatur, Solarstrahlung, absolute Luftfeuchte und Windgeschwindigkeit mit der Gebäudekonzeption werden eingehend untersucht und dargelegt. Darüber hinaus werden die Komfortkriterien des Raumklimas hinsichtlich Temperatur und Feuchte erläutert, insbesondere die Empfehlungen der internationalen Norm ASHRAE-55.

Die Städte Moskau, München, Shanghai, Bangalore und Dubai fungieren in den folgenden Kapiteln als exemplarische Vertreter der fünf Klimazonen „Kühl", „Gemäßigt", „Subtropen", „Tropen" und „Wüsten", anhand derer die Ergebnisse der Klimaanalyse dargestellt werden. Um einen leichteren Zugang zu ermöglichen, wird zunächst die naturräumliche Vielfalt (vgl. Schultz 2002) beschrieben. Es folgen Planungshinweise zu Baukörperstellung und Kubatur sowie zur Fassadenausbildung. Außerdem bieten diese Kapitel Vorschläge für Raumkonditionierungskonzepte, die in der jeweiligen Klimaregion umgesetzt werden können. Abschließend wird auch das energetische Einsparpotenzial am jeweiligen Standort aufgezeigt. Die Klimagrafiken in diesen Kapiteln sind standortspezifisch, beziehen sich also nur auf die jeweilige Beispielstadt, während die Planungsstrategien für die jeweilige Klimazone allgemein gelten. Aus der bauklimatischen Klimaklassifikation im Kapitel „Klima" und den Städtetabellen im Anhang können klimatische Besonderheiten entnommen und in Bezug zu den vorgestellten Städten gesetzt werden.

Alle klima- und standortspezifischen Grafiken des Buches wurden auf der Basis der globalen Klimadatenbank Meteonorm mit dem interaktiven ClimaTool erstellt. Mit seiner Hilfe lassen sich die Klimafaktoren Solarstrahlung, Temperatur, Feuchte, Wind und Licht aus baulicher Sicht analysieren und für jeden beliebigen Standort weltweit planergerecht aufbereiten. Dieses Tool stellt auch die Grundlage für die vorgestellte bauklimatische Klimaklassifikation und die Städtetabellen im Anhang dar.

Das Kapitel „Ökonomie" untersucht die energierelevanten Baukosten. Dabei werden typische Kosten für Wärme- und Sonnenschutzmaßnahmen sowie Raumkonditionierungs- und Energieerzeugungskomponenten aufgeführt. Zudem sind Besonderheiten, die sich aus der Interaktion mit dem Klima ergeben, aus ökonomischer Sicht dargestellt.

Im Glossar werden die wesentlichen Begriffe zu den Themen „Außenklima", „Energiesystem Gebäude", „Gebäudehülle", „Licht", „Raumklima", „Raumkonditionierung" und „Energieerzeugung" erläutert. Eine Grafik zu jedem dieser Themenbereiche stellt die Begriffe im Zusammenhang dar und gibt so einen Überblick über die Wechselwirkungen zwischen den Einzelaspekten. Die Glossarbegriffe sind in jedem Kapitel in der Marginalspalte zu finden, und der dazugehörige Begriff im Fließtext ist an dem ihm vorangehenden Pfeil erkennbar.

Wir wünschen allen Lesern eine spannende Reise um die Welt!

München, im Juni 2011

Gerhard Hausladen, Petra Liedl, Mike de Saldanha

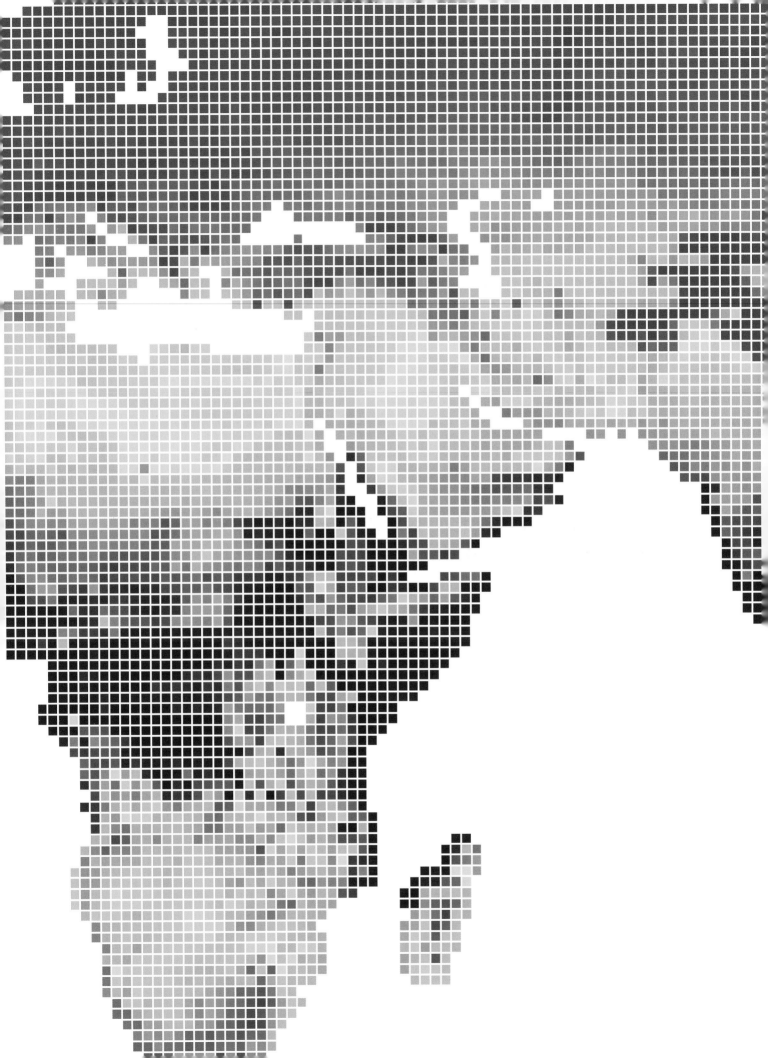

Klima

Klima und zukunftsfähiges Bauen

Klimatische und demografische Veränderungen prägen das 21. Jahrhundert. Diese werden große Auswirkungen auf zukünftige Gebäudekonzepte haben. Die Bevölkerungsexplosion in vergleichsweise jungen Staaten wird in Zukunft umfangreiche Baumaßnahmen erfordern, die mit europäischen Konzepten nicht mehr zu bewältigen sein werden. Eine detaillierte Klimaanalyse, die die Klimaelemente Solarstrahlung, Temperatur, Feuchte und Wind bauspezifisch untersucht, ist Grundlage für eine zukunftsfähige Architektur. Nur eine Auseinandersetzung mit dem Klima und der traditionellen Architektur vor Ort kann effiziente Gebäude- und optimierte Energiekonzepte hervorbringen.

100   75   50   25   0

● ● ● ● ○ ○ ○ ● ● ●   Anteil der Nächte pro Jahr mit Durchschnittstemperaturen kleiner 20 °C [%]

Einführung

Das Wort Klima ist eine Ableitung aus dem altgriechischen Verb klínein („sich neigen").
Es beschreibt die Neigung der Erde in Richtung der Pole. Das Klima kennzeichnet in
Abgrenzung zum Wetter einen statistisch ermittelten Zustand der Erdatmosphäre über
einen Zeitraum von oft mehreren Jahrzehnten. Dieser ergibt sich durch Beschreibung der
relevanten Klimaelemente für einen Standort, eine Region oder die Erde. Das Klima glie-
dert sich so in das Makro-, Meso- und Mikroklima, die sich vor allem durch ihre räumliche
Größe unterscheiden.

Klimaelemente und Klimafaktoren

Außenlufttemperatur
S. 142

Luftfeuchte
S. 142

Globalstrahlung
S. 142

Das Klima der Erde ist geprägt durch die Einstrahlung der Sonne, die ein Leben auf
diesem Planeten erst ermöglicht. Klimaelemente dienen zur Beschreibung des Klimas.
Die wichtigsten sind ↙ Lufttemperatur, Niederschlag, ↙ Luftfeuchte, Bewölkung, Wind
und ↙ Solarstrahlung. Klimafaktoren sind Prozesse und Zustände, die ein Klima hervorrufen, erhalten oder verändern. Dazu zählen der Breitengrad, die Land-Meer-Verteilung,
die lokalen und überregionalen Windsysteme sowie die Höhenlage eines Standorts.

Atmosphärische Zirkulation

Strahlungshaushalt, Erdrotation und Verteilung der Wasser- und Landmassen bestimmen
die atmosphärische Zirkulation auf der Erde. Da sich die Strahlungsbilanz mit der geografischen Breite ändert, ergibt sich ein permanentes Temperaturgefälle zwischen dem
Äquator und den Polen. Dies führt zu Luftdruckunterschieden. Je größer diese sind, desto
stärker fließen Luftmassen vom Hoch- zum Tiefdruckgebiet. Die Folge sind starke Winde
(Abb. 1.1). Durch die Corioliskraft werden die Luftströmungen auf der Nordhalbkugel nach
rechts, auf der Südhalbkugel nach links abgelenkt. Aufgrund einer anderen Land-Meer-
Verteilung sind die Zirkulationssysteme auf der Südhalbkugel klarer ausgeprägt.

Makroklima

Das Makroklima erstreckt sich über sehr große geografische und zeitliche Räume. Als
Einordnungsmerkmale dienen die Verteilung der Solarstrahlung, die Geländehöhe, die
Land-Meer-Verteilung und die globale Zirkulation. Gebiete gleichen Klimas lassen sich zu
Klimazonen zusammenfassen. Die Makroklimata stehen dabei in enger Wechselwirkung
und beeinflussen sich daher auf vielfältige Weise. Erst aus ihrem dynamischen Zusam-
menspiel ergibt sich das globale Klima.

Mesoklima

Beim Mesoklima sind die betrachteten Räume und Zeitabschnitte deutlich kleiner als
beim Makroklima. Als Regionalklima zeichnet es sich in erster Linie durch natur- und
kulturräumliche Elemente aus. Dazu gehören Geländeformen wie Berge, Täler, Küsten,
Inseln, aber auch Waldgebiete, Städte und Dörfer. Man spricht dann vom Landschafts-
oder Standortklima. Ein für das Bauwesen wichtiges Klima ist in diesem Zusammenhang
das Stadtklima.

Mikroklima

Das Mikroklima beschreibt das Klima auf kleinstem Raum in der bodennahen Luftschicht
und in sehr kurzen Zeitintervallen. Es wird geprägt durch das Gelände, den Abstand zur
Bodenoberfläche sowie deren Beschaffenheit und Bepflanzung. In Städten wird es maßgeblich durch Baumaterialien, Bebauungsdichte, Vegetation, Horizontüberhöhung und
Luftströmung bestimmt. Aufgrund seiner stetigen Veränderung kann das Mikroklima nur
durch Messungen erfasst und beschrieben werden.

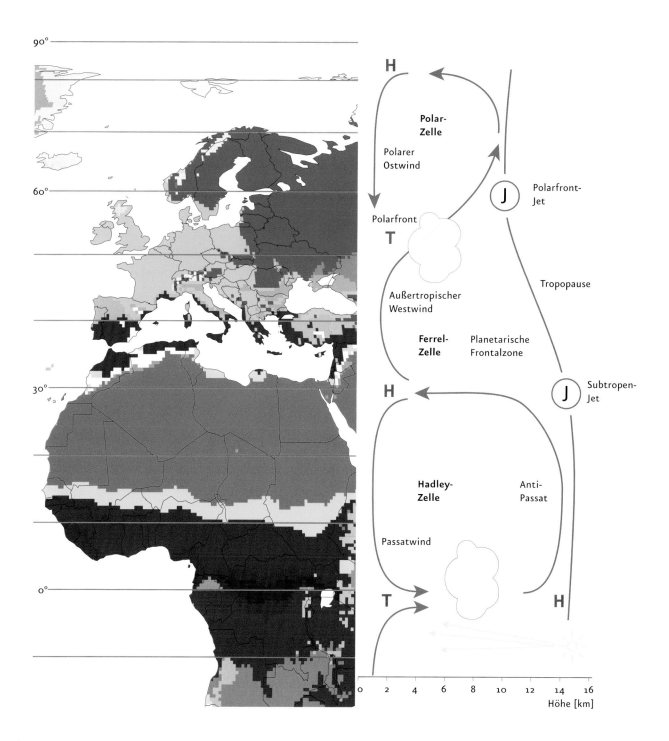

Abb. 1.1 Entstehung der Klimazonen

Die Sonne ist der Motor des Klimas. Aufgrund der unterschiedlich eingestrahlten Energiemenge auf die Erde und der daraus resultierenden Windsysteme entstehen die verschiedenen Klimazonen. Über dem Äquator steigt feuchte Luft auf, erwärmt durch die hohe solare Einstrahlung. Am Boden bildet sich ein Tief, die äquatoriale Tiefdruckrinne, in großer Höhe ein Hoch. Während des Aufsteigens der Luft kondensiert die Feuchtigkeit, es entstehen Wolken. Wird der Wasserdampfsättigungsgrad überschritten, regnet es. Die trockenen Luftmassen strömen in Richtung der Pole und fallen im Bereich der Wendekreise wieder nach unten. Es entsteht ein Hochdruckgebiet mit geringer Luftbewegung, die Rossbreiten. Dabei erwärmen sie sich und nehmen die Feuchtigkeit auf. So entstehen die großen trockenen Wüstengebiete. In Bodennähe strömt die Luft in Form der Passatwinde wieder in Richtung Äquator, und die Luftzirkulation schließt sich. Diese Zirkulation wird als Hadley-Zelle bezeichnet (nach Schönwiese 2003).

Die Farben auf der Karte geben die effektive Klimaklassifikation nach Köppen und Geiger wieder und zeigen eine vorwiegend breitenzonale Gliederung der Klimazonen.

Klimaelemente

Klimaelemente dienen zur Beschreibung des Klimas. Für das Bauen relevante Klimaelemente sind Solarstrahlung, Lufttemperatur, Luftfeuchte und Niederschlag sowie Wind.

Solarstrahlung

Die Solarstrahlung als Licht- und Energiequelle ist ein wesentlicher Planungsparameter, da sie den ↙ Heizwärmebedarf reduziert und das Raumklima im Sommer maßgeblich beeinflusst. Das Ziel einer guten Planung liegt in einer ausreichenden ↙ Tageslichtversorgung mit gutem Ausblick bei gleichzeitiger Steuerung der solaren Wärmeeinträge. Die Helligkeit im Außenraum bestimmt zusammen mit dem ↙ Fensterflächenanteil und der Art der Verglasung die Tageslichtversorgung im Innenraum.

Die ↙ Globalstrahlung setzt sich zusammen aus direkter Solarstrahlung und diffuser Himmelsstrahlung. Der Breitengrad bestimmt maßgeblich die Änderung der Tageslänge, des Einstrahlwinkels (Abb. 1.2) sowie die Art und Intensität der Solarstrahlung im Jahresverlauf (Abb. 1.3). Dies hat Einfluss auf die Verschattung durch gegenüberliegende Baukörper und die Einstrahlung auf die Fassaden. Damit bestimmt der Breitengrad weitgehend die Tageslichtsituation und das ↙ Sonnenschutzkonzept. Auch die Effizienz der solaren Wärmegewinnung und der ↙ solaren Kühlung sowie von ↙ Photovoltaiksystemen hängen davon ab. Der Azimut- und der Höhenwinkel, in denen die Sonne zur Fassade steht, und somit die Intensität der Sonneneinstrahlung ergeben sich aus der ↙ Orientierung des Gebäudes.

Temperatur

Die Außenlufttemperatur ist abhängig von der solaren Einstrahlung und der Temperatur der zufließenden Luftmassen. Der Jahresgang der Temperatur beeinflusst die Baukörperkonfiguration, den Wärmeschutz und die erforderlichen Lüftungs- und Kühlsysteme.

Der Tagesgang der Temperatur hat Auswirkungen auf die Realisierbarkeit von passiven Kühlstrategien wie ↙ Nachtlüftung und ↙ Bauteilaktivierung mit freier ↙ Rückkühlung. Für eine effiziente Nachtauskühlung sind niedrige Nachttemperaturen in Verbindung mit freiliegender ↙ Speichermasse erforderlich. Zudem ist auch die Häufigkeitsverteilung von Tagen mit extremer Witterung zu analysieren. Sie hat Auswirkungen auf die Wirksamkeit von passiven Kühlmaßnahmen und die Auslegung technischer Systeme.

Die Beschaffenheit des Baugrunds und der darunter liegenden Schichten kann die Nutzung von regenerativer Wärme oder Kälte für Gebäude beeinflussen. Für die thermische Nutzung ist die Feuchte des Bodens entscheidend, ideal ist fließendes Grundwasser.

Die Jahresmitteltemperatur stellt sich im Erdreich ab einer Tiefe von ca. 10–15 Metern ein. Knapp unter der Oberfläche stellt sich in etwa die Monatsmitteltemperatur der Außenluft ein. In ca. 1,5 bis 3 Metern ergeben sich abgeschwächte jahreszeitliche Schwankungen. Das Jahresmaximum und -minimum treten dabei mit 2- bis 3-monatiger Verzögerung auf. Das Temperaturniveau im Erdreich kann über Rohrregister, Pfähle, ↙ Sonden oder ↙ Erdkanäle als Wärme- oder Kältequelle genutzt werden.

Maximaler Sonnenhöhenwinkel am 21. Juni, 12 Uhr
- ● Oslo (59° 55' N): 53,5°
- ○ Rom (41° 53' N): 71,2°
- ● Bilma (18° 41' N): 83,4°
- ● Kinshasa (04° 20' S): 69,8°
- ● Kapstadt (33° 55' S): 32,5°

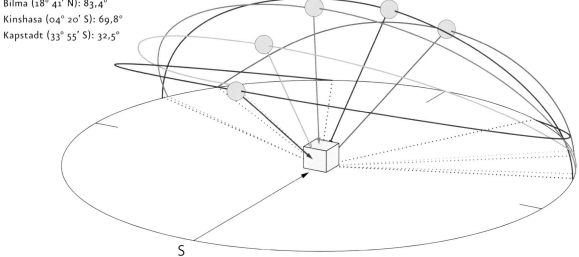

Maximaler Sonnenhöhenwinkel am 21. Dezember, 12 Uhr
- ● Oslo (59° 55' N): 6,6°
- ○ Rom (41° 53' N): 24,5°
- ● Bilma (18° 41' N): 47,7°
- ● Kinshasa (04° 20' S): 61,4°
- ● Kapstadt (33° 55' S): 79,1°

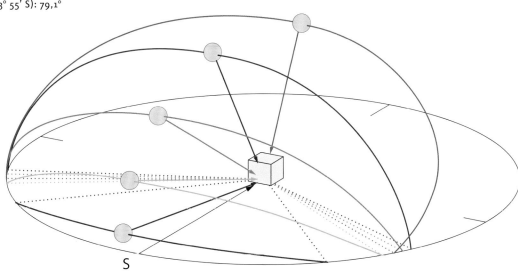

Abb. 1.2 Sonnenverlauf
Verlauf der Sonne am 21. Juni (oben) und am 21. Dezember (unten) mit Sonnenhöhenwinkel und
Azimutwinkel für Standorte verschiedener Breiten- und annähernd gleicher Längengrade.

Luftfeuchte

Bei der Luftfeuchte wird zwischen der relativen und der absoluten Luftfeuchte unterschieden. Die absolute Luftfeuchtigkeit ist standortspezifisch und wird maßgeblich von der Nähe zum Meer und den Niederschlägen bestimmt (Abb. 1.5). Sie ist ein wichtiger Faktor für das Raumklima und die Feuchteabfuhr aus Räumen. Während der absolute Gehalt an Wasserdampf im Lauf eines Tages nur geringen Schwankungen unterworfen ist, verändert sich die relative Luftfeuchtigkeit mit der Temperatur. Minimalwerte absoluter Feuchte treten an besonders kalten Tagen auf, Maximalwerte bei hohen Temperaturen.

Be- oder Entfeuchtung
S. 150

Taupunkttemperatur
S. 142

Dezentrales Lüftungsgerät
S. 152

Die absolute Feuchte hat Einfluss auf die Notwendigkeit der ↖ Be- oder Entfeuchtung der Zuluft. Außerdem kann die ↖ Taupunktproblematik die Effizienz von Flächenkühlsystemen erheblich reduzieren, sodass eine Zuluftentfeuchtung erforderlich wird. Bei feuchter Außenluft kann eine Kondensatableitung bei ↖ dezentralen Fassadenlüftungsgeräten erforderlich werden.

Je nach Standort können die Niederschlagshäufigkeit, die monatlichen Niederschlagsmengen und die auftretenden maximalen Niederschlagswerte wichtige Planungsdaten darstellen. Neben der Solarstrahlung beeinflusst der Grad der Bewölkung die Temperatur vor allem in Bodennähe. Am Tag können Wolken die Einstrahlung vermindern, in der Nacht kommt es ohne Bewölkung zu einer starken Auskühlung.

Wind

Die Windsituation am Standort spielt für die Planung von Gebäuden eine entscheidende Rolle. Ausschlaggebend ist dabei die Druck- und Sogbelastung auf die Gebäudehülle. Die Umströmung eines Gebäudes ist von den vorherrschenden Windverhältnissen, von der Gebäudeform und der Umgebung abhängig. Meteorologische Angaben können aber nur ein allgemeines Bild von der Richtung und Stärke des Windes am Standort vermitteln. Entscheidend sind die mikroklimatischen Verhältnisse: Dabei spielen die Geländeform, die Form und der Abstand der benachbarten Gebäude sowie der Bewuchs eine Rolle. So kann die umgebende Bebauung auch zu Düseneffekten führen, wodurch sich die ↖ Windgeschwindigkeiten erhöhen.

Windgeschwindigkeit
S. 142

Bei der Planung können Druck- und Sogbereiche für die natürliche Belüftung genutzt werden. Die Lage von Zu- und Abluftöffnungen muss dabei nach aerodynamischen Gesichtspunkten optimiert werden.

Während übergeordnete Windsysteme in Abhängigkeit von der Jahreszeit wiederkehren, werden regionale Winde stark von der Topografie beeinflusst. Die Rolle der lokalen Winde wird offensichtlich, wenn sich Orte, die geografisch einer Klimazone zugeordnet werden, in ihrem Lokalklima deutlich unterscheiden.

Globalstrahlung [kWh/m²d]

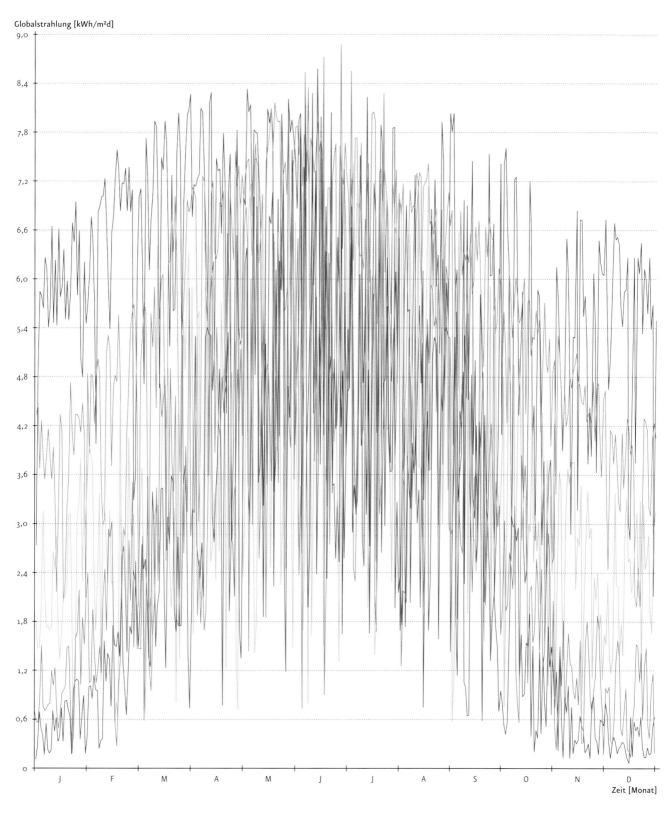

Zeit [Monat]

Abb. 1.3 Solarstrahlung

Typischer Verlauf der eingestrahlten Energiemenge in
kWh/m²d im Jahresverlauf in der kühlen (Moskau) und
gemäßigten (München) Klimazone sowie in den Subtropen
(Shanghai), Tropen (Bangalore) und den Wüsten in
Meeresnähe (Dubai).

Kühle Klimazone (Moskau)
Gemäßigte Klimazone (München)
Subtropen (Shanghai)
Tropen (Bangalore)
Wüsten in Meeresnähe (Dubai)

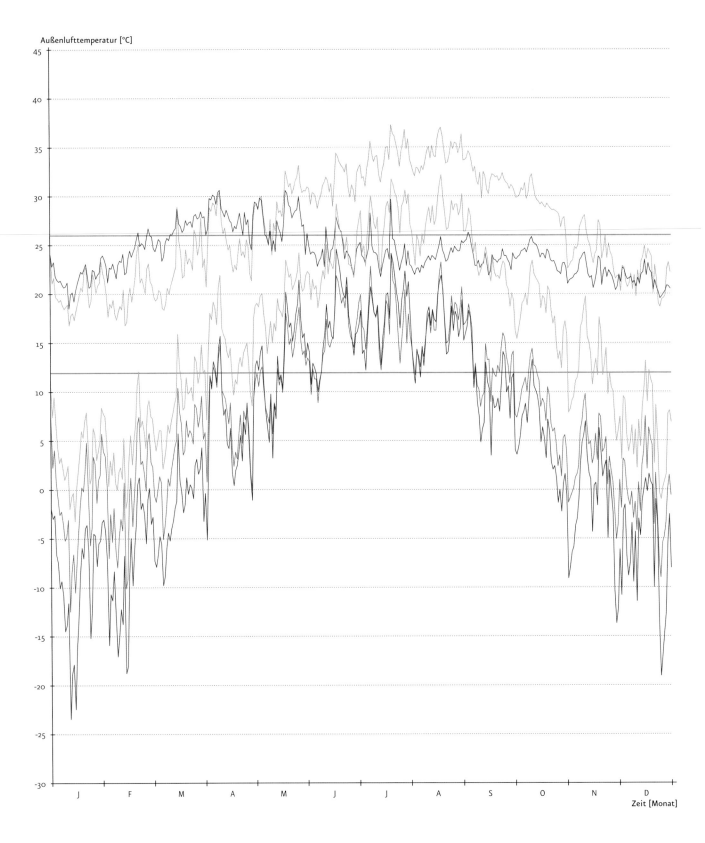

Abb. 1.4 Temperatur

Typischer Verlauf der Tagesdurchschnittswerte der Außenlufttemperatur in °C im Jahresverlauf in der kühlen (Moskau) und
gemäßigten (München) Klimazone sowie in den Subtropen
(Shanghai), Tropen (Bangalore) und den Wüsten in Meeresnähe
(Dubai). Ab 26 °C kann eine Kühlung erforderlich sein. Unterhalb
von 12 °C sollte ein Heizsystem eingeplant werden.

- Kühle Klimazone (Moskau)
- Gemäßigte Klimazone (München)
- Subtropen (Shanghai)
- Tropen (Bangalore)
- Wüsten in Meeresnähe (Dubai)

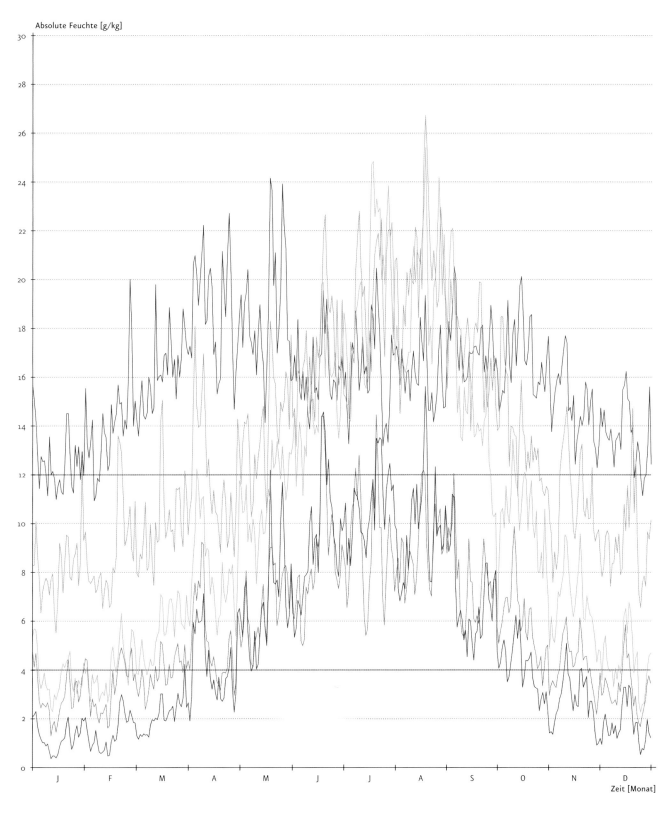

Abb. 1.5 Luftfeuchte

Typischer Verlauf der Tagesdurchschnittswerte der absoluten Luftfeuchte in g/kg im Jahresverlauf in der kühlen (Moskau) und gemäßigten (München) Klimazone sowie in den Subtropen (Shanghai), Tropen (Bangalore) und den Wüsten in Meeresnähe (Dubai). Der Behaglichkeitsbereich nach ASHRAE-55 definiert 12 g/kg als oberen Grenzwert für die absolute Luftfeuchte, darüber muss entfeuchtet werden. Ein unterer Grenzwert existiert nicht, die absolute Luftfeuchte sollte aber 4 g/kg nicht unterschreiten.

● Kühle Klimazone (Moskau)
● Gemäßigte Klimazone (München)
○ Subtropen (Shanghai)
● Tropen (Bangalore)
● Wüsten in Meeresnähe (Dubai)

Klimafaktoren

Klimafaktoren sind Prozesse und Zustände, die das Klima hervorrufen, erhalten oder verändern. Dazu zählen der Breitengrad, die Land-Meer-Verteilung, die regionalen und überregionalen Windsysteme sowie die Höhenlage eines Standorts. Begriffe wie „äquatorial", „mediterran" oder „polar" zeigen die wesentlichen Eigenschaften von regionaltypischen Klimaverhältnissen auf. Die Sonne ist der Hauptmotor für das Klima. Sie bestimmt die Tages- und Jahreszeiten und ist durch die Intensität der auftreffenden Strahlung maßgeblich für die Klimazonen auf der Erde verantwortlich.

Breitengrad

↙
Sonnenstand
S. 142

Durch die geografische Lage werden der ↙ Sonnenstand, der Sonnenverlauf und die Sonnenscheindauer eines Ortes sowohl im Tages- als auch im Jahresverlauf bestimmt (Abb. 1.6). Die Erdachse ist um knapp 23,5° geneigt, wodurch im Verlauf eines Jahres abwechselnd die Südhalbkugel und die Nordhalbkugel der Sonne zugeneigt sind. Auf der jeweiligen Halbkugel herrscht dann wegen der stärkeren Sonneneinstrahlung Sommer. Auf der anderen ist aufgrund des flachen Einstrahlwinkels und des längeren Wegs durch die Atmosphäre die Einstrahlung geringer. Im Bereich des Äquators sind die jahreszeitlichen Unterschiede nur sehr gering, in Richtung der Pole umso ausgeprägter. Auf der Nordhalbkugel beschreibt die Sonne ihre Bahn über den südlichen, auf der Südhalbkugel über den nördlichen Teil des Himmels. Die Erde beschreibt keine kreisförmige, sondern eine leicht elliptische Bahn um die Sonne. Dadurch verändert sich der Abstand zur Sonne im Verlauf eines Jahres. Im Nordwinter ist die Erde der Sonne am nächsten und erreicht im Nordsommer ihren größten Abstand. Dadurch ist die Nordhalbkugel weniger starken jahreszeitlichen Temperaturschwankungen unterworfen als die Südhalbkugel. Die Zone der stärksten Sonneneinstrahlung auf die Erde verschiebt sich innerhalb der Wendekreise. Die Sonne steht am 21. März und 21. September am Äquator im Zenit. Am 21. Juni ist dies am nördlichen Wendekreis (23,5° N) und am 21. Dezember am südlichen Wendekreis (23,5° S) der Fall. Mit zunehmender Sonnenhöhe steigt auch die UV-Strahlung, da der Weg durch die Atmosphäre kürzer wird.

Die Temperaturdifferenz innerhalb eines Jahres hängt primär von der geografischen Breite ab. Die Maximaltemperaturen verändern sich während des Jahres in Abhängigkeit vom Sonnenstand. Sie werden aber nicht im Juni beziehungsweise Dezember die Maximaltemperatur erreicht, obwohl dann die größte Sonneneinstrahlung gegeben ist. Da sich Boden, Luft und Wasser erst aufheizen müssen, geschieht dies mit einer Zeitverschiebung von ein bis vier Monaten. Generell liegen die Temperaturextreme auf der Südhalbkugel weniger weit auseinander, weil die großflächigen Ozeane ausgleichend wirken.

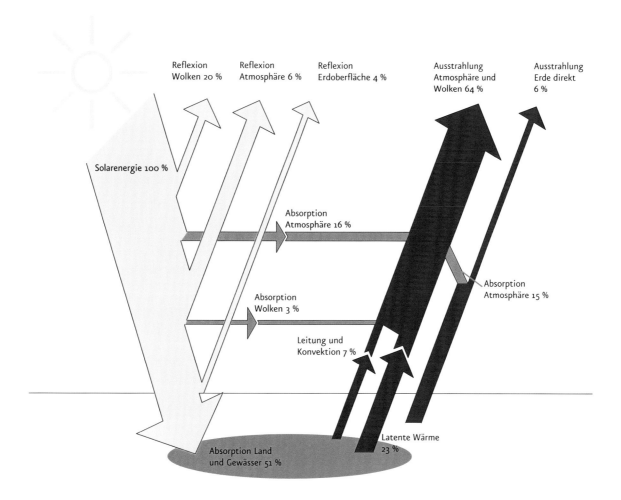

Abb. 1.6 Strahlungsbilanz der Erde

Solarstrahlung (gelb) erwärmt die Erdatmosphäre und die Erdoberfläche, sie wird als Wärmestrahlung (rot) wieder abgegeben. Ein Teil der Wärmestrahlung wird von Gasen in der Atmosphäre
zur Erde rückgestrahlt, daher wirkt die Atmosphäre als eine Art natürliches Treibhaus (nach
NASA).

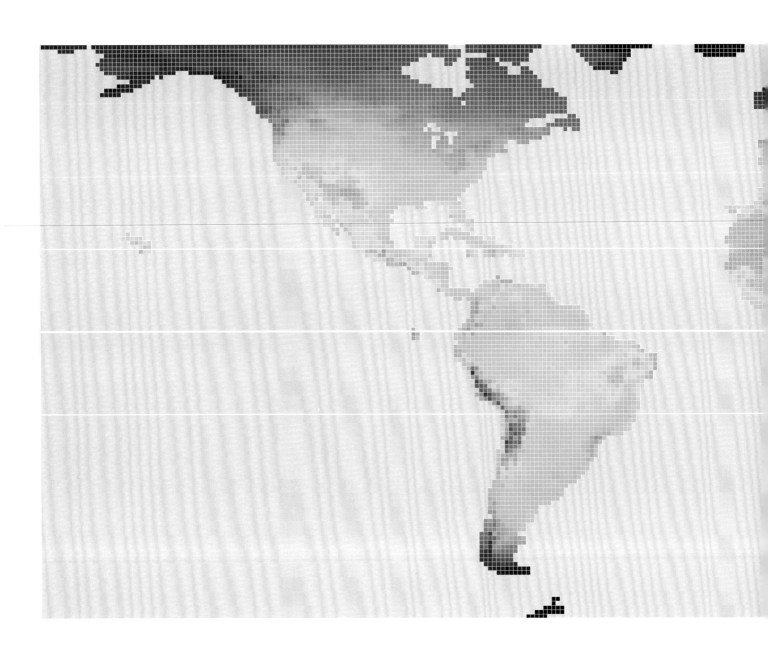

Abb. 1.7 Jährliche Summe der Globalstrahlung auf die Horizontale
Mit der Entfernung vom Äquator wird auf der Erde einerseits der
Einfallswinkel der Solarstrahlung kleiner und andererseits werden die
Sommertage länger. Das Maximum der täglichen Sonneneinstrahlung
auf die Erdoberfläche liegt daher zwischen dem 30. und 45. Breiten-
grad. Auch aufgrund nicht vorhandener Bewölkung liegt die höchste
Jahreseinstrahlung in den trocken-heißen Gebieten.

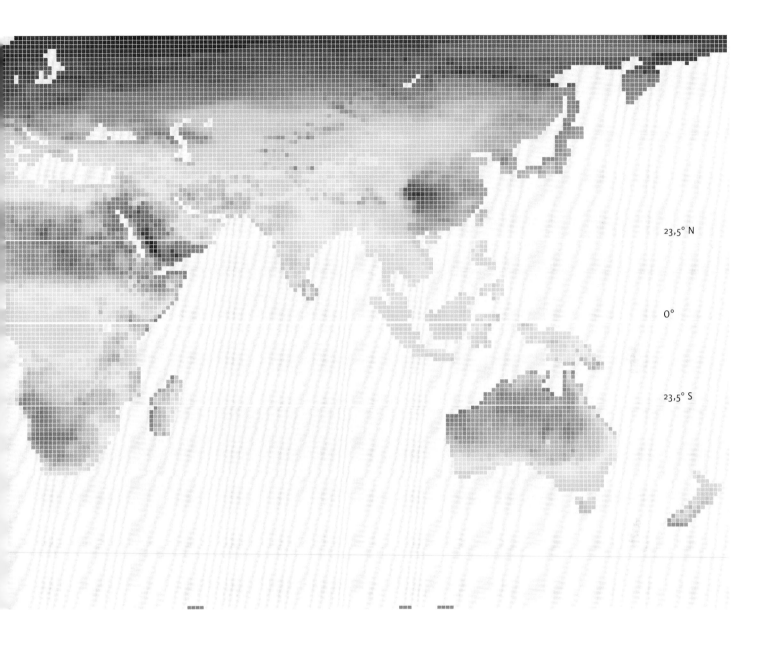

23,5° N

0°

23,5° S

<700   <1.100   <1.500   <1.900   <2.300   ≥2.700   Eingestrahlte Energiemenge [kWh/m²a]

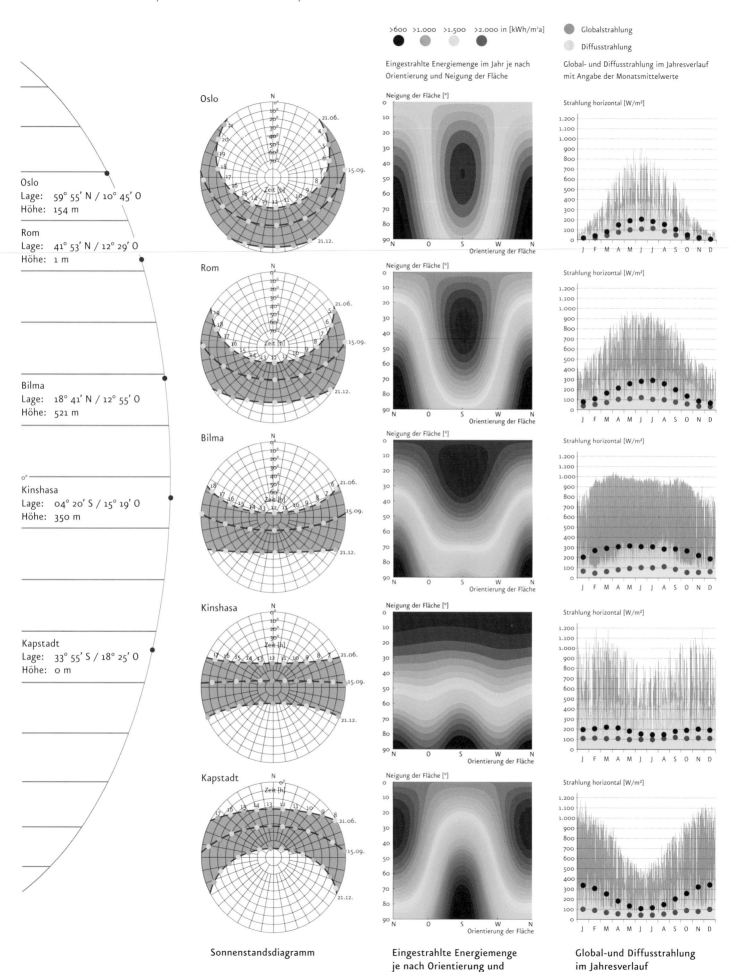

>600 >1.000 >1.500 >2.000 in [kWh/m²a]

● Globalstrahlung
● Diffusstrahlung

Eingestrahlte Energiemenge im Jahr je nach
Orientierung und Neigung der Fläche

Global- und Diffusstrahlung im Jahresverlauf
mit Angabe der Monatsmittelwerte

Oslo
Lage: 59° 55' N / 10° 45' O
Höhe: 154 m

Rom
Lage: 41° 53' N / 12° 29' O
Höhe: 1 m

Bilma
Lage: 18° 41' N / 12° 55' O
Höhe: 521 m

Kinshasa
Lage: 04° 20' S / 15° 19' O
Höhe: 350 m

Kapstadt
Lage: 33° 55' S / 18° 25' O
Höhe: 0 m

Oslo

Rom

Bilma

Kinshasa

Kapstadt

Sonnenstandsdiagramm

Eingestrahlte Energiemenge
je nach Orientierung und
Neigung der Fläche

Global-und Diffusstrahlung
im Jahresverlauf

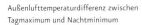

Außenlufttemperaturdifferenz zwischen
Tagmaximum und Nachtminimum

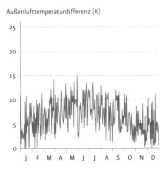

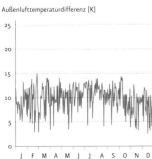

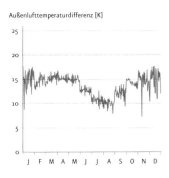

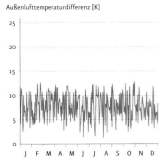

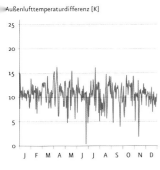

Außenlufttemperaturdifferenz

<2.5 <5.0 <7.5 <10.0 ≥10.0 [m/s]

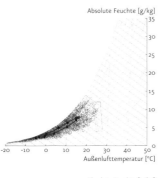

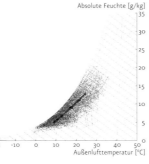

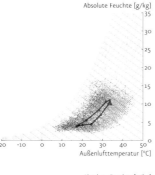

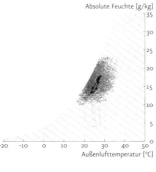

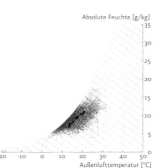

Psychrometric Chart

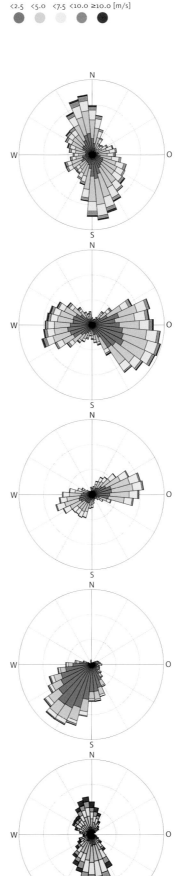

Windrose

Abb. 1.8 Einfluss des Breitengrades

Infolge der unterschiedlichen geografischen Breite der fünf Städte unterscheiden sich deren Klimabedingungen grundlegend. Die Sonne wandert auf der Nordhalbkugel von Osten über Süden nach Westen, auf der Südhalbkugel von Osten über Norden nach Westen (1. Spalte). Durch die unterschiedliche Breitenlage variieren an den Standorten sowohl der maximale Sonnenstand als auch die Tageslängen im Jahresverlauf erheblich.

In Oslo gibt es deutliche jahreszeitliche Unterschiede, mit einer maximalen Sonnenscheindauer von fast 19 Stunden im Sommer und 5 Stunden im Winter. Die Sonnenhöchststände schwanken zwischen 5° und 55°. Je näher der Standort am Äquator liegt, desto geringer die Unterschiede zwischen den Jahreszeiten. So variieren in Kinshasa am Äquator die Tageslängen um maximal 1 Stunde, die Sonnenhöchststände um maximal 30°.

Zur Maximierung der Erträge von Sonnenenergie für Solarsysteme ist an äquatornahen Standorten ein flacher Winkel optimal, die Orientierung spielt eine untergeordnete Rolle. In Richtung Nordpol ist ein immer steilerer Winkel in Südorientierung günstig, auf der Südhalbkugel entsprechend in Nordausrichtung (2. Spalte).

Die Menge der Global- und Direktstrahlung ist im Bereich der Wendekreise aufgrund geringer Bewölkung am größten. Am Äquator ist die Bewölkung an der Menge der Diffusstrahlung und den Lücken bei der Direktstrahlung deutlich abzulesen. In Kinshasa ist die Zenitstellung der Sonne im Winter an den Maximalwerten zu erkennen (3. Spalte).

Die Strahlungsverhältnisse sind auch entscheidend für die Temperatur- und Feuchtebedingungen am Standort. Die Temperaturen steigen bis zum Wendekreis an, am Äquator werden wegen der hohen Niederschlagsmengen und der Bewölkung nicht die Maximalwerte der trockenen Wüsten erreicht, dafür ist die Jahrestemperaturschwankung am geringsten (5. Spalte). Auch die Temperaturdifferenz zwischen Tag und Nacht ist in den Wüsten aufgrund der hohen Einstrahlung am Tag und der hohen Abstrahlung aufgrund fehlender Bewölkung in der Nacht am höchsten (4. Spalte).

In Oslo steht Heizen und Befeuchten im Vordergrund, in Bilma Befeuchten und Kühlen, wobei Nachtlüftung genutzt werden kann, in Kinshasa Kühlen und Entfeuchten. Der für das Raumklima optimale Standort ist Kapstadt, gefolgt von Rom.

Die Windverhältnisse bezüglich Richtung und Stärke hängen sowohl mit der geografischen Lage als auch mit der Nähe zu Meeren und Gebirgen zusammen. Daher ist hier eine detaillierte Betrachtung nötig.

Meeresnähe und Kontinentalität

Mehr als 70 Prozent der Erdoberfläche sind von Ozeanen bedeckt. Die durchschnittliche Temperatur des Meerwassers beträgt 3,8 °C. Trotz gleicher geografischer Breite kann das Klima zweier Standorte sehr unterschiedlich sein – je nach ihrer Entfernung vom Meer. Hauptursache für diese Unterschiede ist die höhere spezifische Wärmekapazität von Wasser im Vergleich zu der von Land. Dadurch schwankt die bodennahe Lufttemperatur im Jahresverlauf in der Nähe von großen Wassermassen weniger stark, man spricht vom maritimen Klima. Im Zentrum großer Kontinente, besonders bei hoher geografischer Breite, ist die jährliche Temperaturschwankung sehr groß. Außerdem ist die Verdunstung in kontinentalen Lagen nicht sehr hoch, wodurch die Luftfeuchte geringer ist.

Das Reflexionsvermögen von Oberflächen, die Albedo, ist ein wichtiger Faktor für das lokale Klima. Je höher die Albedo, desto mehr Energie wird reflektiert. Auf den Kontinenten liegt dieser Wert zwischen 0 und 30 Prozent. Besonders Sand weist hohe Werte auf, wodurch in kontinentalen Wüstengebieten ein ausgeprägtes Strahlungsklima mit starken Temperaturschwankungen herrscht.

Aufgrund der unterschiedlichen wärmespezifischen Eigenschaften von Land und Wasser ergibt sich bei der Temperatur über Land ein ausgeprägter Tagesgang. Über den Wasserflächen hingegen bleibt die Temperatur während des gesamten Tages nahezu konstant. Das Meer erwärmt sich infolge der viel höheren spezifischen Wärmekapazität langsamer als Landflächen, speichert aber die Wärme länger. Die warme Luft über dem Land ist leichter als die kalte Luft über dem Meer, sie dehnt sich aus und steigt nach oben. Es entsteht ein Gebiet niedrigen Luftdrucks, das kältere Luft vom Meer nachströmen lässt. Da die Luft in den Nachtstunden schneller als das Wasser abkühlt, dreht sich die Zirkulation um. Luft steigt über dem Wasser auf und sinkt über dem Land ab, sie strömt vom Land wieder zum Wasser. Die Effekte der Land- und Seewind-Zirkulation sind noch viele Kilometer von der Küste entfernt spürbar.

In warmen und heißen Regionen können die Windsysteme an der Küste zur Durchlüftung des Straßenraums und der Gebäude genutzt werden.

Höhenlage

Gebirge wirken aufgrund ihrer Ausdehnung und Höhe oft als Klimagrenze. Im Luv eines Gebirges bilden sich Wolken, und es fallen Niederschläge. Daher ist es im Lee meist trockener. Mit zunehmender Höhe nimmt die Häufigkeit von höheren ⬂ Windgeschwindigkeiten zu, die ⬂ Solarstrahlung ist höher, da der Dunst der Atmosphäre abnimmt und neblige Wetterlagen seltener sind. Die Temperaturunterschiede zwischen Tag und Nacht sind größer.

⬂
Windgeschwindigkeit
S. 142

Globalstrahlung
S. 142

Jedes Auf- und Absteigen der Luft ist mit Temperaturänderungen verbunden, da sich jedes Gas abkühlt, wenn es vom Druck entlastet wird, und bei höherem Druck erwärmt. Steigt trockene Luft von der Erdoberfläche in dünnere Luftschichten auf, kühlt sie sich infolge des geringeren Luftdrucks um ca. 1 K pro 100 Meter ab. Beim Absinken steigt die Temperatur an, da die Masse der Atmosphäre stärker auf ihr lastet. Zudem entwickelt sich ein thermisch bedingtes Windsystem, bei dem sich Hangwinde sowie Berg- und Talwinde, die parallel zum Tal zirkulieren, abwechseln. Das Auftreten der Berg- und Talwinde verläuft tagesperiodisch. Am Morgen werden die nach Osten abfallenden Hänge durch die Sonneneinstrahlung erwärmt, es entstehen Hangaufwinde. In den Vormittagsstunden werden diese durch den mit deutlich höherer Geschwindigkeit auftretenden Talwind überlagert, der aufgrund der unterschiedlichen Erwärmung des Gebirges entsteht. Während der Nachtstunden kühlt sich die Luft in den Bergen schneller ab. Sie strömt Richtung Tal, und die Zirkulation dreht sich um. Bis zum Morgen weht zusammen mit dem Hangabwind der Bergwind talauswärts und tauscht die verunreinigte Talluft durch die saubere partikelarme Gebirgsluft aus.

Das Klima in den Bergen erfordert bei der Standortwahl eine differenzierte Betrachtung. In hohen Lagen erhöhen sich die Anforderungen an die ⬂ Wärmedämmung, gleichzeitig kann Solarenergie gewonnen werden. Kaltluftschneisen wirken sich positiv auf die Stadtbelüftung und die Abfuhr von Emissionen aus. Windarmut in Kessellagen kann zu einem Emissionsstau führen. Im Sommer trägt der Wärmestau zu hohen Temperaturen bei, im Winter kommt es häufig zur Bildung von Kaltluftseen und Nebel.

⬂
Wärmedämmung
S. 146

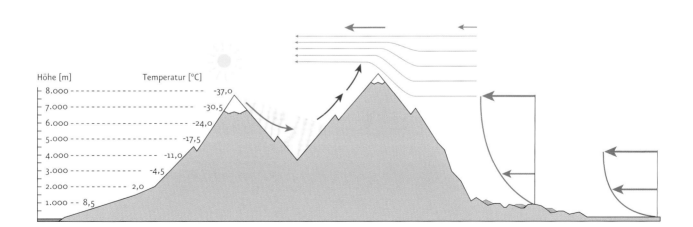

Abb. 1.9 Einfluss der Höhenlage auf die Temperatur und das Windsystem
Die Lufttemperatur nimmt im Durchschnitt pro 1.000 m Höhenunterschied um ca. 10 K ab. Vormittags werden die Ostseiten der Täler stärker von der Sonne bestrahlt, wodurch es zu kalten Fallwinden an den Westhängen und zu aufsteigenden warmen Luftmassen an den Osthängen kommen kann. Auf Berggipfeln oder Kuppen, entlang von Tälern oder Schneisen kann die Windgeschwindigkeit stark zunehmen. Über Ebenen oder Ozeanen können aufgrund des weniger stark ausgeprägten Oberflächenreliefs erhöhte Windgeschwindigkeiten auftreten.

Stadtklima

Das Klima in Städten unterscheidet sich aufgrund der Auswirkungen der Bebauung von dem im Umland. Das Stadtklima wird bestimmt von natürlichen und anthropogenen Faktoren, die dazu führen, dass es kein einheitliches Stadtklima geben kann. Natürliche Faktoren sind die geografische Lage, das Relief, die Höhenlage sowie naturnahe Oberflächen. Zu den anthropogenen Faktoren gehören die Art und Dichte der Bebauung, das Wärmespeichervermögen der Baustoffe und der Versiegelungsgrad sowie Emissionen aus Industrie, Haushalt und Verkehr. Im Vergleich zum Umland herrschen veränderte Bedingungen im Strahlungs- und Energiehaushalt sowie veränderte Temperatur-, Feuchtigkeits- und Niederschlagsverhältnisse. Zusätzlich führt der Wind zu einer veränderten Luftsituation, die abhängig von der ausgestoßenen Menge und der Verdünnung bzw. Abführung der luftverunreinigenden Stoffe ist. Die Stadt bestimmt auch über ihre Grenzen hinaus das regionale Klima.

Die Strahlungsbilanz eines Standorts hängt vom Zenitstand der Sonne und der Trübung der Atmosphäre ab. Abgase, Schmutz- und Staubpartikel der städtischen Emittenten gelangen nicht in die höhere Atmosphäre, sondern lagern sich wie eine Dunstglocke in der Luft über den Innenstädten ab. Daher ist in Städten die Globalstrahlung geringer als im Umland.

Die Be- und Entlüftungsfunktion des Windes ist maßgeblich für die Luftreinheit in der Stadt verantwortlich. Infolge der höheren Temperaturen im Vergleich zum Umland und der Wärmeinseln in der Stadt kann sich bei ruhigem Wetter ein regionales Windsystem ausbilden. Flurwinde entstehen durch das Aufsteigen der wärmeren Stadtluft und der Kompression der kühleren Landluft. Die Rauigkeit der Oberfläche ist in bebauten Gebieten höher als in unbebauten, weshalb die ↙ Windgeschwindigkeiten im Durchschnitt niedriger sind. Verbunden mit häufigeren windstillen Zeiten ist ein geringerer Luftaustausch gegeben. An Bebauungslücken und geradlinigen, langen Straßenschluchten können Düseneffekte auftreten, die die Windgeschwindigkeit stark erhöhen. Hochhäuser, die hoch über die Stadtsilhouette hinausragen, können das stärkere Windfeld aus höheren Luftschichten ablenken und am Boden zu heftigen Verwirbelungen führen.

Windgeschwindigkeit
S. 142

Aufgrund der höheren Temperaturen und der eingeschränkten Verdunstung ist die ↙ relative Luftfeuchte in Städten geringer. Nebel tritt in den Sommermonaten weniger oft auf, im Winter kann es zu verstärkter Nebelbildung kommen. Aerosole, Abgase und Staub werden in Städten teils in hoher Konzentration emittiert. Die Kondensationskerne führen zu mehr Bewölkung und Niederschlägen.

Relative Luftfeuchte
S. 142

Die Lufttemperaturen sind im Tages- und Jahresverlauf in der Stadt höher als im
Umland. Diesen typischen urbanen Effekt bezeichnet man als städtische Wärmein-
sel. Die Höhe der Überwärmung hängt maßgeblich von der Klimazone, der Lage
im Gelände, der Nähe zur Küste, der Besiedlungsdichte und der Art der Bauweise
sowie vom Technisierungsgrad ab. Städtische Wärmeinseln zeigen auch eine gewisse
Abhängigkeit von der Einwohnerzahl. Die größere Oberfläche der Bebauung, auf der
Solarstrahlung absorbiert wird, führt zu einer Aufheizung der Baukörper. Versiegelte
Flächen leiten Wärme stärker in den Untergrund als natürliche Flächen, die wie eine
Dämmschicht eine Aufheizung des Bodens verhindern. Durch die Bodenversiegelung
verringert sich auch die Aufnahme latenter Verdunstungsenergie durch die Atmosphäre. Ähnlich wie beim Treibhauseffekt wird die Abstrahlung von langwelliger Strah-
lung durch die Partikelkonzentration in der Stadtluft gebremst. In der Folge werden
die Städte durch die Aufwärmung mit nur eingeschränkter Abkühlung immer wärmer.
Die Intensität der Wärmeinsel verändert sich im Jahres- und Tageszyklus. Bei kalten
Wintern kann die Temperaturdifferenz zwischen Stadt und Umland im Winter viel
höher als im Sommer sein. Hauptverantwortlich dafür ist die Beheizung der Gebäude.

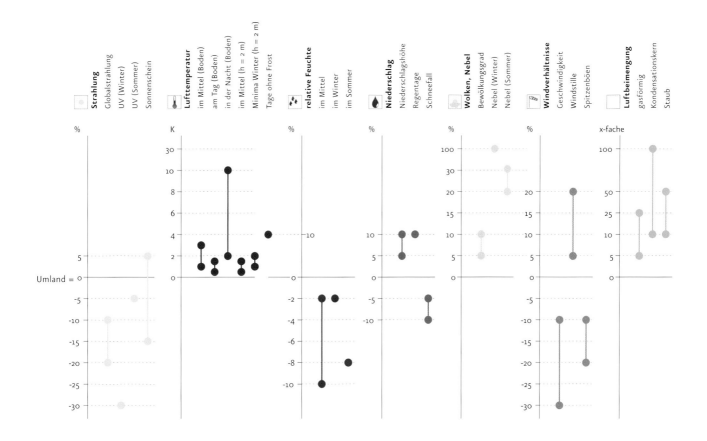

Abb. 1.10 Klimatische Unterschiede zwischen Stadt und Umland
Für die Aspekte Strahlung, Temperatur, Feuchte, Niederschlag, Bewölkung, Wind und
Schadstoffe zeigen die Skalen die Unterschiede zwischen Stadt und Umland (nach Häckel 2005).

Klimazonen

Schlüsselgrößen für die Raumkonditionierung sind die absolute Luftfeuchte und die Temperatur. Durch die Kombination dieser bauspezifischen Klimaparameter lassen sich die Konsequenzen des Klimas für die Raumkonditionierung nachvollziehbar ablesen. Dazu werden für alle 8.760 Stunden eines Jahres sowohl die Werte für die Außenlufttemperatur als auch für die absolute Feuchte in einem ⬐ Psychrometric Chart dargestellt. Aus dem sich ergebenden Umriss des Standortklimas ist sofort ablesbar, ob vorwiegend geheizt oder gekühlt bzw. entfeuchtet oder befeuchtet werden muss oder ob ein gemäßigtes Klima ohne hohe Anforderungen an die Bauklimatik vorliegt bzw. ob ein behagliches Raumklima mit passiven Maßnahmen erreicht werden kann. Als Komfortbereich ist der internationale Standard der ASHRAE-55 für geringe Luftgeschwindigkeiten definiert.

⬐
Psychrometric Chart
S. 142

Die Weltkarte (Abb. 1.12, siehe S. 34) stellt die repräsentative Klimazoneneinteilung für die Bauklimatik dar und zeigt auf, welche geografischen Zusammenhänge sich bezüglich Breitengrad, Höhenlage und Meeresnähe ergeben. In Kombination mit den Heiz- und Kühlgradtagen sowie den Be- und Entfeuchtungsgrammtagen ist abzuschätzen, in welchem Umfang passive Maßnahmen ausreichend sind oder ob eine aktive Kühlung bzw. Heizung für ein behagliches Raumklima zu allen Zeiten des Jahres notwendig ist (Abb. 1.13).

Kühles Klima

Ausgeprägte Jahreszeiten kennzeichnen dieses Klima. Dabei lassen sich vier Klimauntertypen unterscheiden, die hauptsächlich auf der Nordhalbkugel zu finden sind. Der Grad der Kontinentalität sowie der Breitengrad sind die Hauptursachen für die klimatischen Unterschiede.

⬐
Heizwärmebedarf
S. 144

Außenlufttemperatur
S. 142

Natürliche Lüftung
S. 146

Kalte Winter und warme bzw. heiße Sommer kennzeichnen das Klima. Die entscheidenden Größen sind der ⬐ Heizwärme- und Befeuchtungsenergiebedarf im Winter. Diese sind umso größer, je höher, nördlicher bzw. kontinentaler die Standorte liegen. Die niedrigen ⬐ Außenlufttemperaturen schränken die ⬐ natürliche Lüftung im Winter weitgehend ein. In den Sommermonaten kann grundsätzlich über die Fenster gelüftet werden, auch Nachtauskühlung ist gut möglich. Der geringe Kältebedarf kann gut über regenerative Kältequellen gedeckt werden. Für die südlicher gelegenen Gebiete in Meeresnähe spielt auch der Kühl- und Entfeuchtungsenergiebedarf eine Rolle, die hohe Feuchte kann die natürliche Lüftung einschränken. In Gebirgslagen ist das Heizen und Befeuchten eine relevante Raumkonditionierungsart. Je nach Höhenlage und Breitengrad ist das Ausmaß allerdings unterschiedlich. Zeiten mit Fensterlüftung sind möglich.

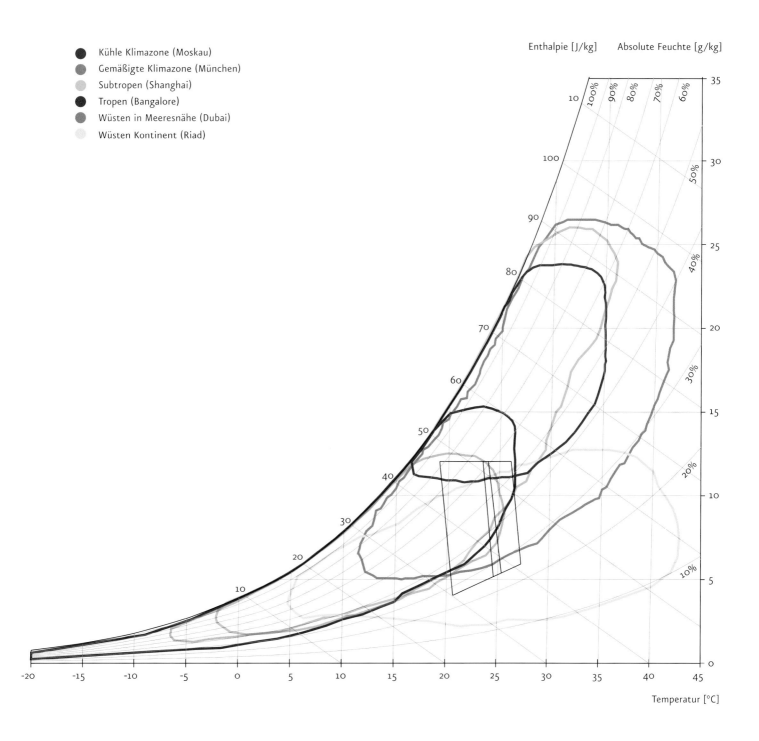

Enthalpie [J/kg]   Absolute Feuchte [g/kg]

● Kühle Klimazone (Moskau)
● Gemäßigte Klimazone (München)
● Subtropen (Shanghai)
● Tropen (Bangalore)
● Wüsten in Meeresnähe (Dubai)
● Wüsten Kontinent (Riad)

Temperatur [°C]

Abb. 1.11 Klimazonen für die Bauklimatik und Raumkonditionierung, dargestellt im Psychrometric Chart

Dargestellt sind die Umrisse der 8.760 Stundenwerte für Außenlufttemperatur und absolute Feuchte in den Tropen und Subtropen, den Wüsten in Meeresnähe und im Landesinneren sowie für die gemäßigte und die kühle Klimazone.

Gemäßigtes Klima

Jahreszeiten mit Übergangszeiten ohne Extremwerte hinsichtlich Außenlufttemperatur und Luftfeuchte kennzeichnen die Vertreter dieses Klimas. Je nach Ausprägung lassen sich vier Klimauntertypen erkennen. Die geografische Breite, die Nähe zum Meer und die Höhenlage bestimmen gleichermaßen die klimatischen Unterschiede.

Warme Sommer und kalte bzw. kühle Winter kennzeichnen das Klima. Entscheidend ist daher der ⤢ Heizwärmebedarf. Der Kühlkältebedarf kann gut über passive Maßnahmen wie Nachtauskühlung gedeckt werden. Der Befeuchtungs- bzw. Entfeuchtungsbedarf ist sehr gering. Fast während des gesamten Jahres kann behaglich über die Fenster gelüftet werden, lediglich die niedrigen Außenlufttemperaturen im Winter schränken die ⤢ natürliche Lüftung ein. An den nördlich gelegenen Standorten besteht im Sommer kein Kühlkältebedarf. Die Nähe zum Meer reduziert den Heizwärme- sowie Befeuchtungsenergiebedarf im Winter.

⤢
Heizwärmebedarf
S. 144

Natürliche Lüftung
S. 146

Subtropen

Jahreszeiten mit kurzen Übergangsperioden kennzeichnen dieses Klima. Je nach Ausprägung lassen sich fünf Klimauntertypen unterscheiden. Neben der geografischen Breite ist die Entfernung vom Meer die entscheidende Ursache für die klimatischen Unterschiede. Die Höhenlage ist dabei stets ein wichtiger Faktor.

Schwül-heiße bzw. warme Sommer und feucht-kalte bzw. kühle Winter kennzeichnen das Klima. Wichtige Größen sind der Kühl- und Entfeuchtungsenergiebedarf im Sommer, besonders in Gebieten auf der Nordhalbkugel an den Ostküsten der offenen Meere. Neben den teilweise hohen Außenlufttemperaturen schränkt vor allem die hohe absolute Feuchte die Fensterlüftung und die Nachtauskühlung ein. Auf die ⤢ Taupunktproblematik bei Flächenkühlung ist zu achten. In den Übergangszeiten ist Fensterlüftung vor allem in auf einem höheren Breitengrad gelegenen Gebieten gut möglich. Außerhalb der Wendekreise besteht im Winter ein geringer Heizwärmebedarf, Befeuchtungsenergiebedarf besteht nahezu nicht. Der Umfang des Energiebedarfs lässt sich aus dem Standort nicht eindeutig ablesen.

⤢
Taupunkttemperatur
S. 142

Tropen

Nahezu konstante Werte bezüglich Außenlufttemperatur und absoluter Feuchte kennzeichnen diese Klimazone. Je nach Ausprägung lassen sich dennoch fünf Klimauntertypen unterscheiden. Die Nähe zum Äquator und die Höhenlage sind die entscheidenden Ursachen für die klimatischen Unterschiede.

Hohe Außenlufttemperaturen in Verbindung mit hoher absoluter Feuchte während des ganzen Jahres kennzeichnen das Klima. Ausschlaggebend für ein behagliches Raumklima sind der Kühl- und der Entfeuchtungsenergiebedarf. Dieser ist umso größer, je äquatornäher und niedriger die Standorte liegen. Die hohen Werte der absoluten Feuchte schränken die natürliche Lüftung weitgehend ein. Bei Flächenkühlung ist auf die Taupunktproblematik zu achten. Mit zunehmender Höhe bzw. an den Randgebieten der Tropen erhöhen sich die Zeiten, in denen ⬎ Fensterlüftung möglich wird. Die Effizienz einer Nachtauskühlung ist dann zu prüfen. Das Außenklima und das Erdreich bieten nur begrenzte Kühlpotenziale. In Gebirgslagen ab einer Höhe von 2.000 Metern reduzieren sich der Kühl- und Entfeuchtungsenergiebedarf erheblich. Bei extremen Höhenlagen steigt neben dem Befeuchtungsenergiebedarf vor allem der Heizwärmebedarf stark an.

⬎
Natürliche Lüftung
S. 146

Wüsten

Extrem hohe Außenlufttemperaturen in Verbindung mit sehr hoher bzw. sehr niedriger absoluter Luftfeuchte kennzeichnen dieses Klima. Je nach Ausprägung lassen sich fünf Klimauntertypen unterscheiden. Neben dem Breitengrad und der Höhenlage ist vor allem die Nähe zum Meer Ursache für die klimatischen Unterschiede. In küstennahen Wüstengebieten muss nahezu ganzjährig gekühlt und entfeuchtet werden. In kontinentalen Wüstengebieten ist keine Entfeuchtung notwendig.

Das gemeinsame Merkmal der Wüstengebiete ist, dass ganzjährig kaum Niederschlag fällt. Hinsichtlich der Bauklimatik ergeben sich jedoch je nach Standort erhebliche Unterschiede. In Wüstengebieten in Küstennähe muss nahezu ganzjährig gekühlt und entfeuchtet werden. Verdunstungskühlung ist nicht möglich. Allenfalls im Winter sind Fensterlüftung und ⬎ Nachtauskühlung denkbar. Der ⬎ Kühlkältebedarf ist auch in küstennahen Standorten an den Wendekreisen die entscheidende Größe, der Entfeuchtungsenergiebedarf sinkt aber erheblich. Deshalb erhöht sich der Zeitraum der natürlichen Lüftung während des Tages und in der Nacht.

⬎
Nachtlüftung
S. 152

Heizwärmebedarf
S. 144

In kontinentalen Wüstengebieten ist keine Entfeuchtung nötig. Verdunstungskühlung ist ebenso wie Nachtauskühlung sehr gut möglich. Innerhalb der Wendekreise muss stark gekühlt und gegebenenfalls in geringem Umfang geheizt werden. Außerhalb der Wendekreise reduziert sich der Kühlkältebedarf umso mehr, je höher der Standort liegt, während der Heizwärme- und der Befeuchtungsenergiebedarf in der Höhe deutlich steigen.

● 40°–60°, Nord, hohe Kontinentalität
● 30°–45°, Nord, Meeresnähe
● um 60°, Nord, Küste
● ab ca. 30°, Nord, ab 1.000 m

Abb. 1.12 Bauklimatische Klimaklassifikationstypen

● 40°–50°, Nord, Kontinent, bis 500 m	● 20°–25°, Nord, Ostküste	● 20°–30°, Küste	● 0°–15°, bis 150 m
● 35°–40°, Nord, Kontinent, bis 1.000 m	● 30°–35°, Nord, Ostküste	● ca. 30°, Meeresnähe, 0 bis 500 m	● 0°–20°, bis 800 m
● 45°–55°, Nord, Kontinent, bis 500 m	● 25°–40°, Küste	● ca. 25°, Kontinent, 500–800 m	● 0°–15°, bis 2.000 m
● 50°–60°, Nord, Küste	● 30°–45°, Küste	30°–35°, 500 bis 1.300 m	● ab 20°, bis 150 m
		ab 35°, Nord, 500 bis 2.000 m	● 0°–20°, ab 2.000 m

Stadt	Breite [°]	Länge [°]	Höhe üNN [m]	Temperatur Mittel [°C]	Temperatur Maximum [°C]	Temperatur Minimum [°C]	Tagesgang Maximum [K]
Moskau RU	55,750	37,700	152	5,0	30,6	-25,5	17,9
Peking CN	39,930	116,400	30	11,8	36,4	-14,3	15,1
Helsinki FI	60,220	25,000	12	4,7	27,1	-24,8	16,2
Lhasa CN	29,653	91,119	3.650	7,5	25,5	-12,9	18,7
Budapest HU	47,500	19,080	130	11,0	34,6	-12,2	18,3
Madrid ES	40,410	-3,710	608	13,9	37,5	-2,4	16,0
München DE	48,130	11,580	536	8,0	28,7	-15,2	15,4
Glasgow UK	55,850	-4,250	56	8,4	23,1	-7,8	15,3
Taipeh TW	25,020	121,450	419	19,8	32,5	5,1	12,6
Shanghai CN	31,230	121,470	8	15,8	36,3	-4,7	14,0
New Orleans US	30,000	-90,050	0	20,7	34,4	-1,2	19,3
Melbourne AU	-37,750	144,970	82	14,1	36,6	-0,4	22,7
Singapur SG	1,280	103,850	30	26,5	33,5	20,8	10,3
Bangalore IN	12,970	77,580	762	24,2	36,6	14,3	14,7
Brasília BR	-15,920	-47,670	960	21,3	32,7	9,3	16,9
Santa Clara CU	22,420	-79,970	102	25,8	35,5	12,0	14,3
Bogotá CO	4,630	-74,080	2.560	13,3	23,6	2,0	20,0
Dubai AE	25,230	55,280	0	27,1	43,6	11,9	13,4
Kairo EG	30,050	31,250	84	21,3	39,6	5,1	15,4
Riad SA	24,650	46,770	701	25,5	43,9	4,9	16,8
Las Vegas US	36,170	-115,170	680	19,5	44,9	-3,4	18,8
Kabul AF	34,516	69,195	1.800	12,1	37,4	-11,0	21,7

Abb. 1.13 Klimaanalyse typischer Vertreter der bauklimatischen Klimaklassifikationstypen

Feuchte Mittel [g/kg]	Feuchte Maximum [g/kg]	Feuchte Minimum [g/kg]	Strahlung Mittel [W/m²]	Strahlung Maximum [W/m²]	Strahlung Summe [kWh/m²a]	Heiz-gradtage [Kd/a]	Kühl-gradtage [Kd/a]	Befeuchtungs-grammtage [gd/kga]	Entfeuchtungs-grammtage [gd/kga]
5,1	17,7	0,0	113,7	914,0	996,0	5.100,8	196,7	926,7	167,0
6,9	23,9	0,5	169,2	917,0	1.482,2	3.222,3	903,7	806,7	501,0
4,8	13,6	0,4	110,2	847,0	965,4	5.148,6	91,9	861,4	69,2
5,5	16,5	0,6	219,6	1.306,0	1.923,7	3.894,5	100,8	902,5	194,9
6,0	16,4	1,2	137,5	978,0	1.204,5	2.989,7	497,2	657,2	113,6
7,1	16,7	2,5	187,6	1.028,0	1.643,4	2.175,9	712,6	460,9	179,6
5,8	15,1	1,1	131,7	970,0	1.153,7	3.895,6	177,1	683,4	113,1
5,8	13,1	1,9	99,3	936,0	869,9	3.662,1	18,3	598,5	35,6
13,7	24,1	5,2	155,2	1.094,0	1.359,6	349,7	1.160,3	15,9	1.554,3
10,2	27,6	1,9	146,3	1.009,0	1.281,6	1.922,9	971,1	359,9	990,1
11,5	23,7	2,2	189,3	1.133,0	1.658,3	443,1	1.518,2	156,3	1.053,5
7,1	20,8	3,3	176,4	1.162,0	1.545,3	1.435,8	605,1	384,2	174,8
18,9	25,0	13,2	186,3	1.080,0	1.632,0	0,0	2.714,8	0,0	2.993,7
15,9	26,7	9,4	231,2	1.168,0	2.025,3	0,0	2.350,7	0,0	2.160,8
12,3	21,0	5,2	204,6	1.259,0	1.792,3	0,0	1.721,4	26,2	1.155,3
16,3	26,0	7,8	185,8	1.156,0	1.627,6	0,0	2.639,6	0,0	2.202,4
10,1	14,3	5,4	179,4	1.310,0	1.571,5	262,9	121,1	2,3	641,9
13,3	30,3	4,6	231,3	1.031,0	2.026,2	0,0	3.122,1	32,0	1.341,2
8,5	17,8	3,3	228,5	1.104,0	2.001,7	81,7	1.799,0	290,8	313,4
6,0	19,9	2,3	249,9	1.101,0	2.189,1	119,7	3.033,7	660,6	37,5
4,0	15,2	1,2	234,6	1.080,0	2.055,1	1.245,6	1.914,0	1.126,6	16,4
5,8	13,2	1,4	225,4	1.192,0	1.974,5	2.964,2	846,5	720,4	66,8

Außenklima und Raumklima

Anforderungen des Außenklimas an die Raumkonditionierung sowie Zustandsänderungen feuchter Luft veranschaulicht das Psychrometric Chart. Es entspricht dem h,x-Diagramm von Richard Mollier und ist auch bekannt unter dem Namen Carrier-Chart, benannt nach dem Erfinder der Klimaanlage, Willis Carrier.

Darstellung

Im internationalen Kontext wird auf der x-Achse die Temperatur und auf der y-Achse die absolute Feuchte aufgetragen. Daraus ergeben sich die Kurven relativer Feuchte. Die Isothermen verlaufen nahezu vertikal, die Enthalpielinien diagonal, abfallend von links oben nach rechts unten. Die ⤢ Taupunkttemperatur ergibt sich aus der horizontalen Verschiebung eines Punktes nach links bis zur Kurve der relativen Luftfeuchte von 100 Prozent und der anschließenden Verschiebung dieses Punktes entlang der Isothermenlinie bis zur x-Achse. Die ⤢ Kühlgrenztemperatur wird ermittelt durch die Verschiebung eines Punktes entlang der Enthalpielinie bis zur Kurve der relativen Luftfeuchte von 100 Prozent und der anschließenden Verschiebung dieses Punktes entlang der Isothermenlinie bis zur x-Achse.

Raumkonditionierung

Legt man den Komfortbereich der internationalen Norm ASHRAE-55 zugrunde, lassen sich bei geringen Luftgeschwindigkeiten folgende Maßnahmen in Hinblick auf die Raumkonditionierung ableiten. Bei ⤢ Raumtemperaturen unterhalb der Komfortzone ist es zu kalt, sodass Wärmequellen vorzusehen sind. Können nahe des Grenzwerts von etwa 20 °C interne Wärmelasten bzw. passive ⤢ solare Gewinne noch ausreichen, müssen bei niedrigeren Außenlufttemperaturen konventionelle Heizsysteme vorgesehen werden. Ab einer Temperatur von etwa 26 °C ist die Luft zu warm. Je nach Feuchtegehalt der Luft sind verschiedene Strategien möglich. Ein effizienter ⤢ Sonnenschutz muss eingeplant werden.

Grundsätzlich ist die Luft ab einem Feuchtegehalt von 12 g/kg zu feucht und sollte entfeuchtet werden. Eine untere Grenze für die Luftfeuchte wird nicht vorgeschrieben, aber Komforteinbußen aufgrund einer zu geringen Feuchte sind zu bedenken. Bei einem komfortablen Feuchtebereich und Temperaturen oberhalb von 26 °C lassen sich passive Kühlmaßnahmen wie das Nutzen einer hohen Speichermasse und ⤢ Nachtlüftung realisieren. Verdunstungskühlung kann bei hohen Temperaturen in Verbindung mit niedriger Feuchte eingesetzt werden.

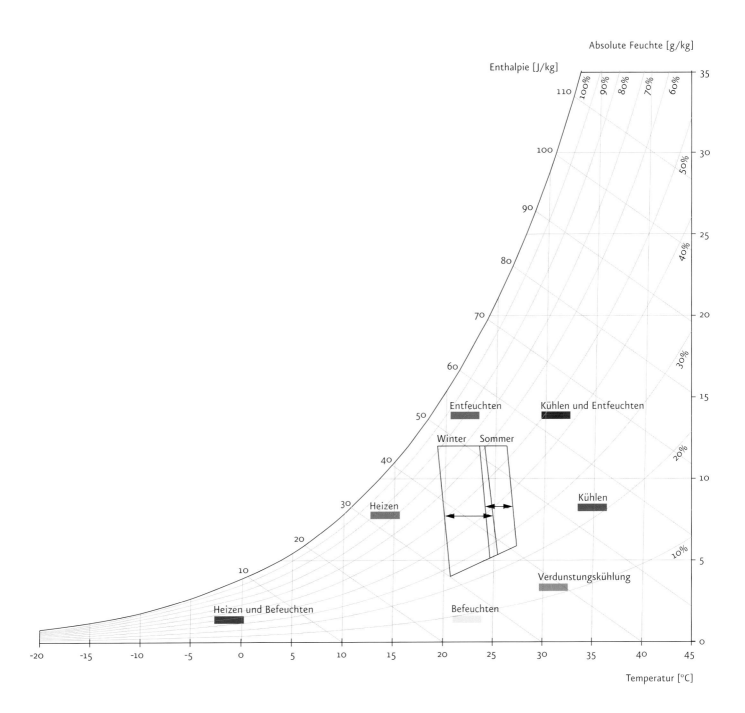

Abb. 1.14 Raumkonditionierungsmaßnahmen im Psychrometric Chart

Je nach Temperatur und absoluter Feuchte der Luft sind unterschiedliche
Raumkonditionierungsmaßnahmen sinnvoll, um ein behagliches Raumklima zu erreichen.
Dargestellt in der Grafik ist der Komfortbereich nach ASHRAE-55 für Winter und Sommer.

Klima und Gebäudekonzeption

Bei der Konzeption von Gebäuden sind folgende Klimaelemente relevant: Temperatur, Solarstrahlung, absolute Luftfeuchte und Windgeschwindigkeit. Dabei genügt es nicht, alleine auf gemittelte Jahreswerte zu achten, sondern man muss die Monats- und Tagesverläufe sowie das Auftreten von Extremwerten analysieren. Weiterhin dürfen nicht nur einzelne Parameter betrachtet werden, sondern es kann die zeitliche Korrelation von zwei oder mehr Größen relevant sein.

Der Standort eines geplanten Gebäudes ist geprägt von der großräumigen Klimalage und dem Lokalklima sowie dem Mikroklima. Die Einstrahlsituation und die Gebäudeumströmung, die durch den städtebaulichen Kontext bestimmt werden, haben wesentlichen Einfluss auf die energetischen und raumklimatischen Aspekte der Gebäudeplanung. Mit der Abstimmung der Gebäudekonzeption auf die lokalen Gegebenheiten kann Energie eingespart und die Behaglichkeit für die Nutzer verbessert werden.

Fassadenkonzepte

Je besser die Gebäudehülle als Schnittstelle zwischen innen und außen auf die klimatischen Gegebenheiten reagiert, umso weniger Technik- und Energieaufwand sind für die Behaglichkeit notwendig. Konflikte entstehen durch die gleichzeitige Notwendigkeit von Wärmeschutz, Sonnenschutz und Tageslicht sowie passiver Solargewinne im Winter und eines behaglichen Raumklimas im Sommer. Die Parameter ↙ Fensterflächenanteil, Fenstergeometrie, ↙ Sonnenschutz und Wärmeschutz sind so abzustimmen, dass energetische, raumklimatische und tageslichtspezifische Anforderungen bestmöglich erfüllt werden. Für eine effiziente und behagliche Lüftung sind differenzierte Öffnungen vorzusehen. Wichtige, nicht quantifizierbare Größen sind der Außenbezug sowie die individuelle Einflussnahme auf Lüftung und Sonnenschutz.

In Klimazonen mit Heizwärmebedarf stehen die Minimierung der ↙ Transmissions- und ↙ Lüftungswärmeverluste sowie die Nutzung passiver solarer Gewinne im Vordergrund. Dies wird durch eine gute Wärmedämmung, eine weitreichende Luftdichtheit und ein variables Sonnenschutzkonzept erreicht. Bei Fensterlüftung ist im Winter auf eine behagliche Zulufteinbringung zu achten. In warmen und heißen Klimazonen soll die Solarstrahlung abgehalten und der Wärmeeintrag durch Lüftung begrenzt werden. Der Fensterflächenanteil sollte daher moderat sein, der Fenstersturz möglichst hoch liegen. Der Sonnenschutz sollte die direkte Einstrahlung ausblenden und gleichzeitig eine ausreichende ↙ Tageslichtversorgung ermöglichen. Bei einer Zuluftführung über die Fassade ergibt sich eine erhöhte Zulufttemperatur aufgrund der fassadennahen Grenzschicht.

Eine optimierte Fassade ist die Basis für die Realisierung einfacherer Raumkonditionierungsstrategien und die Nutzung regenerativer Energiequellen.

↙
Fensterflächenanteil
S. 146

Sonnenschutz
S. 146

Transmissionswärmeverluste
S. 144

Lüftungswärmeverluste
S. 144

Tageslichtversorgung
S. 148

Raumkonditionierungskonzepte

Die Wahl des Raumkonditionierungskonzepts wird bestimmt von der Nutzung, der Art der Fassade und den Außenklimabedingungen am Standort. Aus der Nutzung ergeben sich die Behaglichkeitsanforderungen, die internen Wärmelasten und der Frischluftbedarf. Die Fassade beeinflusst die solaren Wärmeinträge und die Möglichkeit der natürlichen Lüftung. Vom Außenklima hängt ab, ob geheizt oder gekühlt und ob be- oder entfeuchtet werden muss.

Bei hohem Luftbedarf sowie bei erforderlicher Be- oder Entfeuchtung ist eine mechanische Lüftung erforderlich, ebenso bei erhöhter Lärm- und Staubbelastung sowie bei extremen Außenlufttemperaturen. Aus energetischen Gründen ist es günstig, wenn der Raum nur mit der hygienisch erforderlichen Luftmenge von 25–30 m³/h und Person belüftet wird. Wärme bzw. Kälte sollten dem Raum über wasserbasierte Systeme zugeführt werden.

Bei erhöhtem Lüftungswärmebedarf sollte eine ↘ Wärmerückgewinnung vorgesehen werden. Ansonsten ist die Fensterlüftung vorzuziehen, da sie keine Antriebsenergie benötigt, einen guten Außenbezug bietet und individuelle Einflussnahme ermöglicht. Sind die Vorlauftemperaturen aufgrund der Energieerzeugung begrenzt, ist eine Flächenheizung notwendig.

Bei hohen Wärmelasten oder hohen Außenlufttemperaturen ist eine Kühlung erforderlich. Über Quelllüftung können nur geringe Wärmelasten abgeführt werden. Bei Mischlüftung ist die Kühlleistung hoch, die Behaglichkeit kann durch erhöhte Luftgeschwindigkeiten aber eingeschränkt sein. Die Flächenkühlung ist gegenüber der konvektiven Kühlung behaglicher. Aufgrund der Taupunktproblematik kann jedoch eine Zuluftentfeuchtung erforderlich werden.

Energieerzeugungskonzepte

Die Wahl des Energieerzeugungssystems wird bestimmt vom Wärme-, Kälte-, Be- oder Entfeuchtungsbedarf, den erforderlichen Leistungen und den ↘ Systemtemperaturen der Raumkonditionierung. Standortspezifische Faktoren sind die Intensität und der zeitliche Verlauf der Solarstrahlung, die Außenluft- und ↘ Erdreichtemperaturen sowie die absolute Feuchte der Luft.

Das Temperaturniveau des Erdreichs oder des Grundwassers kann zum Vorwärmen oder Vorkühlen der Zuluft genutzt werden. Bei niedrigen Erdreichtemperaturen kann eine Flächenkühlung oder ein Zuluftkühlregister direkt betrieben werden. Im Winter kann dem Erdreich über eine ↘ Wärmepumpe Wärme entzogen und zur Gebäudeheizung genutzt werden. Bei entsprechender Außenlufttemperatur und Luftfeuchte lassen sich über ein ↘ Rückkühlwerk die tieferen nächtlichen Temperaturen zur Entladung einer ↘ Bauteilaktivierung nutzen. Der Warmwasserbedarf lässt sich gut mit ↘ solarthermischen Kollektoren decken. Je nach Wärmebedarf und solarer Einstrahlung können diese auch einen Beitrag zur Deckung des Heizwärmebedarfs leisten. ↘ Solare Kühlung bietet sich an, wenn Kühl- oder Entfeuchtungsbedarf besteht. Besteht im Winter ein Heizwärmebedarf, kann das Kollektorfeld ganzjährig betrieben werden, wodurch sich die Wirtschaftlichkeit erhöht. Desiccant Cooling eignet sich gut bei Entfeuchtungsbedarf. Bei günstiger Einstrahlsituation kann gebäudeintegrierte ↘ Photovoltaik eine sinnvolle Ergänzung sein. Dabei ist auf mögliche Leistungsminderung durch Staubbelastung und Temperaturerhöhung zu achten.

↘
Wärmerückgewinnung
S. 144

↘
Systemtemperaturen
S. 152

Erdreichtemperatur
S. 142

Kältemaschine
S. 154

Kühlturm
S. 154

Bauteilaktivierung
S. 152

Solarthermie
S. 154

Solare Kühlung
S. 154

Photovoltaik
S. 154

Außenlufttemperatur minimal/maximal [°C]

Moskau	-25,5 / 30,6
München	-15,2 / 28,7
Shanghai	-4,7 / 36,3
Bangalore	14,3 / 36,6
Dubai	11,9 / 43,6

Jahresgang Temperatur maximal [K]

Moskau	56,1
München	43,9
Shanghai	41,0
Bangalore	22,3
Dubai	31,7

Tagesgang Temperatur Sommer maximal [K]

Moskau	14,8
München	15,4
Shanghai	10,3
Bangalore	14,7
Dubai	13,4

Wind Jahresdurchschnitt [m/s]

Moskau	3,6
München	3,1
Shanghai	2,0
Bangalore	1,9
Dubai	3,4

Niederschlag Jahr [mm/a]

Moskau	655
München	956
Shanghai	1.112
Bangalore	907
Dubai	128

Absolute Feuchte minimal/maximal [g/kg]

Moskau	0,0 / 17,7
München	1,1 / 15,1
Shanghai	1,9 / 27,6
Bangalore	9,4 / 26,7
Dubai	4,6 / 30,3

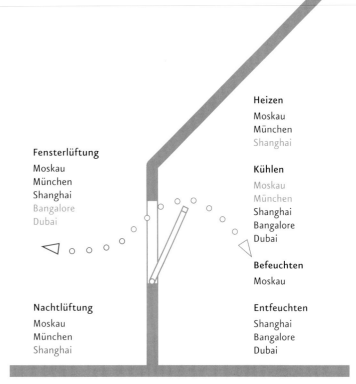

Fensterlüftung
Moskau
München
Shanghai
Bangalore
Dubai

Nachtlüftung
Moskau
München
Shanghai

Erdreich
Moskau
München
Shanghai
Bangalore
Dubai

Heizen
Moskau
München
Shanghai

Kühlen
Moskau
München
Shanghai
Bangalore
Dubai

Befeuchten
Moskau

Entfeuchten
Shanghai
Bangalore
Dubai

Grundwassernutzung
Moskau
München
Shanghai

Photovoltaik
München
Shanghai
Bangalore
Dubai

Solares Kühlen
Shanghai
Dubai
Bangalore

Solarthermie
Moskau
München
Shanghai
Bangalore
Dubai

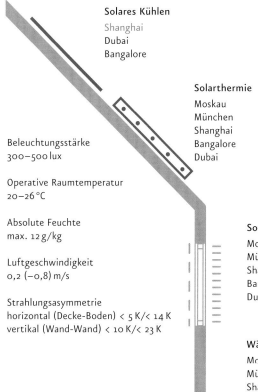

Beleuchtungsstärke
300–500 lux

Operative Raumtemperatur
20–26 °C

Absolute Feuchte
max. 12 g/kg

Luftgeschwindigkeit
0,2 (–0,8) m/s

Strahlungsasymmetrie
horizontal (Decke-Boden) < 5 K/< 14 K
vertikal (Wand-Wand) < 10 K/< 23 K

Sonnenschutz
Moskau
München
Shanghai
Bangalore
Dubai

Wärmeschutz
Moskau
München
Shanghai
Bangalore
Dubai

Globalstrahlung maximal [W/m²]

Moskau	914
München	970
Shanghai	1.009
Bangalore	1.168
Dubai	1.031

Sonnenhöhe 12 Uhr am 21.6./21.12.

Moskau	57° / 10°
München	65° / 18°
Shanghai	82° / 35°
Bangalore	100° / 53°
Dubai	88° / 41°

Sonnenscheindauer minimal/maximal [h]

Moskau	7,00 / 17,33
München	8,21 / 16,04
Shanghai	10,07 / 14,11
Bangalore	11,22 / 12,53
Dubai	10,34 / 13,42

Anteil Diffusstrahlung [%]

Moskau	51
München	53
Shanghai	65
Bangalore	38
Dubai	39

Beleuchtungsstärke Jahresdurchschnitt [lux]

Moskau	12.366
München	14.406
Shanghai	16.283
Bangalore	25.888
Dubai	25.488

Erdreichtemperatur ab ca. 10 m Tiefe [°C]

Moskau	5,0
München	8,0
Shanghai	15,8
Bangalore	24,2
Dubai	27,1

Abb. 1.15 Interaktion Klima – Gebäude – Technik – Energie
Die Klimafaktoren haben entscheidenden Einfluss auf die
Gebäudekonfiguration, die Raumkonditionierungsmaßnahmen
und die möglichen Energieerzeugungssysteme, um ein
behagliches Raumklima zu erreichen.
Dargestellt sind die Außenklimabedingungen zu den Klima-
elementen Solarstrahlung, Temperatur, Feuchte und Wind in
Moskau (kühles Klima), München (gemäßigtes Klima), Shanghai
(Subtropen), Bangalore (Tropen) und Dubai (Wüsten in
Meeresnähe). Außerdem sind die Behaglichkeitsanforderungen
nach ASHRAE-55 aufgezeigt sowie die Maßnahmen,
die in den Städten getroffen werden müssen, um die
Komfortbedingungen zu erreichen. Der Einsatz von solaren
und regenerativen Energiesystemen ist ebenso dargestellt.
Dabei stehen die Städtenamen in schwarz jeweils für
eine empfehlenswerte, die in grau für eine eingeschränkt
empfehlenswerte Maßnahme.

Kühl

Moskau, gefühlter Mittelpunkt Russlands

Moskau als typischer Vertreter des kühlgemäßigt kontinentalen Klimas liegt in der Zone der außertropischen Westwinde. Die Niederschläge fallen ganzjährig, mit einem Maximum im Sommer, da sich im Zentrum der Kontinente im Sommer Hitzetiefs und im Winter Kältehochs bilden. Aufgrund seiner kontinentalen Lage sind in Moskau die Sommer mit Maximaltemperaturen von über 30 °C warm und die Winter mit bis zu -25 °C sehr kalt. Die Temperaturdifferenz zwischen Maximal- und Minimaltemperaturen im Tagesverlauf beträgt im Sommer bis zu 15 K. Die Schneeschmelze in der Stadt beginnt Mitte März. Die Sommersaison dauert von Anfang Juni bis Mitte August. Die ersten Nachtfröste treten bereits Mitte September auf, und Ende Oktober fällt der erste Schnee.

100   75   50   25   0

● ● ● ● ● ● ● ● ● ● ● ●   Anteil der Nächte pro Jahr mit Durchschnittstemperaturen kleiner 20 °C [%]

Klima in der kühlen Klimazone

Das vollhumide kühlgemäßigte Kontinentalklima kommt nur auf der Nordhalbkugel vor, da auf der Südhalbkugel entsprechend große Landmassen fehlen. Es erstreckt sich etwa zwischen 40° und 60° nördlicher Breite.

Die Temperaturschwankungen zwischen Sommer und Winter sind in kontinentalen Lagen sehr hoch und nehmen mit größerer Entfernung vom Ozean zu. Die täglichen Temperaturunterschiede sind im Sommer viel größer als im Winter.

Niederschlag fällt während des ganzen Jahres, am meisten jedoch im Sommer, aufgrund des Wärmehaushalts der Landmasse: Durch ihre starke Erwärmung steigt Warmluft auf, und es kommt zu konvektiven Niederschlägen. Im Winter kühlt die Landmasse stark aus, die kalte Luft zieht sich zusammen und sinkt ab. Die geringen Niederschläge fallen größtenteils als Schnee.

Die täglichen Sonnenscheinstunden unterscheiden sich im Jahresverlauf erheblich. Durch die langen Tage im Sommer wird für eine gewisse Zeit die im Vergleich zu äquatornäheren Lagen geringere Solarstrahlungsintensität kompensiert. Die Lufttemperaturen sind wegen der kurzen Zeitspanne im Jahr dennoch niedriger. Durch die sehr kurze Sonnenbahn im Winter erhalten nur die Südseiten von Gebäuden gewisse Strahlungseinträge.

Die vorherrschende Vegetation in kontinentalen Lagen ist der boreale Nadelwald, auch Taiga genannt.

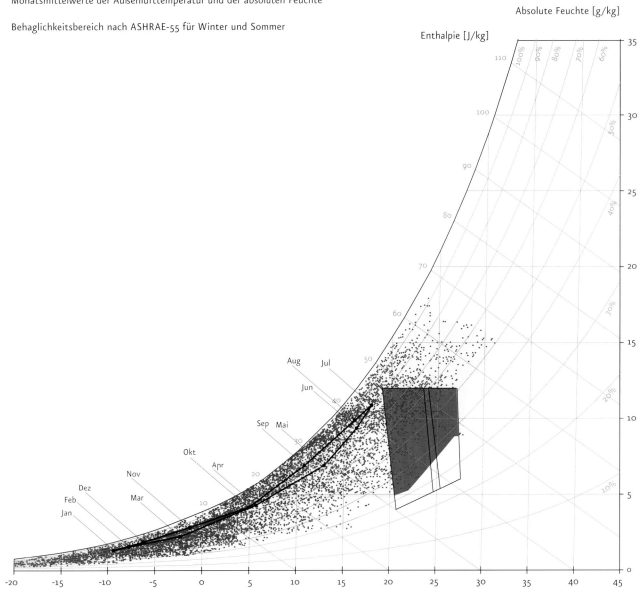

Bereich der Außenlufttemperatur und der absoluten Feuchte während der 8.760 Stunden eines Jahres

Jan   Monatsmittelwerte der Außenlufttemperatur und der absoluten Feuchte

Behaglichkeitsbereich nach ASHRAE-55 für Winter und Sommer

Abb. 2.1 Bereich der Außenlufttemperatur und absoluten Feuchte mit Behaglichkeitsfeld nach ASHRAE-55 am Standort Moskau

Das Klima in Moskau weist im Winter sehr niedrige Temperaturen von bis zu -25 °C und im Sommer Temperaturen um 25 °C auf. Um eine behagliche Luftfeuchte im Raum zu erreichen, muss von Oktober bis April die Zuluft befeuchtet werden. Eine Entfeuchtung der Luft ist kaum nötig, die Monatsmittelwerte überschreiten die 12 g/kg nicht. Der Fokus liegt auf dem Heizwärmebedarf.

Klima und Bauen

Das Klima in Moskau ist typisch für die kühlgemäßigte kontinentale Klimazone. Die Jahresschwankungen bezüglich Temperatur und Solarstrahlung sind sehr deutlich ausgeprägt. Es wird daher viel Heizenergie benötigt (Abb. 2.1). Der ↙ Heizwärmebedarf ist umso größer, je nördlicher, kontinentaler und höher der Standort liegt. Der geringe Kältebedarf kann sehr gut über regenerative Kältequellen bereitgestellt werden. Für Küstenstandorte mit niedrigerem Breitengrad spielt der Kühl- und Entfeuchtungsenergiebedarf eine zunehmende Rolle. Im Folgenden werden die klimatischen Bedingungen in Moskau (Abb. 2.2) im Hinblick auf das klimagerechte Bauen dargestellt.

Temperatur

Die Temperaturen schwanken im Jahresverlauf von -25 °C im Winter bis 30 °C im Sommer. Im Winter ist die ↙ natürliche Lüftung aufgrund der sehr niedrigen Außenlufttemperaturen und der dadurch bedingten thermischen Unbehaglichkeit nicht sinnvoll. Im Sommer sind die Außenlufttemperaturen zwar hoch, der Tagesgang der Temperatur bietet jedoch insbesondere in kontinentalen Lagen die Möglichkeit der passiven Kühlung. Durch die niedrige Jahresmitteltemperatur ist das Erdreich eine gut nutzbare Kältequelle. Für die effiziente Wärmegewinnung über eine ↙ Wärmepumpe ist das Temperaturniveau zu niedrig.

Feuchte

In den Wintermonaten ist die Luft meist so trocken, dass eine Befeuchtung erforderlich wird. Die absolute Luftfeuchte steigt nicht so weit an, dass eine Entfeuchtung der Zuluft im Sommer notwendig ist. ↙ Flächenkühlsysteme können gut eingesetzt werden. Eine ↙ Taupunktproblematik gibt es nicht, da die Taupunkttemperatur 18 °C kaum überschreitet.

Globalstrahlung

Die Summe der ↙ Globalstrahlung im Jahr beträgt 996 kWh/m²a. Sie erreicht im Sommer zwischen Ende Mai und Mitte Juli die höchsten absoluten Werte, wobei die Zeiten mit Niederschlag deutlich abzulesen sind. Diffus- und Direktstrahlung halten sich die Waage. ↙ Solarthermie ist sowohl zur Brauchwassererwärmung als auch zur Heizungsunterstützung in der Übergangszeit nutzbar.

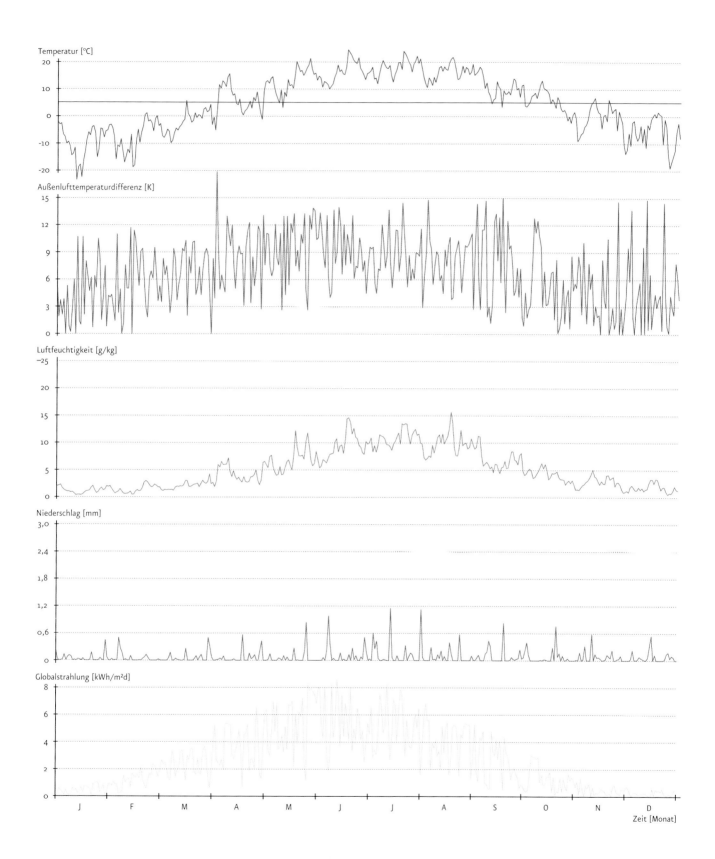

Abb. 2.2 Jahresverlauf der wichtigsten Klimaelemente am Standort Moskau

Dargestellt sind die Tagesdurchschnittswerte der Außenlufttemperatur (1. Zeile),
mit Erdreichtemperatur in 10–12 m Tiefe (rote horizontale Linie), sowie die
Außenlufttemperaturdifferenz zwischen Tagesmaximum und Nachtminimum (2. Zeile). Ferner
sind die Tagesdurchschnittswerte für absolute Luftfeuchte (3. Zeile) und Niederschlag (4. Zeile)
sowie die eingestrahlte Energiemenge auf eine horizontale Fläche pro Tag (5. Zeile) abgebildet.

Solare Einstrahlung

Aufgrund des hohen Breitengrades ändern sich die Tageslänge, der Einstrahlwinkel und die Intensität der Solarstrahlung im Jahresverlauf erheblich. Dies hat Konsequenzen für die Einstrahlsituation der verschiedenen Fassaden (Abb. 2.3). Im Winter und der Übergangszeit trägt Solarstrahlung zur Reduzierung des Heizwärmebedarfs bei und ist daher wünschenswert.

Die eingestrahlte Energiemenge auf Dachflächen und Ost- bzw. Westfassaden erreicht im Juni die höchsten Werte. Dies liegt an der langen Sonnenscheindauer und dem höheren Sonnenstand. Die Südfassade weist in der Übergangszeit und im Winter die höchste Einstrahlung auf. Im Sommer zeigen die Ost-, Süd- und Westfassade ähnliche Strahlungseinträge; im Winter tritt fast nur Diffusstrahlung auf. Die Einstrahlung auf die Nordseite ist nicht sehr relevant.

Die Tage im Winter sind im Vergleich zu den Sommermonaten wesentlich kürzer, sodass sich ein beachtlicher Beleuchtungsenergiebedarf ergibt. Eine Verschattung in der Südachse durch gegenüberliegende Gebäude ist infolge des reduzierten ⬉ Tageslichteintrags und der erwünschten ⬉ Solargewinne im Winter ungünstig.

⬉
Natürliche Belichtung
S. 148

Solare Einträge
S. 144

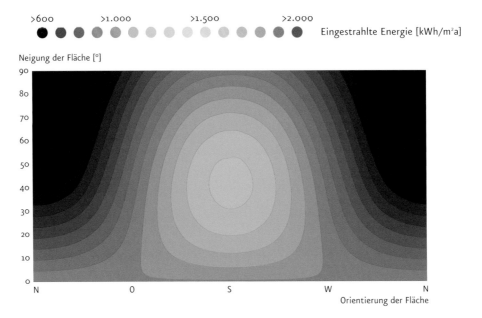

Abb. 2.3 Eingestrahlte Energiemenge in kWh/m²a in Abhängigkeit von Orientierung und Neigungswinkel der Fläche zur Bewertung der Ausrichtung von Solarsystemen am Standort Moskau

Die Globalstrahlung auf die Horizontale beträgt 996 kWh/m²a. Im optimalen Neigungswinkel von 42° und bei südlicher Ausrichtung beträgt die eingestrahlte Energiemenge 1.212 kWh/m²a.

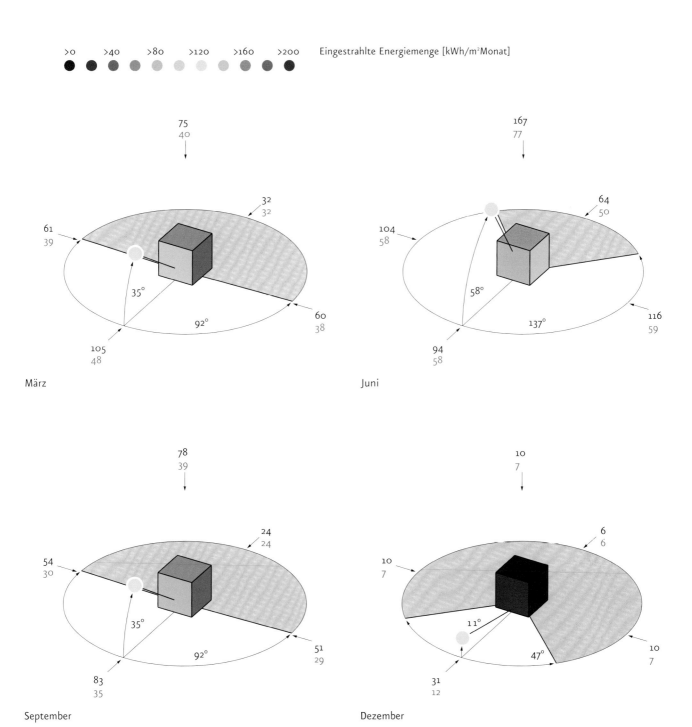

>0   >40   >80   >120   >160   >200   Eingestrahlte Energiemenge [kWh/m²Monat]

Abb. 2.4 Solarstrahlung und Sonnenverlauf für den Standort Moskau

Die Flächen der Würfel zeigen die eingestrahlte Energiemenge in kWh/m² für den jeweiligen
Monat. Die Zahlenwerte in schwarz beziffern die gesamte Einstrahlung, die Werte in grau die
Diffusstrahlung. Weiterhin dargestellt sind der maximale Höhen- und Azimut-Winkel der Sonne
jeweils für den 21. des Monats.

Gebäudestruktur

In der kühlen Klimazone spielen die ↙ Transmissionswärmeverluste aufgrund der niedrigen Außenlufttemperaturen und der langen Heizperiode eine große Rolle. Aus diesem Grund ist energetisch eine kompakte Baukörperkonfiguration von Vorteil. Ein niedriges ↙ A/V-Verhältnis kann durch größere Gebäudetiefen mit einer dreibündigen Anordnung oder durch eine Reduktion der Hüllfläche mit Hilfe von Atrien oder Pufferzonen erreicht werden. Sehr große Gebäudehöhen führen zu einer erhöhten Windbelastung, die sich im Winter ungünstig auf den ↙ Heizwärmebedarf auswirken kann. Zudem steigt der Aufwand für technische Installationen, und es ergeben sich große Schachtflächen.

Zur Optimierung der ↙ solaren Gewinne im Winter und zur Vermeidung von solaren Einträgen im Sommer ist eine ↙ Nord-Süd-Orientierung des Baukörpers sinnvoll (Abb. 2.6). Im Sommer kann die Südfassade durch einen horizontalen Sonnenschutz auf einfache Weise verschattet werden, während Ausblick und Tageslichtnutzung nicht eingeschränkt werden. Die Verschattung durch gegenüberliegende Gebäude ist zu vermeiden. Wegen des niedrigen Sonnenstandes im Winter sollte der Gebäudeabstand in südlicher Richtung groß sein. Im Sommer ist es günstig, wenn die Baukörper im Osten und Westen durch andere Gebäude verschattet werden (Abb. 2.5). Die ↙ Tageslichtversorgung darf dabei nicht eingeschränkt werden.

Abstand Baukörper 20 m

>360   >600   >900   >1.200
● ● ● ● ● ● ● ● ● ● ● ● ● ● ●   Eingestrahlte Energiemenge [kWh/m²a]

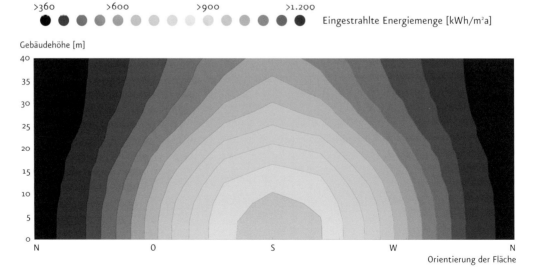

Gebäudehöhe [m]

Orientierung der Fläche

Abb. 2.5 Eingestrahlte Energiemenge [kWh/m²a] als Mittelwert auf die Fassade in Abhängigkeit von ihrer Orientierung und der Höhe eines gegenüberliegenden Baukörpers in einem Abstand von 20 m am Standort Moskau

Die Simulation gilt für einen typischen Büroriegel, 70 m x 15 m x 20 m (l x b x h). Die Höhe des verschattenden Riegels in 20 m Abstand ist variabel. In Moskau ist die Solarstrahlung auf Südfassaden bei einer Höhe der Nachbarbebauung von 20 m mit 900 kWh/m²a etwa eineinhalbmal so groß wie auf Ost- bzw. Westfassaden mit 600 kWh/m²a.

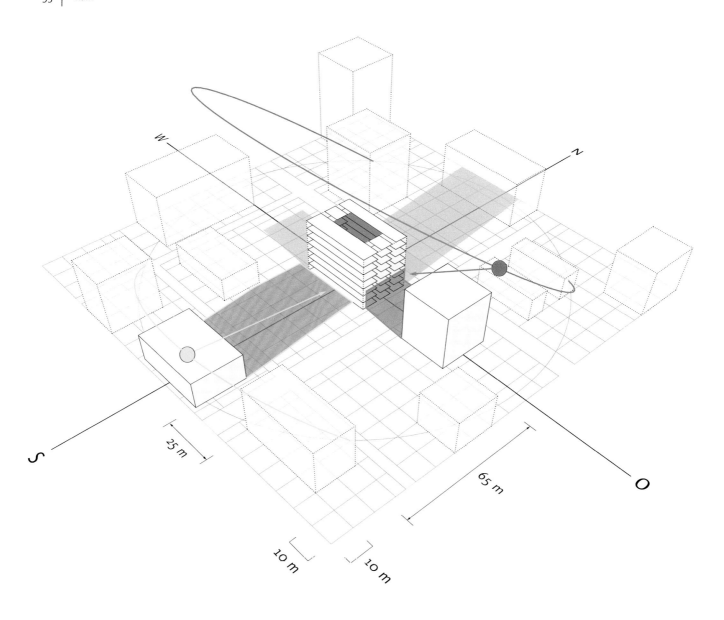

25 m

65 m

10 m

10 m

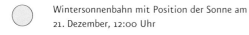 Wintersonnenbahn mit Position der Sonne am 21. Dezember, 12:00 Uhr

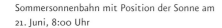 Sommersonnenbahn mit Position der Sonne am 21. Juni, 8:00 Uhr

Schatten am Mittag des 21. Dezember. Für eine verschattungsfreie Südfassade im Winter sind sehr große Abstände bzw. eine niedrige Bebauung im Süden erforderlich.

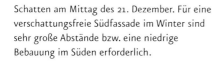 Schatten am Morgen des 21. Juni. Eine Ost-West-Verschattung des Gebäudes im Sommer ist bei angemessenen Abständen für die Tageslichtversorgung nur für die unteren Geschosse möglich. Im Sommer scheint die Sonne frühmorgens und spätabends in flachem Winkel auch aus nördlichen Richtungen.

 Nord-Süd-orientierte, kompakte Bauform mit innen liegendem Atrium.
Durch ein niedriges A/V-Verhältnis werden Wärmeverluste minimiert. Eine dreibündige Grundrissanordnung kann diesbezüglich vorteilhaft sein. Die Integration eines Atriums reduziert die Hüllfläche und bildet eine Zone mit einem Zwischenklima. Ggf. kann das Atrium in das Lüftungskonzept einbezogen werden. Die Südorientierung ermöglicht solare Gewinne im Winter. Bei einer tageslichtoptimierten Fassade können die Räume im Süden eine größere Tiefe aufweisen.

Abb. 2.6 Gebäudestrukturen für das kühle Klima
In Moskau ist eine kompakte Bauweise sinnvoll. Die Südfassade sollte nicht durch gegenüberliegende Gebäude verschattet werden. An der Ost- und Westfassade kann eine Verschattung von Vorteil sein. Für eine gute Tageslichtversorgung sind jedoch Mindestabstände einzuhalten.

Gebäudehülle

Das Fassadenkonzept in der kühlen Klimazone hat die Aufgabe, im Winter Wärmeverluste zu minimieren und passive ↙ Solargewinne zu ermöglichen. Im Sommer sollten Wärmeeinträge vermieden werden. Idealerweise wird ein außen liegender ↙ Sonnenschutz vorgesehen. Bei geringer Fensterfläche sind auch innen liegende Systeme möglich. Sonnenschutzbeschichtungen sind keine optimale Strategie.

Fensterflächenanteil

Der ↙ Fensterflächenanteil hängt von den Transmissionswärmeverlusten und solaren Gewinnen im Winter sowie den solaren Einträgen im Sommer ab. Idealerweise sollte er auf der Nord-, Ost- und Westfassade zwischen 30 und 40 Prozent liegen. Auf der Südfassade kann sich ein größerer Fensterflächenanteil von bis zu 50 Prozent positiv auf den Heizwärmebedarf auswirken. Eine ausreichende ↙ Tageslichtversorgung ist durch einen hoch liegenden Fenstersturz bzw. durch ein Oberlicht zu gewährleisten.

Sonnenschutz

Ein beweglicher Sonnenschutz ist aufgrund der gewünschten solaren Gewinne im Winter günstiger als eine Sonnenschutzbeschichtung. Die Ost- und Westfassaden erhalten im Sommer die höchsten Strahlungseinträge, der Sonnenschutz muss die flacher stehende Sonne abschatten können. An der Süd- und Nordfassade ist ein innen liegender Sonnenschutz, der auch als Blendschutz fungieren kann, möglich.

Verglasung

Wärmeschutzglas ist einer ↙ Sonnenschutzverglasung vorzuziehen, um passive Solargewinne im Winter nutzen zu können und um das ohnehin reduzierte Tageslichtangebot im Winter nicht noch mehr einzuschränken. Außerdem ist eine tageslichtabhängige Kunstlichtsteuerung eine gute Möglichkeit zur Reduzierung des Kunstlichtbedarfs. Optimal ist der Einsatz von 3-Scheiben-Wärmeschutzverglasungen mit einem ↙ U-Wert von kleiner 0,7 W/m²K.

Dämmung

Ein guter ↙ Wärmeschutz der Gebäudehülle ist zur Reduktion der Transmissionswärmeverluste im Winter notwendig. Eine Dämmstoffdicke von 20–30 Zentimetern ist empfehlenswert. ↙ Wärmebrücken sind zu vermeiden.

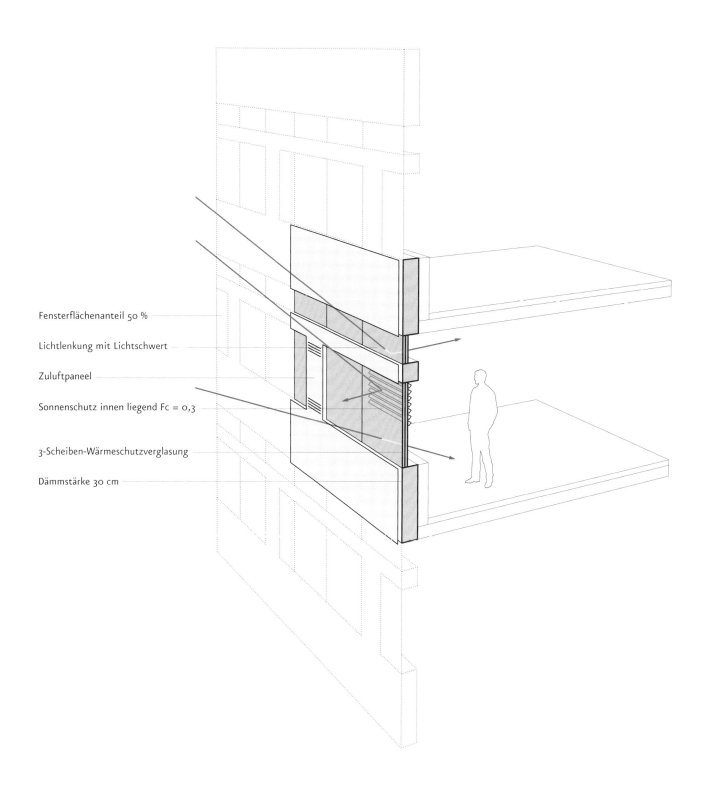

Fensterflächenanteil 50 %

Lichtlenkung mit Lichtschwert

Zuluftpaneel

Sonnenschutz innen liegend Fc = 0,3

3-Scheiben-Wärmeschutzverglasung

Dämmstärke 30 cm

Abb. 2.7 Fassadenkonzept für die kühle Klimazone
Dargestellt sind Strategien für eine im Hinblick auf Energie, Raumklima und Tageslicht
optimierte Südfassade. Alternativ ist auch ein außen liegender Sonnenschutz sinnvoll,
insbesondere bei vergrößertem Verglasungsanteil. Auf der Nord-, Ost- und Westfassade sollte
der Fensterflächenanteil zwischen 30 und 40 % liegen.

Gebäudetechnik

In der kühlen Klimazone ist die Heizwärmeversorgung von großer Bedeutung. Sofern die erforderlichen Frischluftmengen ein gewisses Maß überschreiten und eine Befeuchtung erforderlich ist, sollte – auch aus Gründen der ↙ Behaglichkeit – eine mechanische Lüftung mit ↙ Wärmerückgewinnung vorgesehen werden. Wird eine Kühlung notwendig, sollte diese aus regenerativen Quellen gespeist werden.

Im Winter kann das höhere Temperaturniveau im Erdreich zur Vorwärmung der Zuluft genutzt werden, wobei sich hierfür Erdregister oder ein ↙ Erdkanal anbieten. Bei vorhandenem Warmwasserbedarf kann eine ↙ solarthermische Anlage größer ausgelegt werden und in der Übergangszeit zur Heizungsunterstützung beitragen. Infolge der niedrigen Jahresmitteltemperatur verfügt das Erdreich über ein regeneratives Kühlpotenzial (Abb. 2.2). Die Erträge von ↙ Photovoltaiksystemen liegen bei optimaler Einbausituation bei ca. 180 kWh/m²a (Abb. 2.3).

Radiator

Bestehen keine hohen Ansprüche an die Behaglichkeit und ist ein einfaches technisches System gewünscht, ist eine ↙ natürliche Lüftung mit Beheizung über einen Radiator denkbar. Dabei sind Vorkehrungen für eine behagliche Zulufteinbringung zu treffen – wie Kastenfenster, Prallscheiben oder Zuluftradiatoren. Zur Verbesserung des Raumklimas im Sommer sollten Nachtlüftungsöffnungen vorhanden und die Speichermassen thermisch aktivierbar sein. Dieses Konzept ist denkbar, wenn nur geringe Luftwechsel erforderlich sind. Über eine mechanische Lüftung kann dem Raum eine gewisse Kühlleistung zugeführt werden.

Heiz-/Kühlkonvektor

Ist eine aktive Kühlung in geringem Umfang erforderlich, so ist ein Kühlkonvektor in Verbindung mit natürlicher Lüftung denkbar. Der ↙ Konvektor kann auch zum Heizen genutzt werden. Die Räume lassen sich individuell klimatisch gut regulieren. Bei mittleren bis hohen Kühllasten kann der Kühlkonvektor auch mit einer mechanischen Lüftung kombiniert werden.

Bauteilaktivierung

Sollen regenerative Kältequellen genutzt werden, so bietet sich der Einsatz einer Bauteilaktivierung an; ihre moderaten ↙ Systemtemperaturen und die Phasenverschiebung aufgrund der ↙ Speichermasse ermöglichen einen wirkungsvollen Einsatz von regenerativer Kälte wie ↙ Grundwasser oder nächtlicher ↙ Rückkühlung (Abb. 2.2). Im Winter kann über die Bauteilaktivierung die Grundbeheizung mit einer vergleichsweise niedrigen Vorlauftemperatur erfolgen. Aus Gründen der Behaglichkeit im Winter und der Wärmerückgewinnung sollte die Lüftung mechanisch erfolgen.

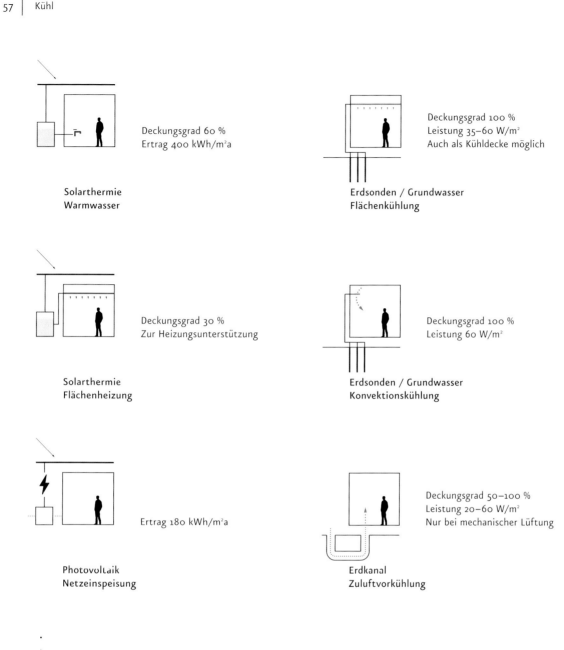

Deckungsgrad 60 %
Ertrag 400 kWh/m²a

Solarthermie
Warmwasser

Deckungsgrad 100 %
Leistung 35–60 W/m²
Auch als Kühldecke möglich

Erdsonden / Grundwasser
Flächenkühlung

Deckungsgrad 30 %
Zur Heizungsunterstützung

Solarthermie
Flächenheizung

Deckungsgrad 100 %
Leistung 60 W/m²

Erdsonden / Grundwasser
Konvektionskühlung

Ertrag 180 kWh/m²a

Photovoltaik
Netzeinspeisung

Deckungsgrad 50–100 %
Leistung 20–60 W/m²
Nur bei mechanischer Lüftung

Erdkanal
Zuluftvorkühlung

Deckungsgrad 80 %
Leistung 35 W/m²
Nur mit Bauteilaktivierung

Kühlturm
Flächenkühlung

Deckungsgrad 20 %
Nur bei mechanischer Lüftung
Nur zur Vorwärmung

Erdkanal
Zuluftvorwärmung

Abb. 2.8 Raumkonditionierungskonzepte in Verbindung mit regenerativen
Energieerzeugungssystemen für die kühle Klimazone
Dargestellt sind geeignete Systemkombinationen. Der Deckungsgrad gibt den Anteil der
regenerativ bereitgestellten Wärme bzw. Kälte an. Bei den Solarsystemen ist der jährliche
Ertrag bei optimaler Einbausituation, bei den Raumkonditionierungssystemen die spezifische
Heiz- bzw. Kühlleistung angegeben.

Planungsregeln für Moskau

In der kühlgemäßigt kontinentalen Klimazone wird sehr viel Heizwärme und wenig Kühlenergie benötigt. Eine Entfeuchtung der Luft ist nicht notwendig, allerdings ist ein geringer Befeuchtungsenergiebedarf im Winter gegeben. Für Moskau ergeben sich folgende Planungsstrategien:

Heizen und Befeuchten

Aufgrund der langen Winter mit niedrigen Außenlufttemperaturen muss die Gebäudehülle einen sehr guten Wärmeschutz aufweisen, daher sollte eine ↙ Wärmeschutzverglasung vorgesehen werden. Im Winter kann solare Einstrahlung den Heizwärmebedarf reduzieren und eine weitreichende ↙ Tagesbelichtung ist erforderlich. Deshalb sollten keine Sonnenschutzgläser eingesetzt werden.

Der Heizwärmebedarf ist mit ca. 40–60 kWh/m²a eine energetisch bedeutende Größe, davon werden ca. 10 Prozent für die Befeuchtung benötigt. Der Einfluss des ↙ Fensterflächenanteils auf den Heizwärmebedarf ist an unverschatteten Südfassaden gering, unter Umständen können durch größere Fensterflächenanteile Tageslichtversorgung und Außenbezug verbessert werden. An den übrigen Fassaden führen große Fensterflächen zu einem erhöhten ↙ Heizwärmebedarf. Die Orientierung eines Raums hat mit ca. 30 Prozent einen großen Einfluss auf den Heizwärmebedarf.

Ist der Wärmeschutz der Außenwand optimal, und es sind sowohl eine 3-Scheiben-Wärmeschutzverglasung als auch eine mechanische Lüftung mit ↙ Wärmerückgewinnung vorhanden, kann der Heizwärmebedarf auf bis zu 20 kWh/m²a reduziert werden.

Kühlen

Soll eine aktive Kühlung vermieden werden, lässt sich durch einen moderaten Fensterflächenanteil in Verbindung mit einem effizienten ↙ Sonnenschutz und einer ↙ Nachtauskühlung ein behagliches Raumklima im Sommer erzielen. Freiliegende ↙ Speichermassen wirken sich positiv aus. Der Entfeuchtungsbedarf ist nicht relevant.

Die Aussagen der thermischen Simulationen gelten für einen Standardbüroraum mit typischen internen Lasten. Soweit nicht anders angegeben, ist der Raum in leichter Bauweise nach Süden ausgerichtet und hat einen Fensterflächenanteil von 50 %. Der g-Wert der Verglasung beträgt 0,6, mit innen liegendem Sonnenschutz. Der U-Wert der Außenwand liegt bei 0,3 W/m²K.

Potenziale und Strategien

In der kühlgemäßigt kontinentalen Klimazone müssen mit Hilfe eines optimierten Fassaden- und Gebäudekonzepts der Heizwärmebedarf im Winter und der Wärmeeintrag in den Raum im Sommer reduziert werden: Geeignet hierfür sind eine 3-Scheiben-Wärmeschutzverglasung und eine 20–30 Zentimeter starke Wärmedämmung der Fassade. Der Fensterflächenanteil sollte je nach Orientierung der Fassade variieren. Aus Behaglichkeitsgründen ist eine mechanische Lüftung zu empfehlen. Durch Wärmerückgewinnung lässt sich der Heizwärmebedarf erheblich reduzieren. Im Winter kann das wärmere Erdreich zur Vorwärmung der Zuluft genutzt werden; dazu bieten sich Erdregister oder ein ⌄ Erdkanal an. Die ⌄ Solarthermie kann zur Warmwassererwärmung und zur Heizungsunterstützung in der Übergangszeit eingesetzt werden.

Eine Kombination von baulichen Maßnahmen bei einem mittleren Fensterflächenanteil, einem außen liegenden Sonnenschutz und Nachtlüftung mit umfangreichen Speichermassen erlaubt bei moderaten internen Wärmelasten den Verzicht auf ein Kälteerzeugungs- und Kühlsystem. Regenerative Kühlpotenziale wie die nächtliche freie ⌄ Rückkühlung sowie die Kühlung mittels ⌄ Grundwasser oder Erdregistern können problemlos genutzt werden. Deshalb ist auch der Einsatz einer ⌄ Bauteilaktivierung sinnvoll.

⌄

Erdkanal
S. 154

Solarthermie
S. 154

Kühlturm
S. 154

**Erdsonden/
Grundwassernutzung**
S. 154

Bauteilaktivierung
S. 152

Gemäßigt

München, die „nördlichste Stadt Italiens"

München ist ein typischer Vertreter des gemäßigten Klimas. Für die Münchner gibt es fünf Jahreszeiten: Frühling, Sommer, Herbst, Winter und die „Wiesn", das Oktoberfest im Herbst. Die Winter sind mit Temperaturen unter dem Gefrierpunkt kühl, die Sommer mit 25 °C warm. Im September beschert der Altweibersommer der Stadt angenehme Temperaturen und letzte warme Sonnenstrahlen vom weiß-blauen Himmel bei würziger Luft. Eine Besonderheit im Voralpenland ist der Föhn, ein Fallwind, bei dem trocken-warme Luft über die Alpen strömt und die Berge durch die verbesserte Fernsicht zum Greifen nah an die Stadt heranzurücken scheinen. Niederschläge gibt es ganzjährig. Anfang November fällt der erste Schnee.

100   75   50   25   0

●●●●●●●●●●● Anteil der Nächte pro Jahr mit Durchschnittstemperaturen kleiner 20 °C [%]

Klima in der gemäßigten Klimazone

Die Feuchten Mittelbreiten kommen hauptsächlich auf der Nordhalbkugel vor. Ihr Verbreitungsgebiet ist nicht einheitlich, dazu gehören Gebiete, die zwischen dem 35. und 60. Breitengrad liegen, im Osten Nordamerikas bzw. im Westen der eurasischen Landmasse. Je nach ihrer Entfernung vom Meer sind die Standorte ozeanisch oder kontinental geprägt.

Das Klima in den Feuchten Mittelbreiten nimmt insbesondere wegen der thermischen Bedingungen eine Mittelstellung zwischen den angrenzenden nördlichen und südlichen Gebieten ein, weshalb es oft als gemäßigtes oder Übergangsklima bezeichnet wird.

Die Tageslänge schwankt im Jahresverlauf aufgrund der Breitenabhängigkeit zwischen 8 und 16 Stunden. Die Jahreszeiten sind deutlich ausgeprägt, wobei Frühling und Herbst lange andauern.

Mit zunehmender Küstennähe werden die Winter wärmer und die Sommer kühler, auch dauert die Vegetationsperiode länger an. Man spricht vom maritimen Klima. In kontinentalen Lagen sind im Vergleich zu Standorten in Ozeannähe viel höhere Temperaturschwankungen innerhalb eines Jahres möglich. Die hohen Niederschlagsmengen, insbesondere an den Küsten, ermöglichen eine intensive land- und forstwirtschaftliche Nutzung. Während der Großteil der Niederschläge landeinwärts im Sommer fällt, fallen sie in Meeresnähe meist im Winter, in geringen Mengen auch als Schnee.

Die Vegetation reicht von sommergrünen Laub- und Mischwäldern bis hin zu immergrünen Regenwäldern.

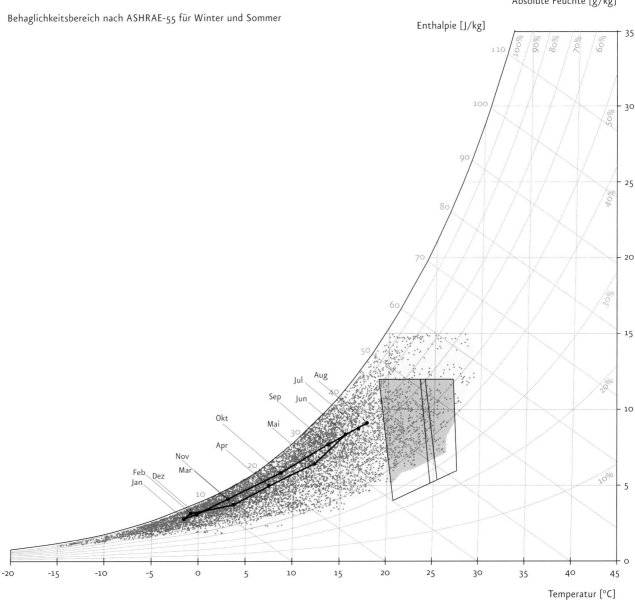

Bereich der Außenlufttemperatur und der absoluten Feuchte während der 8.760 Stunden eines Jahres

<u>Jan</u>   Monatsmittelwerte der Außenlufttemperatur und der absoluten Feuchte

Behaglichkeitsbereich nach ASHRAE-55 für Winter und Sommer

Abb. 3.1 Bereich der Außenlufttemperatur und absoluten Feuchte mit Behaglichkeitsfeld nach ASHRAE-55 am Standort München

Das Klima in München weist im Winter niedrige Temperaturen von bis zu -15 °C auf. Die Sommer sind mit Temperaturen um die 20–25 °C warm. Im Winter muss geheizt werden, im Sommer können passive Kühlmaßnahmen für ein behagliches Raumklima sorgen, sofern der Strahlungseintrag begrenzt wird. Eine Be- oder Entfeuchtung der Zuluft ist nicht notwendig, natürliche Lüftung ist fast immer möglich.

Klima und Bauen

Das Klima in München ist typisch für die gemäßigte Klimazone. Temperatur und Solarstrahlung schwanken über das Jahr stark. Es wird Heiz- und oftmals auch Kühlenergie benötigt (Abb. 3.1). Im Folgenden werden die klimatischen Bedingungen in München (Abb. 3.2) im Hinblick auf das klimagerechte Bauen dargestellt.

Temperatur

↙ **Wärmerückgewinnung**
S. 144

Kältemaschine
S. 154

Die Temperaturen schwanken im Jahresverlauf von -15 °C im Winter bis 25 °C im Sommer. Natürliche Lüftung ist nahezu ganzjährig möglich, trotzdem ist eine ↙ Wärmerückgewinnung energetisch sinnvoll. Im Sommer sind die Außenlufttemperaturen zwar erhöht, die Nachttemperaturen bieten jedoch eine gute Möglichkeit zur Auskühlung. Das Erdreich erlaubt die regenerative Kühlung und kann als Wärmequelle für eine ↙ Wärmepumpe dienen.

Feuchte

↙ **Wärme-/Kälteübergabe**
S. 150

Taupunkttemperatur
S. 142

Eine Be- oder Entfeuchtung ist nicht erforderlich. ↙ Flächenkühlsysteme lassen sich nahezu problemlos einsetzen. An schwülwarmen Tagen kann sich bei niedrigen Kühlflächentemperaturen eine ↙ Taupunktproblematik ergeben.

Globalstrahlung

↙ **Globalstrahlung**
S. 142

Solarthermie
S. 154

Photovoltaik
S. 154

Die Summe der ↙ Globalstrahlung im Jahr beträgt 1.147 kWh/m²a. Sie erreicht im Juni und Juli die höchsten absoluten Werte. Der Anteil der Direktstrahlung liegt über dem der Diffusstrahlung. In der Übergangszeit kann ↙ Solarthermie zur Brauchwassererwärmung und Heizungsunterstützung eingesetzt werden. Die Integration von ↙ Photovoltaiksystemen ist sinnvoll.

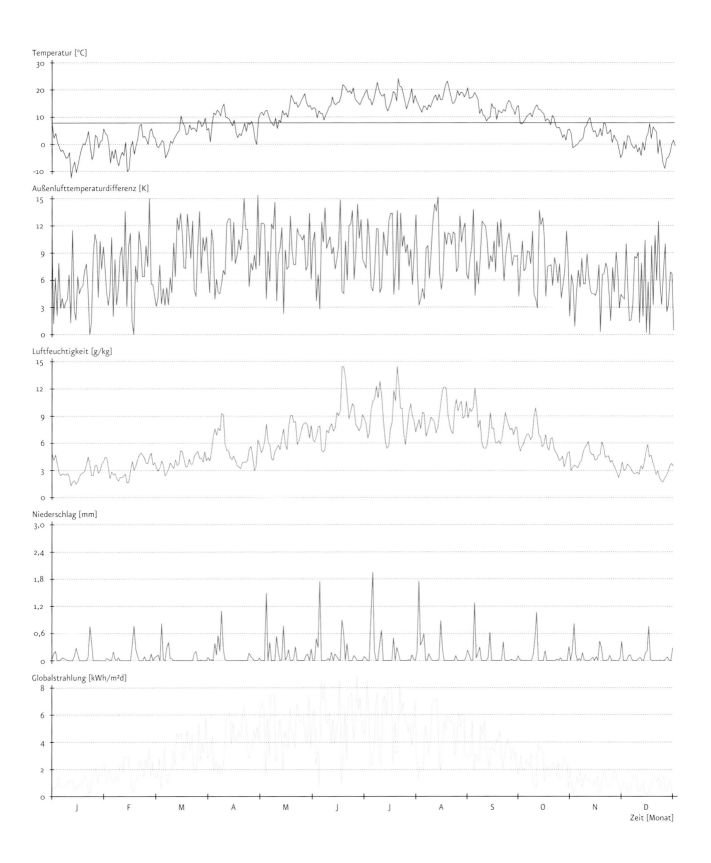

Abb. 3.2 Jahresverlauf der wichtigsten Klimaelemente am Standort München

Dargestellt sind die Tagesdurchschnittswerte der Außenlufttemperatur (1. Zeile), mit
Erdreichtemperatur in 10–12 m Tiefe (rote horizontale Linie), sowie die Außenlufttemperaturdifferenz zwischen Tagesmaximum und Nachtminimum (2. Zeile). Ferner sind die
Tagesdurchschnittswerte für absolute Luftfeuchte (3. Zeile) und Niederschlag (4. Zeile) sowie
die eingestrahlte Energiemenge auf eine horizontale Fläche pro Tag (5. Zeile) abgebildet.

Solare Einstrahlung

Im Jahresverlauf ändern sich die Tageslänge, der Einstrahlwinkel und die Intensität der Solarstrahlung. Somit verändert sich auch die Einstrahlsituation auf die Fassaden (Abb. 3.4). Im Sommer sind die hohen Strahlungseinträge insbesondere auf die Ost- und Westfassaden zu berücksichtigen. Im Winter ist die auf die Südfassade auftreffende Solarstrahlung erwünscht, da sie eine Verminderung des ↙ Heizwärmebedarfs bewirkt.

Im Sommer erreicht die eingestrahlte Energiemenge auf die Horizontale sowie auf die Ost- und Westfassaden den höchsten Wert. Auch auf die Nordseite trifft dann eine gewisse direkte Sonnenstrahlung. Im Winter ergeben sich vor allem für die Südfassade nutzbare solare Einträge.

Die Tage im Winter sind im Vergleich zu denen im Sommer wesentlich kürzer, und die Intensität der Außenbeleuchtung ist geringer, sodass mehr Kunstlicht erforderlich wird. Aufgrund des reduzierten ↙ Tageslichteintrags und der angestrebten ↙ Solargewinne im Winter ist eine Verschattung in der Südachse durch gegenüberliegende Gebäude ungünstig.

↙
Heizwärmebedarf
S. 144

Natürliche Belichtung
S. 148

Solare Einträge
S. 144

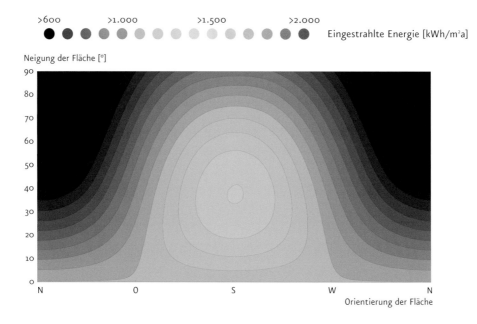

Abb. 3.3 Eingestrahlte Energiemenge in kWh/m²a in Abhängigkeit von Orientierung und Neigungswinkel der Fläche zur Bewertung der Ausrichtung von Solarsystemen am Standort München

Die Globalstrahlung auf die Horizontale beträgt 1.147 kWh/m²a. Im optimalen Neigungswinkel von 38° bei südlicher Ausrichtung beträgt die eingestrahlte Energiemenge 1.352 kWh/m²a.

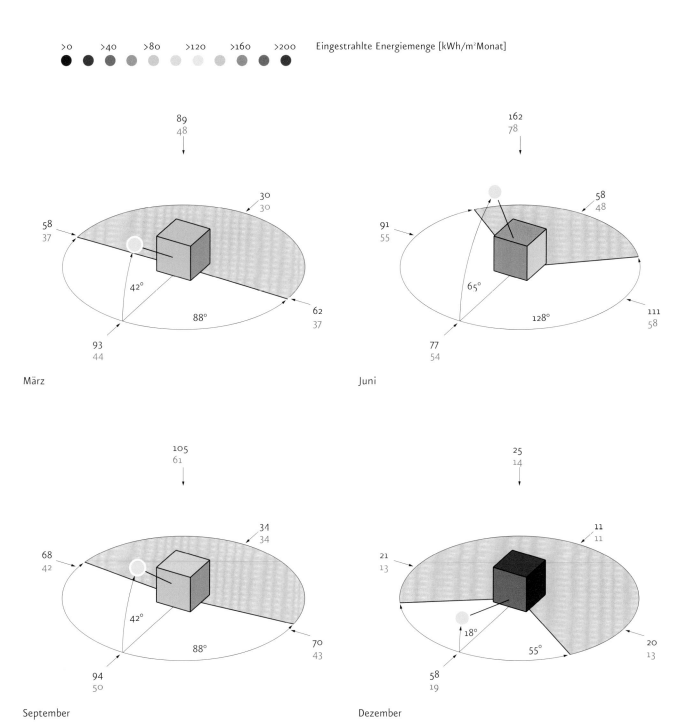

>o >40 >80 >120 >160 >200 Eingestrahlte Energiemenge [kWh/m²Monat]

März

Juni

September

Dezember

Abb. 3.4 Solarstrahlung und Sonnenverlauf für den Standort München

Die Flächen der Würfel zeigen die eingestrahlte Energiemenge in kWh/m² für den jeweiligen Monat. Die Zahlenwerte in schwarz beziffern die gesamte Einstrahlung, die Werte in grau die Diffusstrahlung. Weiterhin dargestellt sind der maximale Höhen- und Azimut-Winkel der Sonne jeweils für den 21. des Monats.

Gebäudestruktur

In der gemäßigten Klimazone ist es in Bezug auf das ↙ A/V-Verhältnis wichtig, einen Kompromiss zwischen ↙ Transmissionswärmeverlusten sowie ↙ Tageslichtversorgung und ↙ natürlicher Lüftung zu finden: In der Regel sind moderate Gebäudetiefen vorteilhaft. Atrien und Wintergärten können die wärmeübertragende Hüllfläche vermindern und eine thermische Pufferzone bilden. Sehr große Gebäudehöhen führen zu einer verstärkten Windbelastung, wodurch die natürliche Lüftung erschwert wird. Der Aufwand für technische Installationen steigt, und es ergeben sich große Schachtflächen.

Sowohl die ↙ Orientierung des Gebäudes als auch die Höhe der gegenüberliegenden Bebauung haben großen Einfluss auf die Solarstrahlung, die auf eine Fassade trifft (Abb. 3.5). In Bezug auf die ↙ solaren Gewinne im Winter und die unerwünschte solare Einstrahlung im Sommer ist eine Nord-Süd-Ausrichtung sinnvoll (Abb. 3.6); auch deshalb, weil die Südfassade gut durch horizontale Lamellen verschattet werden kann. In südlicher Richtung sollte der Gebäudeabstand etwas größer sein, in östlicher bzw. westlicher Richtung kann eine engere Gebäudestellung solare Lasten im Sommer reduzieren.

Abstand Baukörper 20 m

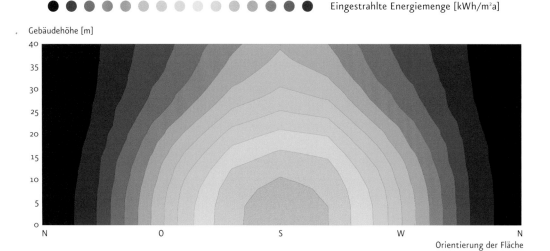

>360   >600   >900   >1.200   Eingestrahlte Energiemenge [kWh/m²a]

Gebäudehöhe [m]

Orientierung der Fläche

Abb. 3.5 Eingestrahlte Energiemenge [kWh/m²a] als Mittelwert auf die Fassade in Abhängigkeit von ihrer Orientierung und der Höhe eines gegenüberliegenden Baukörpers in einem Abstand von 20 m am Standort München

Die Simulation gilt für einen typischen Büroriegel, 70 m x 15 m x 20 m (l x b x h). Die Höhe des verschattenden Riegels in 20 m Abstand ist variabel. Ein größer werdender Verbauungswinkel reduziert vor allem die Einstrahlung auf die Südfassade. So wird bei einer 10 m hohen Nachbarbebauung verglichen mit einer von 35 m Höhe eineinhalbmal mehr Energie auf nach Süden orientierte Flächen eingestrahlt.

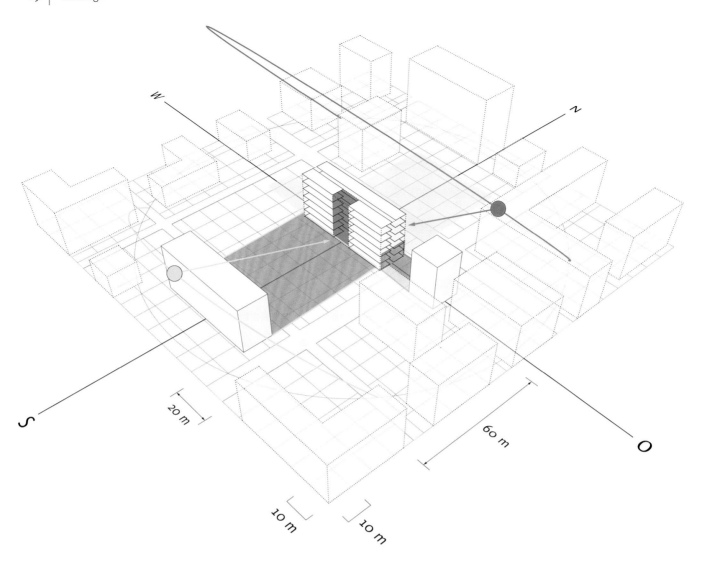

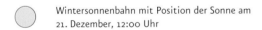
Wintersonnenbahn mit Position der Sonne am 21. Dezember, 12:00 Uhr

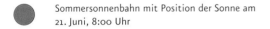
Sommersonnenbahn mit Position der Sonne am 21. Juni, 8:00 Uhr

Schatten am Mittag des 21. Dezember. Für eine verschattungsfreie Südfassade im Winter ist etwa das 3-fache der Gebäudehöhe als Abstand zum südlichen Nachbargebäude erforderlich.

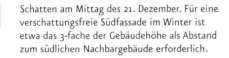
Schatten am Morgen des 21. Juni. Eine Ost-West-Verschattung des Gebäudes im Sommer ist bei angemessenen Abständen für die Tageslichtversorgung nur für die unteren Geschosse möglich. Ggf. können höhere nord-westlich stehende Gebäude eine Verschattung der Westfassade noch während der Nutzungszeit bewirken.

Nord-Süd-orientierter Riegel mit außen liegendem Atrium.
Die energetischen Aspekte der Kompaktheit und der optimierten Tageslichtnutzung müssen gleichzeitig berücksichtigt werden. Eine zweibündige Grundrissanordnung stellt diesbezüglich einen Kompromiss dar. Durch die Anordnung eines verglasten Atriums an der Südseite können solare Gewinne genutzt und eine Zone mit Zwischenklima geschaffen werden. Ggf. kann das Atrium in das Lüftungskonzept einbezogen werden. Auskragungen können die Südfassade im Sommer auf einfache Weise verschatten.

Abb. 3.6 Gebäudestrukturen für das gemäßigte Klima
In München gilt es, einen Kompromiss zwischen Kompaktheit und den Anforderungen bezüglich Tagesbelichtung und natürlicher Lüftung zu finden. Die Südfassade sollte nicht durch gegenüberliegende Gebäude verschattet werden. An der Ost- und Westfassade kann eine Verschattung durch andere Gebäude von Vorteil sein; dabei sind Mindestabstände einzuhalten, um eine weitreichende Tageslichtversorgung zu gewährleisten.

Gebäudehülle

Das Fassadenkonzept in der gemäßigten Klimazone hat die Aufgabe, solare Einträge im Sommer zu vermeiden und im Winter passive ↙ Solargewinne zu ermöglichen. Ein guter Wärmeschutz ist erforderlich. Idealerweise wird ein außen liegender Sonnenschutz vorgesehen. Sonnenschutzgläser sind aufgrund der geringeren Tageslichteinstrahlung und der gewünschten solaren Gewinne im Winter ungünstig. Der Einsatz von gebäudeintegrierter Photovoltaik ist sinnvoll.

↙
Solare Einträge
S. 144

Fensterflächenanteil

Vom ↙ Fensterflächenanteil hängen die Transmissionswärmeverluste im Winter und die solaren Einträge im Sommer ab. Er sollte je nach Fassadenorientierung bei etwa 50–70 Prozent liegen. Durch einen hoch liegenden Fenstersturz lässt sich eine weitreichende ↙ Tageslichtversorgung gewährleisten.

↙
Fensterflächenanteil
S. 146

Tageslichtversorgung
S. 148

Sonnenschutz

Ein außen liegender ↙ Sonnenschutz ist notwendig, an der Nordfassade sind auch innen liegende Systeme möglich. Die Ost- und Westfassaden erhalten im Sommer die höchsten Strahlungseinträge, der Sonnenschutz muss die flacher stehende Sonne abschatten können. Bei moderaten Fensterflächenanteilen sind an der Südfassade auch Auskragungen von halber Fensterhöhe in Kombination mit einem innen liegenden System denkbar.

↙
Sonnenschutz
S. 146

Verglasung
Wärmeschutzglas ist wesentlich geeigneter als eine ↙ Sonnenschutzverglasung, da so passive Solargewinne im Winter genutzt werden können und das ohnehin geringere Tageslichtangebot im Winter nicht noch mehr reduziert wird. Eine 3-Scheiben-Wärmeschutzverglasung mit low-e-Beschichtung und Gasfüllung erreicht ↙ U-Werte von bis zu 0,7 W/m²K und reduziert die Wärmeverluste im Winter erheblich. Bei kleinen Fensterflächenanteilen können an der Südfassade auch 2-Scheiben-Wärmeschutzverglasungen mit einem U-Wert von 1,1 W/m²K eingesetzt werden.

↙
Verglasung
S. 146

U-Wert
S. 146

Dämmung

Zur Reduktion der Transmissionswärmeverluste und zur Verbesserung der ↙ Behaglichkeit im Winter ist ein guter ↙ Wärmeschutz der Gebäudehülle notwendig; daher ist eine Dämmstoffdicke von 20 Zentimetern empfehlenswert.

↙
Behaglichkeit
S. 150

Wärmedämmung
S. 146

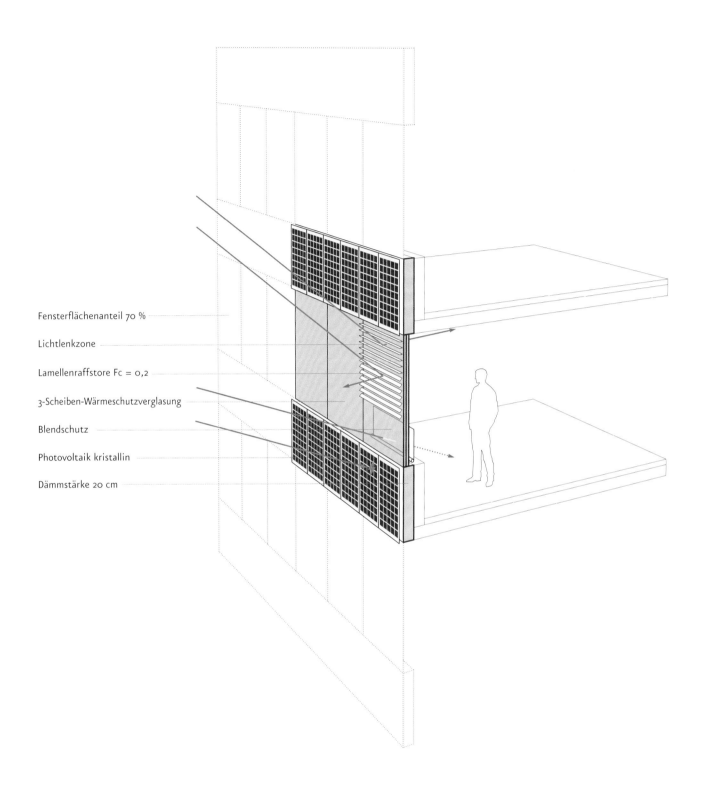

Fensterflächenanteil 70 %

Lichtlenkzone

Lamellenraffstore Fc = 0,2

3-Scheiben-Wärmeschutzverglasung

Blendschutz

Photovoltaik kristallin

Dämmstärke 20 cm

Abb. 3.7 Fassadenkonzept für die gemäßigte Klimazone
Dargestellt sind Strategien für eine im Hinblick auf Energie, Raumklima und Tageslicht
optimierte Südfassade. Alternativ wäre auch eine Auskragung mit innen liegendem
Sonnenschutz möglich. Auf der Ost- und Westfassade sollte der Fensterflächenanteil
zwischen 50 und 70 % liegen, der Sonnenschutz muss die flacher stehende Sonne abhalten
können. Auf der Nordfassade sollte der Fensterflächenanteil bei maximal 40 % liegen, die
Sonnenschutzfunktion kann ein innen liegender Blendschutz übernehmen.

Gebäudetechnik

In der gemäßigten Klimazone stehen die Heizwärmeversorgung und die regenerative Kühlung im Vordergrund. Bei hohen Luftwechseln sollte aus energetischen Gründen und für eine bessere Behaglichkeit eine mechanische Lüftung mit ↙ Wärmerückgewinnung eingebaut werden.

Das Erdreich kann über ↙ Erdsonden oder Erdregister zur regenerativen Kühlung genutzt werden, da es niedrigere Temperaturen aufweist (Abb. 3.2). In Verbindung mit einer ↙ Wärmepumpe lässt sich so auch Heizwärme erzeugen. Bei vorhandenem Warmwasserbedarf sollte eine ↙ solarthermische Anlage vorgesehen werden. Wird diese größer dimensioniert, kann sie in der Übergangszeit auch zur Heizungsunterstützung beitragen. Die Erträge von Photovoltaiksystemen liegen bei optimaler Einbausituation bei 200 kWh/m²a (Abb. 3.3).

Radiator

Ist ein einfaches technisches System gewünscht, ist eine natürliche Lüftung mit Beheizung über einen Radiator denkbar. Zur Verbesserung des Raumklimas im Sommer sollten ↙ Nachtlüftungsöffnungen und Speichermassen vorhanden sein. Auch kann der Raum über eine mechanische Lüftung gekühlt werden.

Bauteilaktivierung

Sollen regenerative Kältequellen wie Grundwasser, Erdsonden oder nächtliche ↙ Rückkühlung bzw. eine Wärmepumpe genutzt werden, so bietet sich der Einsatz einer ↙ Bauteilaktivierung an. Die moderaten Systemtemperaturen ermöglichen einen effizienten Betrieb.

Kühldecke

Bei hohem Kühlbedarf kann eine ↙ Kühldecke dem Raum auf behagliche Weise Kälte zuführen. Es werden tiefere Vorlauftemperaturen benötigt, die oftmals eine ↙ Kältemaschine erfordern. Bei feuchter Raumluft reduziert die Taupunktregelung die Kühlleistung. Deshalb ist in diesem Fall eine mechanische Lüftungsanlage mit Zuluftentfeuchtung notwendig.

Dezentrale Lüftung

Besteht nur für einzelne Räume des Gebäudes ein erhöhter Luftbedarf oder soll ein Lüftungssystem nachgerüstet werden, bieten sich ↙ dezentrale, fassadenintegrierte Lüftungsgeräte an. Diese können zur Wärmerückgewinnung genutzt werden, die Zuluft konditionieren und für eine angenehme Belüftung sorgen. Der Wartungsaufwand ist bei solchen Geräten höher. Benötigen alle Räume eines Gebäudes eine mechanische Lüftung, so sind zentrale Systeme in der Regel effizienter und kostengünstiger.

Deckungsgrad 60 %
Ertrag 500 kWh/m²a

Solarthermie
Warmwasser

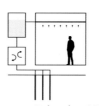

Deckungsgrad 100 %
Leistung 40–50 W/m²
Arbeitszahl 5

Erdsonden / Grundwasser
Wärmepumpe, Flächenheizung

Deckungsgrad 20 %
Zur Heizungsunterstützung

Solarthermie
Flächenheizung

Deckungsgrad 100 %
Leistung 35–60 W/m²
Auch als Kühldecke möglich

Erdsonden / Grundwasser
Flächenkühlung

Ertrag 200 kWh/m²a

Photovoltaik
Netzeinspeisung

Deckungsgrad 50–100 %
Leistung 20–60 W/m²
Nur bei mechanischer Lüftung

Erdkanal
Zuluftvorkühlung

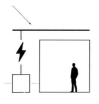

Deckungsgrad 70–100 %
Leistung 35 W/m²
Nur mit Bauteilaktivierung

Kühlturm
Flächenkühlung

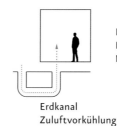

Deckungsgrad 50 %
Nur bei mechanischer Lüftung
Zur Vorwärmung

Erdkanal
Zuluftvorwärmung

Abb. 3.8 Raumkonditionierungskonzepte in Verbindung mit regenerativen Energieerzeugungssystemen für die gemäßigte Klimazone

Dargestellt sind geeignete Systemkombinationen. Der Deckungsgrad gibt den Anteil der regenerativ bereitgestellten Wärme bzw. Kälte an. Bei den Solarsystemen ist der jährliche Ertrag bei optimaler Einbausituation, bei den Raumkonditionierungssystemen die spezifische Heiz- bzw. Kühlleistung angegeben.

Planungsregeln für München

In der gemäßigten Klimazone wird Heizwärme und gegebenenfalls auch Kühlenergie benötigt. Es besteht nahezu kein Be- oder Entfeuchtungsenergiebedarf. Für München ergeben sich folgende Planungsstrategien:

Heizen

Infolge der kühlen Winter mit niedrigen Außenlufttemperaturen muss die Gebäudehülle über einen guten Wärmeschutz verfügen. Als ↙ Verglasung ist eine 3-Scheiben-Wärmeschutzverglasung optimal. Im Winter ist die Sonneneinstrahlung erwünscht, und die Tageslichtversorgung ist von großer Bedeutung. Sonnenschutzgläser sind deshalb ungeeignet.

Der ↙ Heizwärmebedarf beträgt 20–40 kWh/m²a. An Südfassaden, die im Winter unverschattet sind, ist der Einfluss des ↙ Fensterflächenanteils gering, an den anderen Fassaden beträgt er bis zu 25 Prozent. Die Orientierung der Räume beeinflusst den Heizwärmebedarf bis zu 50 Prozent. Durch einen guten Wärmeschutz der Außenwand lassen sich über 30 Prozent einsparen; auch durch eine thermisch aktivierbare ↙ Speichermasse kann Energie gespart werden. Eine Lüftung mit ↙ Wärmerückgewinnung erzielt Einsparungen von 30 Prozent.

Mit einem sehr guten Wärmeschutz der Fassade und einer 3-Scheiben-Wärmeschutzverglasung ist aufgrund der internen Lasten nahezu kein Heizwärmebedarf gegeben, sofern eine mechanische Lüftung mit Wärmerückgewinnung vorhanden ist.

↙
Verglasung
S. 146

Heizwärmebedarf
S. 144

Fensterflächenanteil
S. 146

Speichermasse
S. 144

Wärmerückgewinnung
S. 144

Die Aussagen der thermischen Simulationen gelten für einen Standardbüroraum mit typischen internen Lasten. Soweit nicht anders angegeben, ist der Raum in leichter Bauweise nach Süden orientiert und hat einen Fensterflächenanteil von 50 %. Der g-Wert der Verglasung beträgt 0,6, mit innen liegendem Sonnenschutz. Der U-Wert der Außenwand liegt bei 0,3 W/m²K.

Kühlen

Ist keine aktive Kühlung geplant, lässt sich auch allein durch bauliche Maßnahmen ein gutes Raumklima erreichen: Mit einem außen liegenden ⭨ Sonnenschutz, thermisch aktivierbarer ⭨ Speichermasse und einer intensiven ⭨ Nachtlüftung kann im Sommer ein moderates Raumklima erzielt werden. Der Entfeuchtungsenergiebedarf ist nicht relevant.

Die Ausrichtung eines Raums hat großen Einfluss auf das Raumklima. Dies gilt auch für den Fensterflächenanteil. An der Ost- bzw. Westfassade ist der Kühlenergiebedarf höher als an der Südfassade. Eine Reduzierung des Fensterflächenanteils kann den Kühlenergiebedarf um 50 Prozent reduzieren. Ist kein außen liegender Sonnenschutz möglich, verdoppelt sich der Kühlenergiebedarf im Vergleich zu einem innen liegenden Sonnenschutz

⭨
Sonnenschutz
S. 146

Speichermasse
S. 144

Nachtlüftung
S. 152

Potenziale und Strategien

Mit einem optimierten Gebäude- und Fassadenkonzept kann in der gemäßigten Klimazone auf ein Heizsystem nahezu verzichtet werden. Eine aktive Kühlung ist nicht erforderlich. Notwendig sind eine Wärmedämmung von mindestens 20 Zentimetern und eine 3-Scheiben-Wärmeschutzverglasung sowie eine mechanische Lüftung mit Wärmerückgewinnung. Im Winter kann die höhere Temperatur im Erdreich zur Vorwärmung der Zuluft oder mit Hilfe einer ⭨ Wärmepumpe zur Heizung genutzt werden; dazu bieten sich ⭨ Erdsonden oder Grundwasser an.

Für ein gutes Raumklima im Sommer sind ein außen liegender Sonnenschutz sowie der Einsatz von passiven Kühlstrategien wie einer ⭨ Bauteilaktivierung sinnvoll. Auch können regenerative Kältequellen wie die freie ⭨ Rückkühlung während der Nacht sowie Grundwasser oder Erdsonden genutzt werden.

⭨
Kältemaschine
S. 154

**Erdsonden/
Grundwassernutzung**
S. 154

Bauteilaktivierung
S. 152

Kühlturm
S. 154

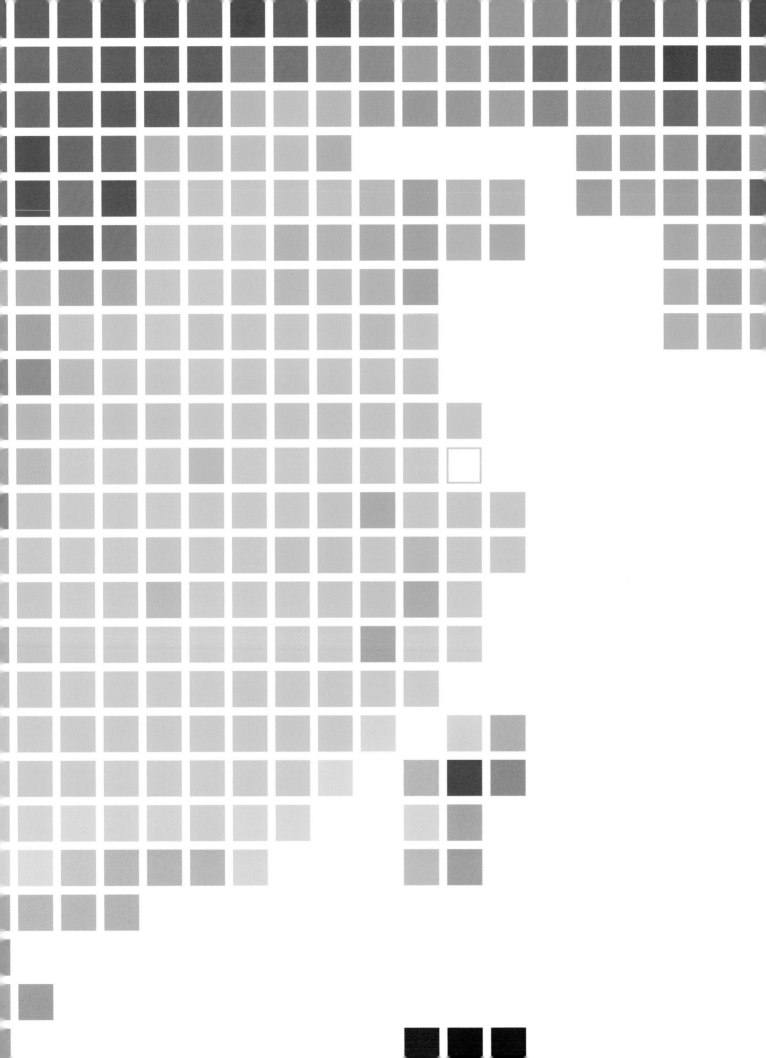

Subtropen

Shanghai, das Tor zur Welt

Shanghai ist ein typischer Vertreter der immer-feuchten Subtropen: Das Klima ist feuchtgemäßigt mit Niederschlägen zu allen Jahreszeiten und einem Temperaturmaximum von über 36 °C im Sommer. Es gibt vier Jahreszeiten, Frühjahr und Herbst fallen jedoch relativ kurz aus. Aufgrund der Nord-West-Monsune mit kühler Luft vom Kontinent ist es im Winter feuchtkalt. Die Lage am Meer mildert die tiefen Temperaturen ab, es werden Minimaltempe-raturen von -5 °C erreicht. Schnee fällt so gut wie nie. Der Jangtse markierte früher die „Heizlinie", nur nördlich des Flusses durfte im Winter geheizt werden. Mitte Mai bis September gibt es drei ausgeprägte Regenperioden – den Frühlingsregen, den sogenannten Pflaumenregen sowie den Herbst-regen. Im Oktober kommt die erste kalte Luft aus dem Norden.

100   75   50   25   0
●●●●●●●●●●● Anteil der Nächte pro Jahr mit Durchschnittstemperaturen kleiner 20 °C [%]

Klima in den Subtropen

Zum immerfeuchten subtropischen Klima gehören Gebiete, die zwischen 25° und 35° nördlicher und südlicher Breite an den Ostseiten der Kontinente liegen. Die winterfeuchten Subtropen sind weiter vom Äquator entfernt und liegen verstreut jeweils an den Westseiten der Kontinente in schmalen Küstenstreifen zwischen dem 30. und 40. Breitengrad.

In den immerfeuchten Subtropen sind die Sommer bei hoher Solarstrahlung heiß, im Winter ist Frost möglich. Die Niederschläge sind ganzjährig hoch. Sie nehmen polwärts ab, wodurch sich die geografische Abfolge Regenwald, Savanne, Wüste ergibt. Anstelle der breitenzonalen Abfolge ergibt sich im Hinblick auf Humidität und Vegetation aufgrund der Monsune eine West-Ost-Asymmetrie.

Das Klima ist im Sommer von warmen und feuchten Winden aus dem Ozean bestimmt. Die Hitzetiefs über den Kontinenten ziehen im Sommer feuchte Luft vom Ozean landeinwärts, was kräftige Regenschauer zur Folge hat. Weiter im Landesinneren werden die Luftmassen trockener, und die Niederschläge nehmen ab, sodass trockenere Monate möglich sind. Im Winter wehen kühle und trockene Winde vom Kontinent her. Diese Winde werden in Ostasien Monsune genannt, im Sommer weht der Süd-Ost-Monsun und im Winter der Nord-West-Monsun.

Üppige Regenwälder sind die vorherrschende natürliche Vegetation in Küstennähe und an der Luvseite der Gebirge. Mit abnehmenden Niederschlägen prägen landeinwärts immergrüne Feucht- oder Lorbeerwälder die Vegetation, weiter im Landesinneren sind es laubabwerfende Monsun- oder Trockenwälder.

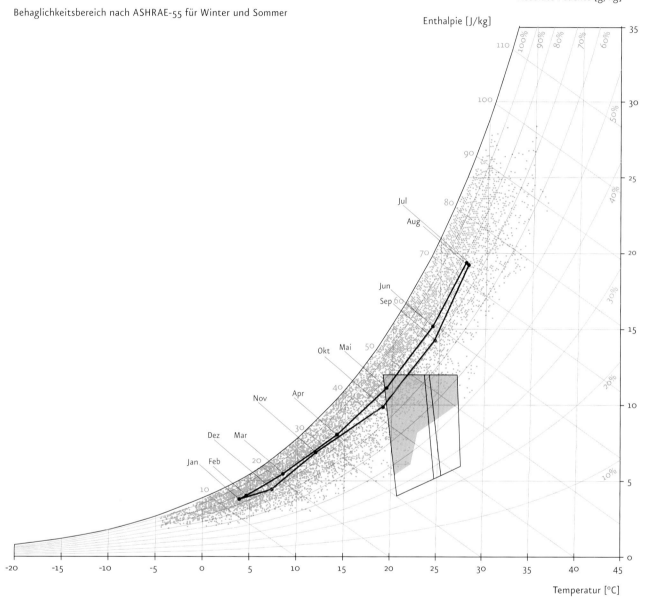

Bereich der Außenlufttemperatur und der absoluten Feuchte während der 8.760 Stunden eines Jahres

Jan — Monatsmittelwerte der Außenlufttemperatur und der absoluten Feuchte

Behaglichkeitsbereich nach ASHRAE-55 für Winter und Sommer

Abb. 4.1 Bereich der Außenlufttemperatur und absoluten Feuchte mit Behaglichkeitsfeld nach ASHRAE-55 am Standort Shanghai

Das Klima in Shanghai weist im Winter Temperaturen um den Gefrierpunkt und im schwül-heißen Sommer von über 30 °C auf. Es muss überwiegend gekühlt werden, Heizwärmebedarf besteht kaum. Um eine behagliche Luftfeuchte im Raum zu erreichen, muss von Mai bis September die Zuluft entfeuchtet werden, da die absolute Feuchte über 12 g/kg liegt. Eine Befeuchtung der Luft ist nicht notwendig.

Klima und Bauen

Das Klima in Shanghai ist typisch für die immerfeuchten Subtropen. Es gibt ausgeprägte Jahreszeiten, wobei die Übergangszeiten relativ kurz sind. Die Tagesschwankungen sind moderat. Es wird in sehr geringem Umfang Heizenergie und in großem Umfang Kühl- und Entfeuchtungsenergie benötigt (Abb. 4.1). Während der Übergangszeit ist eine ↙ natürliche Lüftung möglich. Im Folgenden werden die klimatischen Bedingungen in Shanghai (Abb. 4.2) im Hinblick auf das klimagerechte Bauen dargestellt.

↙
Natürliche Lüftung
S. 146

Temperatur

Die Außenlufttemperaturen bewegen sich zwischen dem Gefrierpunkt und über 30 °C. In der Regel ist im Winter eine Heizung erforderlich, im Sommer stellen sich ohne Kühlung keine behaglichen Verhältnisse ein. Die ↙ Erdreichtemperatur in 12 Metern Tiefe bietet ein Wärmepotenzial im Winter und ein Kühlpotenzial im Sommer. Für die Wärmebereitstellung können auch Schichten in geringerer Tiefe genutzt werden. Die Temperaturdifferenzen zwischen Tagesmaximum und Nachtminimum sind im Sommer mit unter 10 K relativ gering. Eine Nachtauskühlung ist daher weniger leistungsfähig.

↙
Erdreichtemperatur
S. 142

Feuchte

Die absolute Luftfeuchte unterschreitet im Winter an wenigen Tagen die 4 g/kg-Grenze. Ein Befeuchtungsbedarf im Winter besteht nicht. Von Mai bis September ist die Luftfeuchtigkeit so hoch, dass eine Entfeuchtung erforderlich ist. Aufgrund der hohen Luftfeuchte während der heißen Sommermonate ist bei Flächenkühlung auf die ↙ Taupunktproblematik zu achten.

↙
Taupunkttemperatur
S. 142

Globalstrahlung

Die Summe der ↙ Globalstrahlung im Jahr beträgt 1.282 kWh/m²a. Die ganzjährigen Niederschläge führen zu einem hohen Anteil an diffuser Strahlung, wodurch sich die eingestrahlte Energiemenge im Vergleich zu anderen Gegenden mit gleichem Breitengrad reduziert. Maximalwerte treten im Juli, Minimalwerte im Dezember auf. Die Erträge solarthermischer Energiesysteme sind gut, sodass wegen des geringen Heizwärmebedarfs eine Solarheizung möglich ist. ↙ Solare Kühlsysteme sind aufgrund der ganzjährigen Nutzung des Kollektorfeldes sehr wirtschaftlich. Die Integration von ↙ Photovoltaiksystemen ist sinnvoll.

↙
Globalstrahlung
S. 142

↙
Solare Kühlung
S. 154

Photovoltaik
S. 154

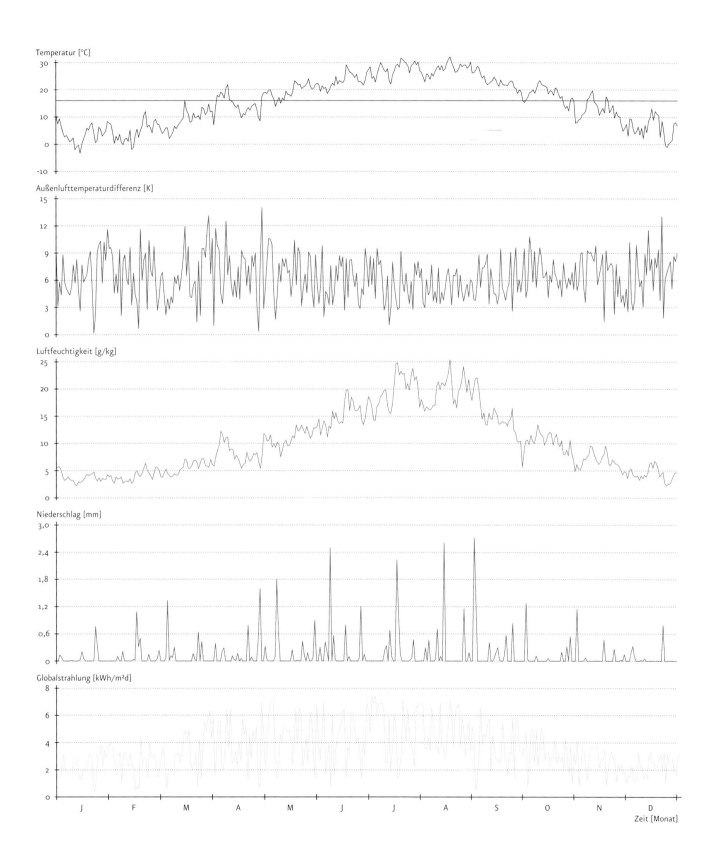

Abb. 4.2 Jahresverlauf der wichtigsten Klimaelemente am Standort Shanghai

Dargestellt sind die Tagesdurchschnittswerte der Außenlufttemperatur (1. Zeile),
mit Erdreichtemperatur in 10–12 m Tiefe (rote horizontale Linie), sowie die
Außenlufttemperaturdifferenz zwischen Tagesmaximum und Nachtminimum (2. Zeile). Ferner
sind die Tagesdurchschnittswerte für absolute Luftfeuchte (3. Zeile) und Niederschlag (4. Zeile)
sowie die eingestrahlte Energiemenge auf eine horizontale Fläche pro Tag (5. Zeile) abgebildet.

Solare Einstrahlung

Die Lage um den 30. Breitengrad führt zu einer moderaten Änderung der Tageslängen und Einstrahlwinkel im Jahresverlauf. Die Einstrahlung auf die Fassaden ändert sich im Jahresverlauf nur wenig, lediglich für die Südfassade ergeben sich relevante Unterschiede (Abb. 4.4).

Die Solarstrahlung auf die Horizontale weist aufgrund des steilen Einfallswinkels nahezu ganzjährig im Vergleich zu den Fassaden die höchsten Werte auf. Im Sommer sind die am stärksten bestrahlten Fassadenflächen die Ost- und die Westfassade, die Südfassade ist dann fast nur ↙ Diffusstrahlung ausgesetzt, wohingegen sie im Winter die höchste eingestrahlte Energiemenge verzeichnet. In den kurzen Übergangszeiten fallen die Unterschiede zwischen den drei Fassadenorientierungen gering aus. Die Nordseite erhält ganzjährig nur Diffusstrahlung.

Die Tage im Winter sind im Vergleich zu denen im Sommer kürzer, was sich auf den Beleuchtungsenergiebedarf auswirkt. Eine ↙ Sonnenschutzverglasung reduziert den hohen diffusen Eintrag in den Raum. Die dadurch verminderte ↙ Tageslichttransmission ist infolge der insgesamt höheren ↙ Außenbeleuchtungsstärke nicht ganz so relevant.

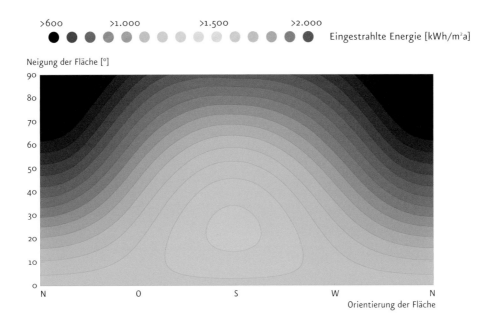

>600   >1.000   >1.500   >2.000

● ● ● ● ● ● ● ● ● ● ● ● ● ● ● ●   Eingestrahlte Energie [kWh/m²a]

Neigung der Fläche [°]

Orientierung der Fläche

Abb. 4.3 Eingestrahlte Energiemenge in kWh/m²a in Abhängigkeit von Orientierung und Neigungswinkel der Fläche zur Bewertung der Ausrichtung von Solarsystemen am Standort Shanghai

Die Globalstrahlung auf die Horizontale beträgt 1.282 kWh/m²a. Im optimalen Neigungswinkel von 24,5° bei südlicher Ausrichtung beträgt die eingestrahlte Energiemenge 1.363 kWh/m²a.

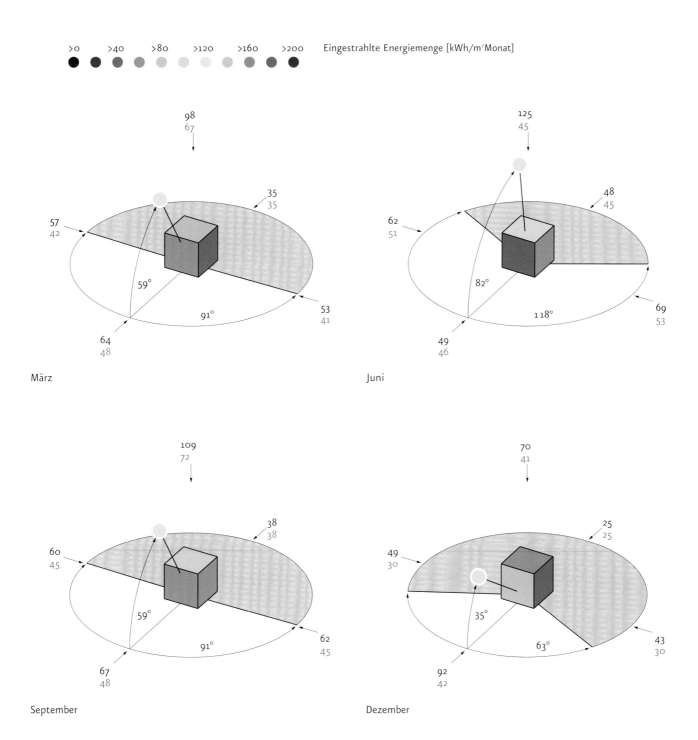

Abb. 4.4 Solarstrahlung und Sonnenverlauf für den Standort Shanghai

Die Flächen der Würfel zeigen die eingestrahlte Energiemenge in kWh/m² für den jeweiligen Monat. Die Zahlenwerte in schwarz beziffern die gesamte Einstrahlung, die Werte in grau die Diffusstrahlung. Weiterhin dargestellt sind der maximale Höhen- und Azimut-Winkel der Sonne jeweils für den 21. des Monats.

Gebäudestruktur

In den Subtropen steht die Kompaktheit aufgrund des ohnehin niedrigen Heizwärmebedarfs nicht so sehr im Vordergrund. Eine aufgegliederte Bauweise verbessert die Tageslichtsituation und die Möglichkeit der ↙ natürlichen Lüftung. Die Gebäudetiefe sollte tendenziell geringer sein.

Die ↙ Nord-Süd-Orientierung ist sowohl im Winter als auch im Sommer hinsichtlich der Solarstrahlung am günstigsten. Aufgrund der insgesamt eher geringen Einstrahlungsunterschiede auf die Fassaden und des geringen Heizwärmebedarfs ist diese Tatsache jedoch nicht primär entscheidend. Da die Problematik mehr in der Vermeidung von solaren Einträgen liegt, ist eine Verschattung durch andere Gebäude von Vorteil (Abb. 4.6).

Durch den hohen Diffusanteil ist die eingestrahlte Energiemenge trotz des geringen Breitengrades nicht sehr hoch. Der Einfluss sowohl der Orientierung als auch des Verbauungswinkels ist geringer als an Standorten mit hoher Direktstrahlung (Abb. 4.5). Der Baukörperabstand sollte so groß sein, dass die ↙ Tageslichtversorgung nicht beeinträchtigt wird.

Natürliche Lüftung
S. 146

Orientierung
S. 144

Tageslichtversorgung
S. 148

Abstand Baukörper 20 m

>360   >600   >900   >1.200

Eingestrahlte Energiemenge [kWh/m²a]

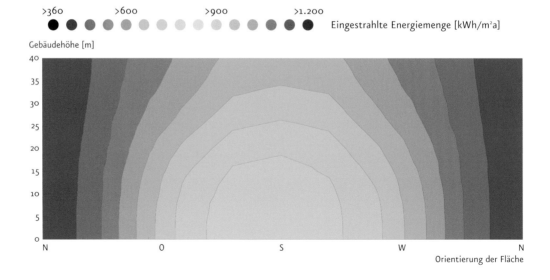

Gebäudehöhe [m]

Orientierung der Fläche

Abb. 4.5 Eingestrahlte Energiemenge [kWh/m²a] als Mittelwert auf die Fassade in Abhängigkeit von ihrer Orientierung und der Höhe eines gegenüberliegenden Baukörpers in einem Abstand von 20 m am Standort Shanghai

Die Simulation gilt für einen typischen Büroriegel, 70 m x 15 m x 20 m (l x b x h). Die Höhe des verschattenden Riegels in 20 m Abstand ist variabel. Auch bei einer sehr niedrigen Nachbarbebauung von nur 10 m ist die Einstrahlung auf die Südfassade in Shanghai etwa eineinhalbmal höher als die Einstrahlung auf die Nordfassade.

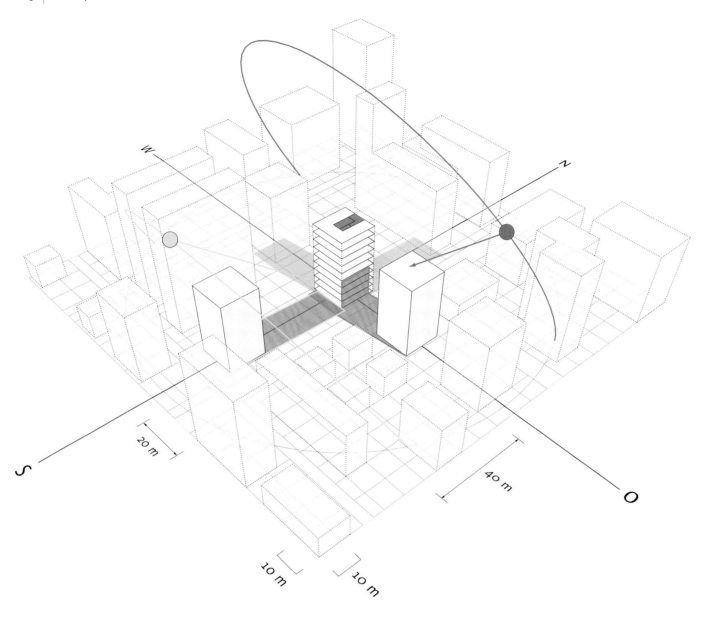

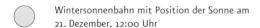 Wintersonnenbahn mit Position der Sonne am 21. Dezember, 12:00 Uhr

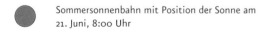 Sommersonnenbahn mit Position der Sonne am 21. Juni, 8:00 Uhr

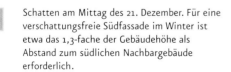 Schatten am Mittag des 21. Dezember. Für eine verschattungsfreie Südfassade im Winter ist etwa das 1,3-fache der Gebäudehöhe als Abstand zum südlichen Nachbargebäude erforderlich.

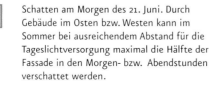 Schatten am Morgen des 21. Juni. Durch Gebäude im Osten bzw. Westen kann im Sommer bei ausreichendem Abstand für die Tageslichtversorgung maximal die Hälfte der Fassade in den Morgen- bzw. Abendstunden verschattet werden.

 Punkthaus mit nach Norden orientierter Erschließungszone.
Das A/V-Verhältnis und die Orientierung spielen eine untergeordnete Rolle. Durch eine geringe Raumtiefe und die ringförmige Anordnung um einen Kern kann die Tageslicht-nutzung optimiert werden. Der nach Norden orientierte, offene Bereich kann die Erschlie-ßung und eine Kombizone beherbergen. Die solaren Lasten auf der Nordfassade sind reduziert. An einem entsprechenden Standort können alle Zonen auf einfache Weise natürlich belüftet werden.

Abb. 4.6 Gebäudestrukturen für die Subtropen
In Shanghai sind Kompaktheit und Orientierung von geringerer Bedeutung. Die Kubatur kann den Tageslichtkriterien entsprechend konzipiert werden. Solare Gewinne im Winter sind sinnvoll. Eine Verschattung in Ost-West-Richtung vermindert den Kühlkältebedarf im Sommer.

Gebäudehülle

Der in den Subtropen hohe Anteil an Diffusstrahlung, vor allem auf die Ost-, Süd- und Westfassade, erfordert Sonnenschutzkonzepte, die den Strahlungseintrag mit Hilfe der Verglasung reduzieren. Der Kühlenergiebedarf ist gegenüber dem Heizwärmebedarf stark erhöht. Solare Energieerzeugung in der Gebäudehülle ist möglich.

Fensterflächenanteil

↙
Fensterflächenanteil
S. 146

Der ↙ Fensterflächenanteil muss abhängig von den Kriterien des solaren Eintrags und der Tagesbelichtung gewählt werden. Er sollte 60 Prozent nicht überschreiten. Raumbreite Oberlichter ermöglichen eine bessere Belichtung in der Raumtiefe.

Sonnenschutz

↙
Sonnenschutz
S. 146

Ein außen liegender ↙ Sonnenschutz ist zu empfehlen. Raumtemperaturgesteuerte Systeme sind effizienter, da die diffusen Einträge ebenfalls abgehalten werden. An der Südfassade stellen Auskragungen eine witterungsunabhängige, effiziente Alternative dar, sofern sie mit einem Sonnenschutzglas oder einem innen liegenden Sonnenschutz kombiniert werden.

Verglasung

↙
Verglasung
S. 146

g-Wert
S. 146

U-Wert
S. 146

Als ↙ Verglasung sollte ein Sonnenschutzglas mit zusätzlicher low-e-Beschichtung, einem ↙ g-Wert von unter 0,4 und einem maximalen ↙ U-Wert von 1,4 W/m²K gewählt werden. Eine Sonnenschutzverglasung mit einem g-Wert von 0,3 und innen liegendem Sonnenschutz ist bezogen auf den Kühlenergiebedarf ähnlich effizient wie eine Verglasung mit einem g-Wert von 0,6 und außen liegendem, einstrahlungsgesteuertem Sonnenschutz. In der Oberlichtzone kann es zur Verbesserung der Tageslichtsituation sinnvoll sein, auf eine Sonnenschutzbeschichtung zu verzichten.

Dämmung

↙
Transmissionswärmeverluste
S. 144

Wärmedämmung
S. 146

Zur Reduktion der ↙ Transmissionswärmeverluste ist ein Wärmeschutz von mindestens 5 Zentimetern empfehlenswert. Auf den Kühlenergiebedarf hat die ↙ Dämmung keinen nennenswerten Einfluss.

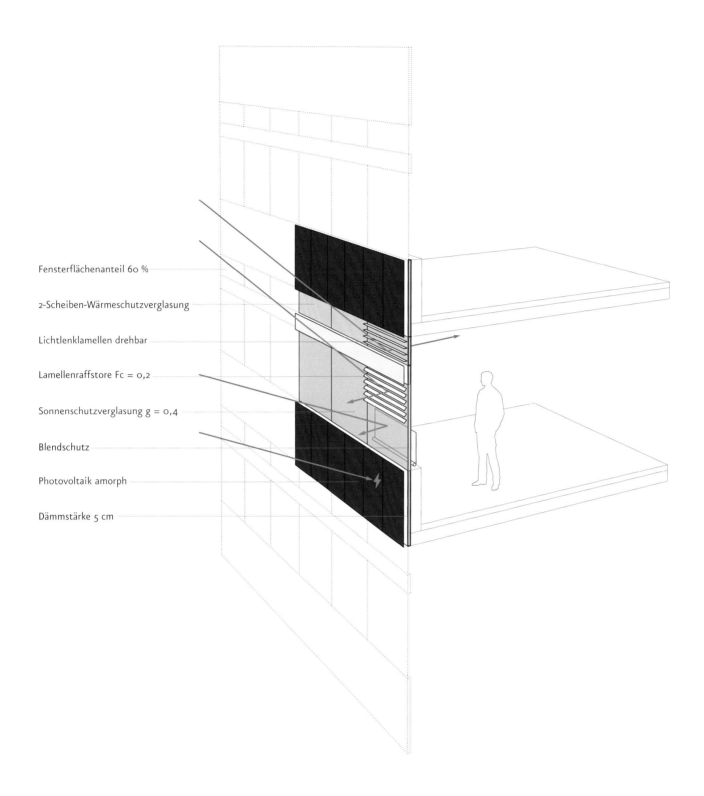

Fensterflächenanteil 60 %

2-Scheiben-Wärmeschutzverglasung

Lichtlenklamellen drehbar

Lamellenraffstore Fc = 0,2

Sonnenschutzverglasung g = 0,4

Blendschutz

Photovoltaik amorph

Dämmstärke 5 cm

Abb. 4.7 Fassadenkonzept für die Subtropen
Dargestellt sind Strategien für eine im Hinblick auf Energie, Raumklima und Tageslicht
optimierte Südfassade. Alternativ könnte auch ein effizienteres Sonnenschutzglas mit
einem innen liegenden System eingesetzt werden. Auf der Ost- und Westfassade sollte der
Fensterflächenanteil bei 50 % liegen. Auf der Nordfassade ist ebenfalls ein Fensterflächenanteil
von 50 % empfehlenswert, ein Sonnenschutzglas ist hier als Sonnenschutzmaßnahme
ausreichend.

Gebäudetechnik

In den Subtropen wird wenig Heizwärme und viel Energie zur Kühlung und Entfeuchtung benötigt. Im Winter und in der Übergangszeit besteht die Möglichkeit der natürlichen Lüftung. Im Sommer ist aufgrund der Feuchte und der hohen Außenlufttemperaturen eine mechanische Lüftung vorteilhaft. In der Regel ist eine aktive Kühlung erforderlich.

Zum Heizen bietet sich die Nutzung von regenerativer Wärme an, zum Beispiel über eine ↙ Erdreichwärmepumpe. Ebenso können ↙ Solarkollektoren einen Beitrag zur Wärmeversorgung leisten. Als Kältequelle kann zur Grundlastkühlung auch das Erdreich genutzt werden (Abb. 4.2). Auch Konzepte der ↙ solaren Kühlung sind gut umsetzbar. Die dafür notwendige Kollektorfläche kann im Winter für die Bereitstellung der Heizwärme genutzt werden. Bei Warmwasserbedarf sind thermische Kollektoren eine sehr sinnvolle Maßnahme. Die Erträge von Photovoltaiksystemen liegen bei optimaler Einbausituation bei 200 kWh/m²a (Abb. 4.3).

Heiz-/Kühlkonvektor

Bei geringem Lüftungsbedarf und mittleren Kühllasten ist eine natürliche Lüftung mit einem Heiz-/Kühlkonvektor ausreichend. Da dieser zum Heizen und Kühlen genutzt wird, ist ein Ventilator notwendig. Der ↙ Konvektor ist gut regelbar, meist ist eine Kondensatableitung erforderlich. Bei mittleren bis hohen Kühllasten sowie bei erhöhtem Frischluftbedarf kann er auch mit einer mechanischen Lüftung kombiniert werden. Auch besteht in diesem Fall der Vorteil der zentralen Zuluftentfeuchtung.

Bauteilaktivierung

Sollen regenerative Energiequellen zum Heizen und Kühlen genutzt werden, so bietet sich eine ↙ Bauteilaktivierung als Wärme- und Kälteübergabesystem an, da die benötigten Vorlauftemperaturen moderat sind. Aufgrund der ↙ Taupunktproblematik ist ein mechanisches Lüftungssystem mit Zuluftentfeuchtung erforderlich. Dieses Konzept kann mittlere Lasten abdecken.

Splitgerät

Im Nachrüstungs- oder Sanierungsfall oder bei veränderten internen Wärmelasten können ↙ Splitgeräte eine kostengünstige punktuelle Raumkonditionierungsmaßnahme sein. Sie sind mit natürlicher Lüftung kombinierbar. Im reversiblen Betrieb können sie auch zur Heizung genutzt werden.

Dezentrale Lüftung

Mit einem ↙ dezentralen, fassadenintegrierten Lüftungsgerät kann ohne technischen Aufwand im Gebäudeinneren eine Lüftung mit ↙ Wärmerückgewinnung sowie Heiz- und Kühlfunktion realisiert werden. Der Wartungsaufwand ist höher, dafür kann dieses System auf einfache Weise nachgerüstet werden.

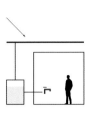

Deckungsgrad 80 %
Ertrag 600 kWh/m²a

Solarthermie
Warmwasser

Deckungsgrad 100 %
Leistung 40–50 W/m²
Arbeitszahl 6

Erdsonden / Grundwasser
Wärmepumpe, Flächenheizung

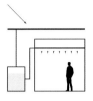

Deckungsgrad 70–100 %
Ertrag 500 kWh/m²a

Solarthermie
Flächenheizung

Deckungsgrad 60–80 %
Leistung 40 W/m²
Auch als Kühldecke möglich

Erdsonden / Grundwasser
Flächenkühlung

Deckungsgrad 50 %
Ertrag 500 kWh/m²a

Solare Kühlung
Zuluftkühlung

Deckungsgrad 50 %
Leistung 20–30 W/m²
Nur bei mechanischer Lüftung

Erdkanal
Zuluftvorkühlung

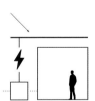

Ertrag 200 kWh/m²a

Photovoltaik
Netzeinspeisung

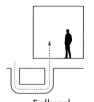

Nur bei mechanischer Lüftung
Zur Vorwärmung

Erdkanal
Zuluftvorwärmung

Abb. 4.8 Raumkonditionierungskonzepte in Verbindung mit regenerativen
Energieerzeugungssystemen für die Subtropen

Dargestellt sind geeignete Systemkombinationen. Der Deckungsgrad gibt den Anteil der
regenerativ bereitgestellten Wärme bzw. Kälte an. Bei den Solarsystemen ist der jährliche
Ertrag bei optimaler Einbausituation, bei den Raumkonditionierungssystemen die spezifische
Heiz- bzw. Kühlleistung angegeben.

Planungsregeln für Shanghai

In den Subtropen ist kaum Heizwärme und in großem Umfang Kühl- und Entfeuchtungsenergie erforderlich. Die diffusen Strahlungseinträge im Sommer spielen bei der Planung eine wichtige Rolle. Für Shanghai ergeben sich folgende Planungsstrategien:

Kühlen und Entfeuchten

In Shanghai stellen sich ohne Kühlung im Sommer unbehagliche Verhältnisse ein. Selbst mit einer intensiven ↙ Nachtlüftung und umfangreicher ↙ Speichermasse in Verbindung mit einem strahlungsgesteuerten, außen liegenden ↙ Sonnenschutz können bei einem reduzierten ↙ Fensterflächenanteil keine akzeptablen Verhältnisse erzielt werden. Eine Zuluftentfeuchtung ist notwendig, gegebenenfalls ist das Temperaturniveau von regenerativen Kältequellen wie Grundwasser oder Erdreich für eine Zuluftentfeuchtung ausreichend.

Der Kältebedarf liegt bei Bürogebäuden zwischen 70–100 kWh/m²a, ca. 70–80 Prozent davon fallen für die Kühlung an, der Rest für die Entfeuchtung. Der Fensterflächenanteil beeinflusst den ↙ Kühlkältebedarf in einer Größenordnung von 25 Prozent, die Orientierung ebenso. Ein außen liegender Sonnenschutz bringt Verbesserungen gegenüber einem innen liegenden System. Da in der Regel ohnehin eine Sonnenschutzbeschichtung verwendet wird, liegt das Reduktionspotenzial bei ca. 15 Prozent; eine raumtemperaturabhängige Steuerung des Sonnenschutzes erhöht diesen Wert. Eine Nachtauskühlung der Räume bringt energetische Vorteile, bei schwerer Bauweise bis zu 30 Prozent.

Werden mehrere passive Maßnahmen kombiniert, so kann durch eine schwere Bauweise mit Nachtlüftung in Verbindung mit einem effizienten Sonnenschutz der Kühlenergieaufwand um ca. 40 Prozent verringert werden. Ist kein außen liegender Sonnenschutz vorhanden, reduziert eine Nachtlüftung bei einem geringen Fensterflächenanteil den Kühlenergiebedarf ebenso um etwa 40 Prozent.

↙
Nachtlüftung
S. 152

Speichermasse
S. 144

Sonnenschutz
S. 146

Fensterflächenanteil
S. 146

Heizwärmebedarf
S. 144

Die Aussagen der thermischen Simulationen gelten für einen Standardbüroraum mit typischen internen Lasten. Soweit nicht anders angegeben, ist der Raum in leichter Bauweise nach Süden orientiert und hat einen Fensterflächenanteil von 50 %. Der g-Wert der Verglasung beträgt 0,3, mit innen liegendem Sonnenschutz. Der U-Wert der Außenwand liegt bei 0,6 W/m²K.

Heizen

Aufgrund der niedrigen Temperaturen im Winter besteht in Shanghai ein gewisser ↘ Heizwärmebedarf. Dieser liegt bei Bürogebäuden bei einem mittleren Fensterflächenanteil ohne Dämmung der Außenwand bei unter 20 kWh/m²a. Durch eine 5 Zentimeter starke Wärmedämmung kann der Heizwärmebedarf um 50 Prozent reduziert werden. Eine weitere Reduktion des ↘ U-Wertes der Wand bringt keine nennenswerten Einsparungen mehr.

Der Einfluss des Fensterflächenanteils auf den Heizwärmebedarf ist relativ gering, die Orientierung spielt allerdings eine gewisse Rolle. Die Einsparungen durch eine Wärmerückgewinnung sowie durch eine Erhöhung der Speichermasse sind wegen des niedrigen Heizwärmebedarfs gering.

Eine starke Sonnenschutzbeschichtung ist zwar im Vergleich zu einem außen liegenden Sonnenschutz für den Kühlkältebedarf geringfügig effizienter, allerdings vermindern sich dadurch die Tageslichteinträge in den Raum und die passiven ↘ solaren Gewinne im Winter.

Potenziale und Strategien

Sofern eine konstante Kältequelle wie ↘ Grundwasser oder Erdreich zur Verfügung steht, ist der Einsatz einer ↘ Bauteilaktivierung sinnvoll. Infolge der ↘ Taupunktproblematik ist auf eine gesicherte Entfeuchtung der Zuluft insbesondere in den Monaten mit hoher Außenluftfeuchte zu achten. In Verbindung mit vorgekühlter Zuluft, die in der Praxis aufgrund des Entfeuchtungsbedarfs ohnehin notwendig ist, kann dann bei einem effizienten Sonnenschutz unter Umständen auf eine maschinelle Kälteerzeugung verzichtet werden.

Bei einer Kombination mehrerer baulicher und technischer Maßnahmen ist in der Regel kein Wärmeerzeugungs- und Heizsystem mehr erforderlich. Der U-Wert der Wand sollte dann mindestens 0,3 W/m²K aufweisen, zudem ist eine 2-Scheiben-Wärmeschutzverglasung notwendig. Größere Fensterflächenanteile können sich insbesondere auf der Südfassade positiv auf den Heizwärmebedarf auswirken.

↘
Heizwärmebedarf
S. 144

U-Wert
S. 146

↘
Solare Einträge
S. 144

↘
**Erdsonden/
Grundwassernutzung**
S. 154

Bauteilaktivierung
S. 152

Taupunkttemperatur
S. 142

Tropen

Bangalore, indisches Silicon Valley

Bangalore in den sommerfeuchten Tropen ist mit dem angenehmsten Klima Indiens verwöhnt, sodass es einst Sommererholungsort der britischen Kolonialherren war. Bedingt durch seine Höhenlage herrschen vergleichsweise milde Temperaturen. Das Klima in Bangalore ist geprägt von der für Vorderindien typischen tropischen Monsunzirkulation. Die Temperaturunterschiede im Jahresverlauf sind durch die Lage in Äquatornähe und den damit verbundenen ganzjährig hohen Sonnenstand gering. Unmittelbar vor der Regenzeit sind die Temperaturen mit bis zu 36 °C am höchsten. Während der Regenzeit kommt es zu einer mäßigen Abkühlung, in der Trockenzeit sinken die Minimaltemperaturen auf bis zu 14 °C. Aufgrund der höheren Einstrahlung am Tag und der größeren Ausstrahlung nachts ist die Temperaturdifferenz in der Trockenzeit wesentlich höher als in der Regenzeit.

100   75   50   25   0

●●●●●●●○○○○○○○●●   Anteil der Nächte pro Jahr mit Durchschnittstemperaturen kleiner 20 °C [%]

Klima in den Tropen

Die sommer- oder wechselfeuchten Tropen, auch Savannen genannt, erstrecken sich sowohl auf der Nord- als auch auf der Südhalbkugel zwischen den tropischen Regenwäldern am Äquator und den Trockengebieten an den Wendekreisen.

Unter dem Einfluss der innertropischen Konvergenzzone fällt die Regenzeit ins Sommerhalbjahr. Im Winter fällt aufgrund der trockenen Passatwinde kaum Niederschlag. In Richtung der Wendekreise nimmt die Länge der Regenzeit ab, in Richtung des Äquators dauert sie länger, und es fallen mehr Niederschläge.

In den wechselfeuchten Tropen gibt es Feuchtsavannen, die zwei Niederschlagsmaxima aufweisen. In den Trockensavannen tritt nur ein Niederschlagsmaximum auf.

Die Temperaturen sind ganzjährig hoch, die höchsten Werte treten unmittelbar vor der Regenperiode auf, die niedrigsten Temperaturen werden in der Mitte der Trockenzeit erreicht. Während der Trockenzeit ist in höher gelegenen und äquatorferneren Gebieten Frost möglich.

Der mäßig kühlende Effekt der sommerlichen Regenzeit führt zu einem relativ ausgeglichenen Jahrestemperaturverlauf.

Die Vegetation ist geprägt von einer geschlossenen Grasdecke sowie unzusammenhängenden Bäumen und Sträuchern.

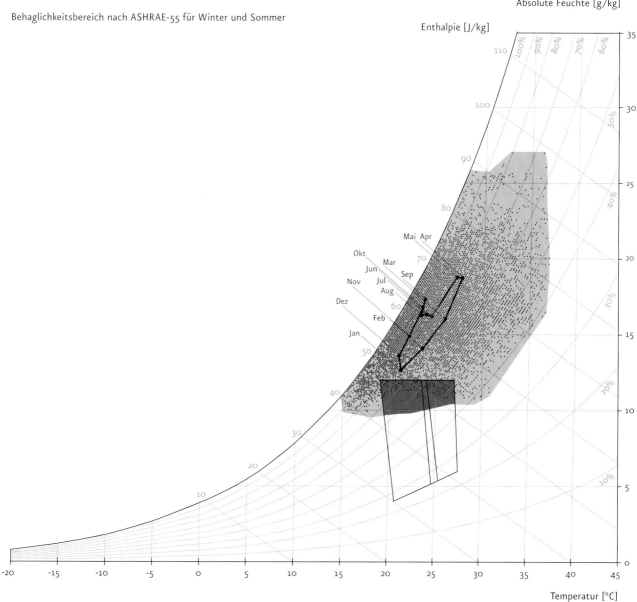

Bereich der Außenlufttemperatur und der absoluten Feuchte während der 8.760 Stunden eines Jahres

Jan   Monatsmittelwerte der Außenlufttemperatur und der absoluten Feuchte

Behaglichkeitsbereich nach ASHRAE-55 für Winter und Sommer

Abb. 5.1 Bereich der Außenlufttemperatur und absoluten Feuchte mit Behaglichkeitsfeld nach ASHRAE-55 am Standort Bangalore

Das Klima in Bangalore weist ganzjährig hohe Temperaturen auf mit Maximalwerten über 35 °C. Für ein behagliches Raumklima muss gekühlt werden. Der Fokus liegt auf der Entfeuchtung, die Zuluft muss ganzjährig entfeuchtet werden, da die absolute Feuchte nahezu immer über 12 g/kg liegt. Ein Heizsystem ist nicht erforderlich.

Klima und Bauen

Bangalore ist ein typischer Vertreter der wechselfeuchten Tropen. In den Tropen ist ein Heizsystem außer in sehr hohen Lagen nicht erforderlich, Wärmebedarf besteht nur für Warmwasser. Es muss nahezu ganzjährig gekühlt werden. Die absolute Feuchte ist das ganze Jahr so hoch, dass nach Möglichkeit eine Zuluftentfeuchtung vorgesehen werden sollte (Abb. 5.1). Eine ⤹ natürliche Lüftung ist ganzjährig möglich, es ist jedoch auf die hohe absolute Feuchte zu achten. Im Folgenden werden die klimatischen Bedingungen in Bangalore (Abb. 5.2) im Hinblick auf das klimagerechte Bauen dargestellt.

⤹
Natürliche Lüftung
S. 146

Temperatur

Der niedrige Breitengrad führt zu geringen Temperaturunterschieden im Jahresverlauf auf relativ hohem Temperaturniveau. Der Wärmeverlust spielt in Bangalore keine Rolle, es muss fast das ganze Jahr über gekühlt werden. Die Außenlufttemperaturen liegen immer über 14 °C, die Maximalwerte liegen bei über 35 °C. Während der Nachtstunden gibt es keine wirksame Abkühlung, deshalb ist eine ⤹ Nachtauskühlung nur in den Wintermonaten in Ergänzung zur Kühlung möglich. Da die Jahresmitteltemperatur bei ca. 24 °C liegt, lässt sich das Erdreich nur bedingt zur regenerativen Kühlung einsetzen; in allen Schichten ist allenfalls eine Zuluftvorkühlung möglich.

⤹
Nachtlüftung
S. 152

Feuchte

Die Werte der absoluten Luftfeuchtigkeit liegen alle über der Behaglichkeitsgrenze von 12 g/kg; es sind sogar Extremwerte von bis zu 26 g/kg möglich. Daher ist der Einsatz von ⤹ Flächenkühlsystemen ohne Entfeuchtung der Zuluft nicht möglich.

⤹
Wärme-/Kälteübergabe
S. 150

Globalstrahlung

Die Summe der ⤹ Globalstrahlung im Jahr beträgt 2.030 kWh/m²a. Der ganzjährig hohe Sonnenstand führt zu hoher solarer Einstrahlung während des ganzen Jahres, lediglich in der Monsunzeit sind die Werte etwas niedriger. Dann ist auch der Anteil der Diffusstrahlung am höchsten. Aus diesen Gründen können solare Energiesysteme wie ⤹ Photovoltaik und ⤹ solare Kühlung, insbesondere auch Desiccant Cooling, gut eingesetzt werden.

⤹
Globalstrahlung
S. 142

Photovoltaik
S. 154

Solare Kühlung
S. 154

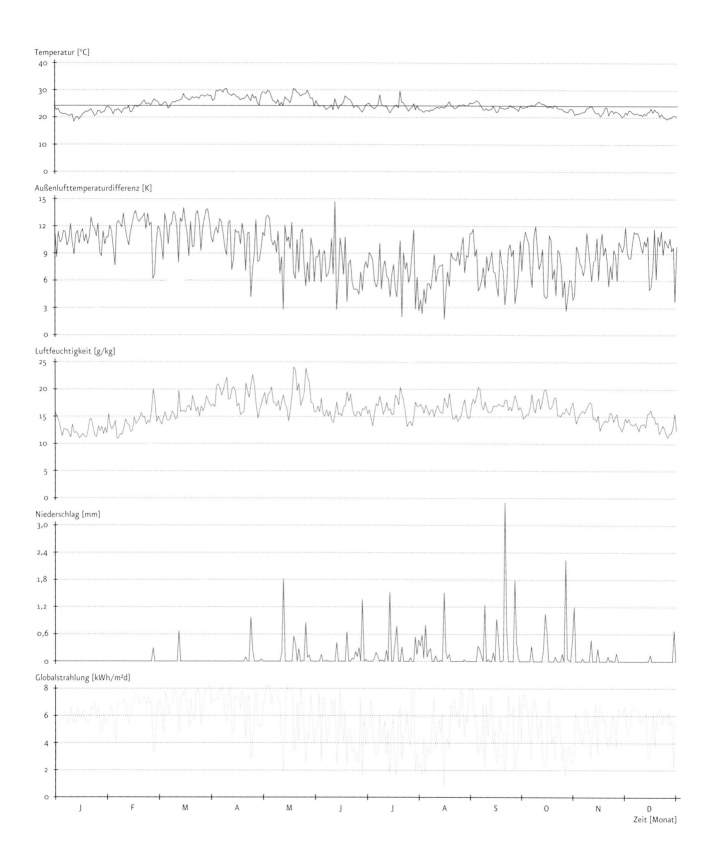

Abb. 5.2 Jahresverlauf der wichtigsten Klimaelemente am Standort Bangalore

Dargestellt sind die Tagesdurchschnittswerte der Außenlufttemperatur (1. Zeile), mit Erdreichtemperatur in 10–12 m Tiefe (rote horizontale Linie), sowie die Außenluft-temperaturdifferenz zwischen Tagesmaximum und Nachtminimum (2. Zeile). Ferner sind die Tagesdurchschnittswerte für absolute Luftfeuchte (3. Zeile) und Niederschlag (4. Zeile) sowie die eingestrahlte Energiemenge auf eine horizontale Fläche pro Tag (5. Zeile) abgebildet.

Solare Einstrahlung

Der Standort in Äquatornähe mit niedrigem Breitengrad führt dazu, dass sich die Tageslängen im Jahresverlauf kaum ändern. Die Einstrahlwinkel sind sehr hoch, die Sonne
steht im März und September zur Mittagszeit annähernd im Zenit. Im Sommer wird
der Zenit überschritten, sodass die Sonne ganztägig aus nördlicher Richtung scheint.

Horizontale Flächen erhalten aufgrund des ganzjährig steilen Einfallswinkels der Sonne
im Vergleich zu den Fassadenflächen die höchste eingestrahlte Energiemenge. Die Einstrahlung auf die Fassaden verändert sich im Jahresverlauf generell nur moderat, nur
bei der Südfassade ergeben sich erhebliche Schwankungen. Die Südfassade erhält die
höchste Einstrahlung in den Wintermonaten; in den Sommermonaten ist die Einstrahlung auf die Nordfassade höher als auf die Südfassade. Die Nordfassade erhält fast
ausschließlich ↙ Diffusstrahlung (Abb. 5.4).

↙
Globalstrahlung
S. 142

Fensterflächenanteil
S. 146

Während der Monsunzeit von Mai bis September reduzieren sich die Werte erheblich.
Infolge der hohen Tageslichtintensität kann der ↙ Fensterflächenanteil verringert werden, um die Strahlungseinträge zu reduzieren.

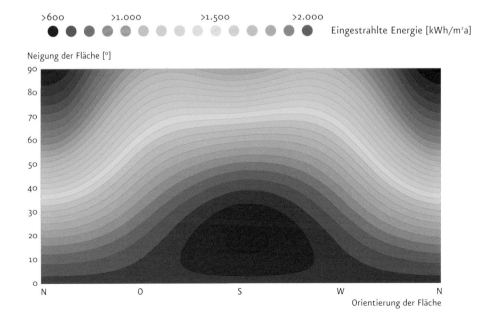

>600   >1.000   >1.500   >2.000   Eingestrahlte Energie [kWh/m²a]

Neigung der Fläche [°]

Orientierung der Fläche

Abb. 5.3 Eingestrahlte Energiemenge in kWh/m²a in Abhängigkeit von Orientierung und Neigungswinkel der
Fläche zur Bewertung der Ausrichtung von Solarsystemen am Standort Bangalore

Die Globalstrahlung auf die Horizontale beträgt 2.030 kWh/m²a. Im optimalen Neigungswinkel von 18° bei
südlicher Ausrichtung beträgt die eingestrahlte Energiemenge 2.107 kWh/m²a.

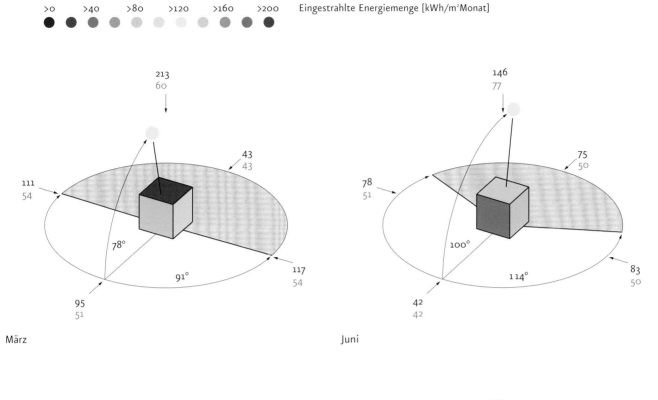

März

Juni

September

Dezember

Abb. 5.4 Solarstrahlung und Sonnenverlauf für den Standort Bangalore

Die Flächen der Würfel zeigen die eingestrahlte Energiemenge in kWh/m² für den jeweiligen Monat. Die Zahlenwerte in schwarz beziffern die gesamte Einstrahlung, die Werte in grau die Diffusstrahlung. Weiterhin dargestellt sind der maximale Höhen- und Azimut-Winkel der Sonne jeweils für den 21. des Monats.

Gebäudestruktur

Zur Reduktion unerwünschter Strahlungseinträge sollte eine gegenseitige Baukörperverschattung vorgesehen werden (Abb. 5.6). Zur Durchlüftung der Siedlungsstruktur sind Schneisen entlang der Windrichtung für den Wärmeabtransport und die Schadstoffabfuhr wichtig. Eine versetzte Anordnung der Baukörper fördert die Ventilation zusätzlich.

Natürlich belüftete Gebäude sollten wenig kompakt und offen konzipiert sein, um eine maximale Luftbewegung zu ermöglichen. Bei klimatisierten Gebäuden wirkt sich eine hohe ↙ Kompaktheit positiv auf den Kühlenergiebedarf aus.

↙
Kubatur
S. 144

Eine Nord-Süd-Ausrichtung ist vorteilhaft, weil die Strahlungseinträge geringer sind und eine effiziente Verschattung einfacher zu realisieren ist. Die Nordseite erhält am wenigsten Einstrahlung. Bei unverschatteten Gebäuden sind die Ost- und Westfassaden die am meisten bestrahlten Flächen. Durch eine enge Baukörperstellung in Ost-West-Richtung können die Strahlungseinträge begrenzt werden. Aufgrund der hoch stehenden Sonne kann nur ein hoher Verbauungswinkel die hohen Einstrahlungswerte auf die Fassaden reduzieren (Abb. 5.5).

Abstand Baukörper 20 m

>360   >600   >900   >1.200

● ● ● ● ● ● ● ● ● ● ● ● ● ● ● ● ●   Eingestrahlte Energiemenge [kWh/m²a]

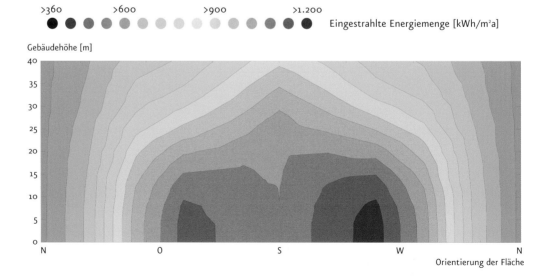

Abb. 5.5 Eingestrahlte Energiemenge [kWh/m²a] als Mittelwert auf die Fassade in Abhängigkeit von ihrer Orientierung und der Höhe eines gegenüberliegenden Baukörpers in einem Abstand von 20 m am Standort Bangalore
Die Simulation gilt für einen typischen Büroriegel, 70 m x 15 m x 20 m (l x b x h). Die Höhe des verschattenden Riegels in 20 m Abstand ist variabel. Mit zunehmender Höhe der Bebauung wird in Bangalore der Unterschied zwischen der eingestrahlten Energiemenge auf die Ost-, Süd- und Westseite deutlich geringer.

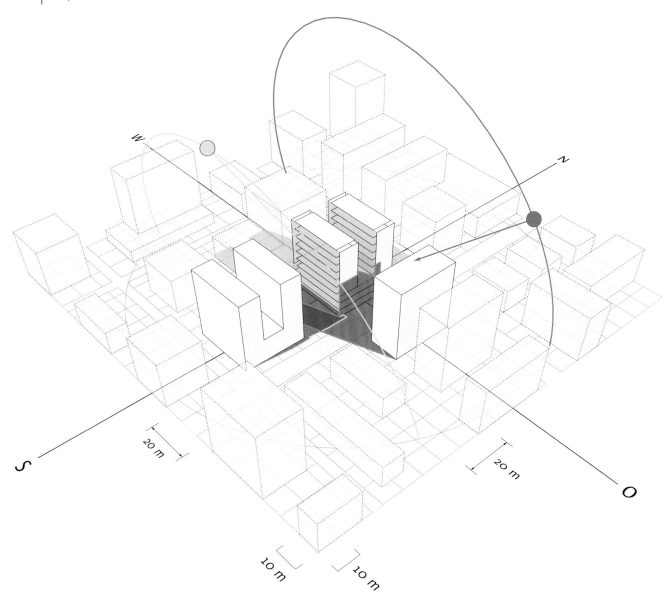

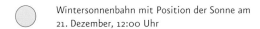 Wintersonnenbahn mit Position der Sonne am 21. Dezember, 12:00 Uhr

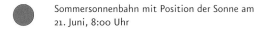 Sommersonnenbahn mit Position der Sonne am 21. Juni, 8:00 Uhr

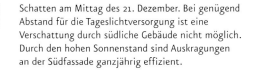 Schatten am Mittag des 21. Dezember. Bei genügend Abstand für die Tageslichtversorgung ist eine Verschattung durch südliche Gebäude nicht möglich. Durch den hohen Sonnenstand sind Auskragungen an der Südfassade ganzjährig effizient.

Schatten am Morgen des 21. Juni. Durch eine gegenüberliegende Bebauung können die Ost- und Westfassaden in den Morgen- und Abendstunden etwa zur Hälfte effizient verschattet werden. Etwa 4 Monate im Jahr scheint die Sonne ganztägig aus nördlicher Richtung.

 Nord-Süd-orientierte, aufgegliederte Bauform. Durch einbündige Gebäudeteile können Tagesbelichtung und natürliche Lüftung optimiert werden. Für das Raumklima ist es vorteilhaft, wenn die Ost- und Westfassaden in den unverschatteten Bereichen möglichst geschlossen sind. Ggf. kann hier die Erschlie-ßung angeordnet werden. Die Raumtiefen können bei 2-seitiger Belichtung und aufgrund der hohen Außenbeleuchtungsstärken erhöht werden.

Abb. 5.6 Gebäudestrukturen für die Tropen
In Bangalore gilt es in erster Linie, Strahlungseinträge zu reduzieren. Daher sind eine Nord- bzw. Südorientierung der Nutzflächen sowie eine gegenseitige Baukörperverschattung von Vorteil.

Gebäudehülle

Das Fassadenkonzept in den Tropen hat primär die Aufgabe, solare Einträge zu verhindern. Eine Sonnenschutzbeschichtung ist somit eine sinnvolle Maßnahme, da die Lichtverhältnisse aufgrund des niedrigen Breitengrads das ganze Jahr über gut und keine passiven Solargewinne im Winter erforderlich sind. An der Ost-, Süd- und Westfassade ist eine solare Energieerzeugung sinnvoll. Zur Vermeidung von Wärmegewinnen über Transmission sollte ein gewisser Wärmeschutz der Fassade erfolgen. Die Außenwand sollte nur in geringem Maße Strahlung absorbieren.

Fensterflächenanteil

↖ Fensterflächenanteil S. 146

Der ↖ Fensterflächenanteil ist in Abhängigkeit von den Kriterien der solaren Einträge festzulegen. Er sollte für alle Orientierungen möglichst gering sein und bei 30–40 Prozent liegen.

Sonnenschutz

↖ Sonnenschutz S. 146

Insbesondere an der Nord- und Südfassade können horizontale Lamellen und Auskragungen zum ↖ Schutz vor der Sonneneinstrahlung eingesetzt werden. Zusätzlich sind an der Südfassade, die in den Wintermonaten während der gesamten Nutzungszeit nennenswerte Einstrahlung erhält, Maßnahmen gegen die flacher stehende Sonne in den Morgen- und Abendstunden sinnvoll. Auch an der Ost- und Westfassade muss eine Ganzjahreslösung für die Direkt- und Diffusstrahlung gefunden werden.

Verglasung

↖ Verglasung S. 146

g-Wert S. 146

Eine ↖ Sonnenschutzverglasung ist in den Tropen empfehlenswert, da die Wärmeeinträge ohne Sonnenschutzbeschichtung für alle Orientierungen zu hoch sind. Der ↖ g-Wert der Verglasung sollte unter 0,4 liegen.

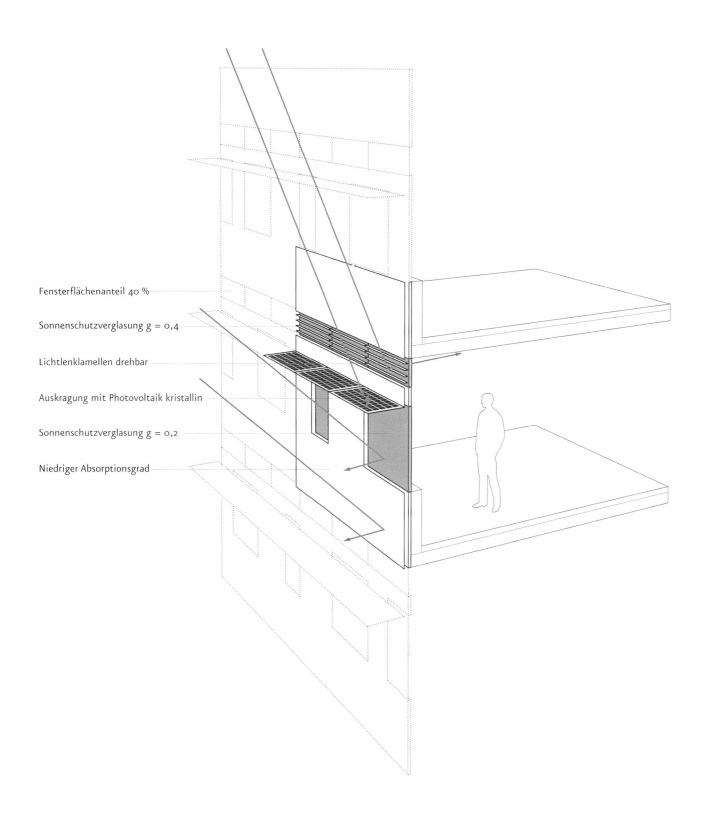

Fensterflächenanteil 40 %

Sonnenschutzverglasung g = 0,4

Lichtlenklamellen drehbar

Auskragung mit Photovoltaik kristallin

Sonnenschutzverglasung g = 0,2

Niedriger Absorptionsgrad

Abb. 5.7 Fassadenkonzept für die Tropen
Dargestellt sind Strategien für eine im Hinblick auf Energie, Raumklima und Tageslicht
optimierte Südfassade. Alternativ wäre auch der Einsatz außen liegender Lamellen möglich.
Auch an der Ost- und Westfassade sollte der Fensterflächenanteil bei 30–40 % liegen, der
Sonnenschutz muss die flacher stehende Sonne abhalten können. An der Nordfassade ist ein
mittlerer Fensterflächenanteil von 50 % in Verbindung mit einem Sonnenschutzglas möglich.

Gebäudetechnik

In den Tropen muss vor allem entfeuchtet und gekühlt werden. ↙ Flächenkühlsysteme sind aufgrund der ↙ Taupunktproblematik nur in Verbindung mit mechanischer Lüftung und Zuluftentfeuchtung möglich.

Wärmebedarf besteht nur für Warmwasser. Dieser kann gegebenenfalls über ↙ Solarkollektoren gedeckt werden. Die Temperatur im Erdreich ist aufgrund der erhöhten Jahresmitteltemperatur so hoch, dass das Erdreich nur zur Vorkühlung genutzt werden kann (Abb. 5.2). Im Sommer können Strategien der ↙ solaren Kühlung sinnvoll sein. Desiccant-Cooling-Systeme sind empfehlenswert, insbesondere aufgrund der umfangreichen Entfeuchtungsleistung. Wegen der hohen Strahlungseinträge kann ↙ Photovoltaik eingesetzt werden, die idealerweise flach geneigt auf dem Dach angebracht wird (Abb. 5.3.); die Erträge liegen bei 300 kWh/m²a.

Kühlkonvektor

Bei geringem Lüftungsbedarf und mittleren Kühllasten kann eine natürliche Lüftung mit einem ↙ Kühlkonvektor kombiniert werden. Es ergibt sich ein gut regelbares System, und der Kühlkonvektor sorgt bis zu einem gewissen Grad auch für eine Entfeuchtung der Luft. Bei mittleren bis höheren Kühllasten bietet sich eine Kombination mit einer mechanischen Lüftung an. Die zentral aufbereitete Luft wird entfeuchtet und dem Raum vorgekühlt zugeführt.

Kühldecke

Sind die Kühllasten sehr hoch, kann eine mechanische Lüftung mit ↙ Kühldecke eine behagliche Kühlung des Raums sicherstellen. Auf eine zuverlässige Zuluftentfeuchtung ist dabei zu achten, da sonst die Kühlleistung über die Taupunktregelung gedrosselt wird.

Splitgerät

Bei der Nachrüstung oder bei veränderten internen Lasten kann auch in Räumen mit natürlicher Lüftung ein ↙ Splitgerät eingesetzt werden, das eine gute Regulierung ermöglicht.

Dezentrale Lüftung

Mit einem ↙ dezentralen, fassadenintegrierten Lüftungsgerät kann ohne zusätzlichen Platzbedarf für Schächte und Kanäle eine Zuluftkühlung und -entfeuchtung realisiert werden. Die energetische Effizienz ist geringer, der Wartungsaufwand höher; dafür kann dieses System auf einfache Weise nachgerüstet oder ergänzt werden. Bei Planung und Installation muss auf Grenzschichteffekte an der Fassade geachtet werden, da diese die Ansaugtemperatur erheblich erhöhen können.

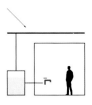

Deckungsgrad 100 %
Ertrag 1.200 kWh/m²a

Solarthermie
Warmwasser

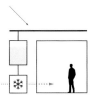

Deckungsgrad 50–80 %
Ertrag 1.100 kWh/m²a

Solare Kühlung
Zuluftkühlung

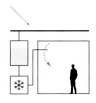

Deckungsgrad 50 %
Ertrag 1.000 kWh/m²a

Solare Kühlung
Wassergeführtes Kühlsystem

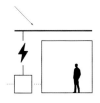

Ertrag 300 kWh/m²a

Photovoltaik
Netzeinspeisung

Abb. 5.8 Raumkonditionierungskonzepte in Verbindung mit regenerativen Energieerzeugungssystemen für die Tropen

Dargestellt sind geeignete Systemkombinationen. Der Deckungsgrad gibt den Anteil der regenerativ bereitgestellten Wärme bzw. Kälte an. Bei den Solarsystemen ist der jährliche Ertrag bei optimaler Einbausituation angegeben.

Planungsregeln für Bangalore

In den Tropen ist ein Heizsystem nicht erforderlich. Es muss nahezu ganzjährig gekühlt werden. Die absolute Feuchte ist das ganze Jahr so hoch, dass eine Zuluftentfeuchtung wünschenswert ist. Für Bangalore ergeben sich folgende Planungsstrategien:

Kühlen und Entfeuchten

Die Klimasituation in Bangalore erfordert auf jeden Fall ein aktives Kühlsystem, ansonsten lässt sich selbst bei Einsatz aller baulichen Maßnahmen mit einem reduzierten Fensterflächenanteil, einem außen liegenden Sonnenschutz und einer intensiven Nachtlüftung kein behagliches Raumklima erreichen.

Der ⬐ Kühlkältebedarf liegt mit 120–150 kWh/m²a im erhöhten Bereich, hinzu kommt ein Entfeuchtungsenergiebedarf von ca. 30–50 kWh/m²a, sodass sich ein Gesamtkältebedarf von 150–200 kWh/m²a ergibt.

Eine Minimierung des ⬐ Fensterflächenanteils erlaubt eine Kühlenergieeinsparung von ca. 25 Prozent. Der Einfluss der ⬐ Orientierung liegt bei etwa 30 Prozent, vor allem der Wärmeeintrag auf die Westfassade ist von Bedeutung.

Ein außen liegender ⬐ Sonnenschutz bringt in Kombination mit einem ⬐ Sonnenschutzglas eine Verbesserung von 15 Prozent im Vergleich zu einem innen liegenden System, ein Vorbau auf der Süd- und Nordfassade knapp 20 Prozent. Bei leichten Fassadenkonstruktionen ist ein gewisser Wärmeschutz zur Reduktion von Wärmeeinträgen über Transmission erforderlich. Der Absorptionsgrad der Außenwand beeinflusst den Kühlenergiebedarf und sollte daher möglichst gering sein.

Eine intensive ⬐ Nachtlüftung ermöglicht Einsparungen von bis zu 20 Prozent. Der Einfluss der Bauweise ist im Allgemeinen gering. Für eine Nachtlüftungsstrategie sind aktivierbare ⬐ Speichermassen jedoch Voraussetzung. Durch eine Kombination von passiven Maßnahmen kann mit einem reduzierten Fensterflächenanteil von 30 Prozent in Verbindung mit einem sehr effizienten Sonnenschutzsystem und einer intensiven Nachtlüftung der Kühlkältebedarf um 40 Prozent reduziert werden.

Die Aussagen der thermischen Simulationen gelten für einen Standardbüroraum mit typischen internen Lasten. Soweit nicht anders angegeben, ist der Raum in leichter Bauweise nach Süden orientiert und hat einen Fensterflächenanteil von 50 %. Der g-Wert der Verglasung beträgt 0,3, mit innen liegendem Sonnenschutz. Der U-Wert der Außenwand liegt bei 0,6 W/m²K.

Potenziale und Strategien

Infolge der höheren Jahresmitteltemperatur verfügen Erdreich und ↘ Grundwasser nur über ein begrenztes Kühlpotenzial. Dasselbe gilt für die freie ↘ Rückkühlung aufgrund der hohen Luftfeuchte. Bei der Raumkonditionierung kann eine sinnvolle Strategie darin bestehen, das Erdreich zur Vorkühlung der Zuluft zu nutzen. Das Temperatur-niveau der regenerativen Kältequelle kann gegebenenfalls die Zuluftentfeuchtung unterstützen. Darüber hinaus erforderliche Kälte sollte über wassergeführte Systeme dem Raum zugeleitet werden. Dadurch kann Antriebsenergie gespart werden, und die Regelbarkeit verbessert sich. Werden ↘ Flächenkühlsysteme eingesetzt, ist aufgrund der ↘ Taupunktproblematik das ganze Jahr über eine Zuluftentfeuchtung notwendig. Passive Maßnahmen bewirken allenfalls in Kombination eine nennenswerte Reduktion des Kühlkältebedarfs.

Da Außenklima und Erdreich nur eine begrenzte Kühlmöglichkeit bieten, liegt der Fokus in den Tropen auf der Reduktion der internen Wärmelasten. Eine weitere Mög-lichkeit ist die optimierte Anlagen- und Energietechnik mit Kälterückgewinnung und ↘ Desiccant Cooling.

↘
**Erdsonden/
Grundwassernutzung**
S. 154

Kühlturm
S. 154

↘
Wärme-/Kälteübergabe
S. 150

Taupunkttemperatur
S. 142

↘
Solare Kühlung
S. 154

Wüsten

Dubai, Handelsmetropole des Orients

Dubai liegt im subtropischen Trockengebiet des nördlichen Wendekreises. Das Temperaturniveau ist ganzjährig sehr hoch mit Maximaltemperaturen über 43 °C. Von November bis März bewegen sich die Tagesmitteltemperaturen zwischen 18 und 28 °C. Die Temperaturdifferenz zwischen Maximal- und Minimaltemperaturen ist im Sommer geringfügig höher als im warmen Winter. Niederschlag ist in Dubai mit weniger als 130 Millimetern im Jahr sehr gering. Regen fällt eher unregelmäßig, hauptsächlich an einigen Tagen zwischen Dezember und März. Anfang des Jahres können kurze, aber heftige Regengüsse auftreten. Aufgrund der Nähe zum Meer ist die Luftfeuchte in Dubai sehr hoch. In den Wintermonaten treten Sandstürme auf.

100   75   50   25   0

Anteil der Nächte pro Jahr mit Durchschnittstemperaturen kleiner 20 °C [%]

Klima in den Wüsten

Die subtropischen Trockengebiete befinden sich im Bereich des nördlichen und südlichen Wendekreises zwischen dem 15. und 30. Breitengrad. Charakteristisch für diese Zone ist ein Hochdruckgürtel, der zu klarem Himmel, einem hohen Anteil direkter Strahlung und sehr wenig Niederschlägen führt. Die ↙ Verdunstung ist stets größer als die Niederschlagsmenge, die wenigen Niederschläge treten unregelmäßig auf.

↙
Kondensation
S. 142

Die Jahressumme der Globalstrahlung ist höher als in Gebieten, die näher am Äquator liegen. In trockenen Gebieten wird ein Teil der auftreffenden Strahlung unmittelbar reflektiert. Die Temperaturen in den ariden Subtropen sind ganzjährig hoch.

Das Klima in den Wüsten unterscheidet sich je nach Küstenlage, Kontinentalität und Gebirgsnähe erheblich. Es ergeben sich große Unterschiede in der Ausprägung der Sommer und Winter, der Temperaturamplituden im Laufe eines Tages, dem Feuchtegehalt der Luft und der Niederschlagshäufigkeit. Im Landesinneren sind die Temperaturen im Sommer höher, die Luftfeuchte ist wesentlich geringer. Aufgrund der geringen Bewölkung und des geringen Wasserdampfgehaltes der Luft ergibt sich in kontinentalen Lagen eine hohe Ein- sowie Ausstrahlung und dadurch eine sehr große Temperaturschwankung im Tagesverlauf.

Wüsten sind vegetationsarm, teilweise gibt es Grasfluren und Sträucher. Nur bei vorhandenem Grundwasser oder in der Nähe von Flüssen kann die Vegetation umfangreicher sein.

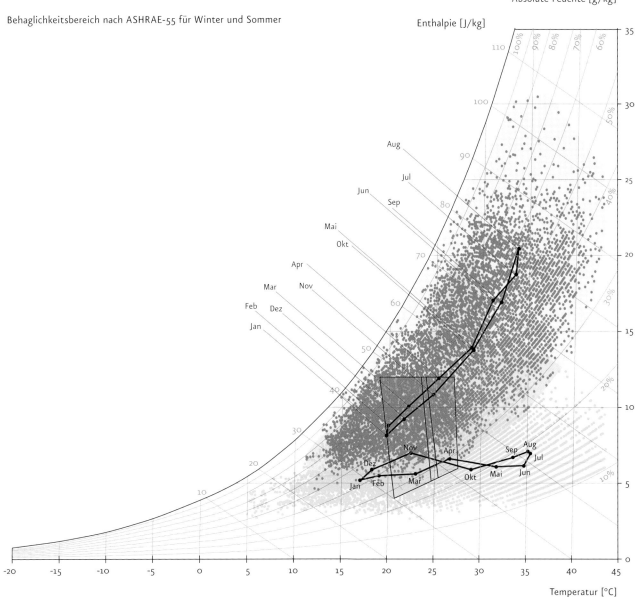

Bereich der Außenlufttemperatur und der absoluten Feuchte während der 8.760 Stunden eines Jahres

Jan   Monatsmittelwerte der Außenlufttemperatur und der absoluten Feuchte

Behaglichkeitsbereich nach ASHRAE-55 für Winter und Sommer

Abb. 6.1 Bereich der Außenlufttemperatur und absoluten Feuchte mit Behaglichkeitsfeld nach ASHRAE-55 an den Standorten Dubai und Riad

Das Klima in Dubai weist ganzjährig sehr hohe Temperaturen auf mit Extremwerten von über 40 °C. Der Fokus liegt daher auf der Kühlung und Entfeuchtung. Um eine behagliche Luftfeuchtigkeit im Raum zu erreichen, muss die Zuluft von April bis Oktober entfeuchtet werden, da die absolute Feuchte über 12 g/kg liegt. Ein Heizsystem ist nicht erforderlich.

Zum Vergleich: In Riad ist es in den Sommermonaten ebenfalls sehr heiß mit Temperaturen über 40 °C, die Winter sind mit Werten um 15 °C mäßig temperiert. Es muss vor allem gekühlt werden. Aufgrund der geringen Feuchte von durchschnittlich 6 g/kg besteht kein Entfeuchtungsbedarf. Bei einer Befeuchtung der Zuluft ergibt sich eine adiabatische Kühlung.

Klima und Bauen

Dubai ist ein typischer Vertreter des Wüstenklimas in Meeresnähe, Riad ein Vertreter des kontinentalen Wüstenklimas. In den Wüsten ist viel Kühlenergie erforderlich. Je nach Entfernung vom Meer ist die Luftfeuchtigkeit während eines Großteils des Jahres so hoch, dass eine Entfeuchtung notwendig ist (Abb. 6.1). In Monaten mit niedrigeren Temperaturen kann natürlich gelüftet werden, da sich die Luftfeuchte auch an Standorten mit ansonsten hohen Werten im moderaten Bereich bewegt. Unter Umständen können sich Einschränkungen durch eine Staubbelastung der Luft ergeben. Im Folgenden werden die klimatischen Bedingungen in Dubai und in Riad (Abb. 6.2) im Hinblick auf das klimagerechte Bauen dargestellt.

Temperatur

Der Jahresverlauf in Dubai zeigt zwei Jahreszeiten mit hohen Temperaturen. Die Temperaturdifferenz zwischen Tag und Nacht ist in den heißen Sommermonaten größer als in den kühleren Wintermonaten. Die Nachttemperaturen erreichen allerdings hohe absolute Werte, sodass eine

↙ **Nachtlüftung**
S. 152

Kühlturm
S. 154

Kältemaschine
S. 154

↙ Nachtauskühlung nur in den Wintermonaten möglich ist. Ein Heizsystem ist nicht erforderlich. Über das Erdreich ist allenfalls eine Vorkühlung der Zuluft möglich. Das Meerwasser bietet allenfalls in den Wintermonaten eine direkte Kühlmöglichkeit, ansonsten kann es zur ↙ Rückkühlung von ↙ Kältemaschinen verwendet werden, wodurch diese effizienter arbeiten.

In Riad sind die Sommer sehr heiß, die Winter mäßig temperiert. Die Temperaturdifferenz ist im Sommer etwas höher als im Winter. Wegen der hohen nächtlichen Temperaturen im Sommer kann Nachtlüftung allenfalls ergänzend eingesetzt werden. Ein Heizsystem ist nicht erforderlich. Das Erdreich kann aufgrund seiner hohen Temperatur nur zur Vorkühlung der Zuluft genutzt werden.

Feuchte

In Meeresnähe ist die Luftfeuchte sehr hoch, Spitzenwerte von über 25 g/kg sind möglich. Einen Großteil des Jahres ist eine Zuluftentfeuchtung nötig. Zudem erschwert die hohe

↙ **Wärme-/Kälteübergabe**
S. 150

Taupunkttemperatur
S. 142

Feuchtkugeltemperatur
S. 142

Kondensation
S. 142

Luftfeuchte den Einsatz von ↙ Flächenkühlsystemen. Im Winter kann freie Rückkühlung den Kältebedarf reduzieren.

In Riad ist die Luftfeuchte mit einem Durchschnittswert von 6 g/kg sehr gering. Flächenkühlsysteme können gut eingesetzt werden, da keine ↙ Taupunktproblematik besteht. Aufgrund der niedrigen ↙ Kühlgrenztemperaturen sind Systeme mit ↙ Verdunstungskühlung, etwa Rückkühlwerke, ebenfalls gut einsetzbar. Allenfalls in den heißen Sommermonaten können sich Einschränkungen ergeben.

Globalstrahlung

Da Dubai und Riad fast auf demselben Breitengrad liegen, ähneln sich Jahresverlauf und Menge der eingestrahlten Energie. In Dubai beträgt die Summe der Globalstrahlung 2.026 kWh/m²a im Jahr, in Riad 2.189 kWh/m²a. Die Solarstrahlung ist an beiden Standorten ganzjährig sehr hoch; lediglich von Oktober bis Februar nimmt sie etwas ab. Im Sommer ist sie aufgrund der geringen Bewölkung und der geringen Niederschlägen höher als in äquatornäheren Gebieten mit niedrigerem Breitengrad.

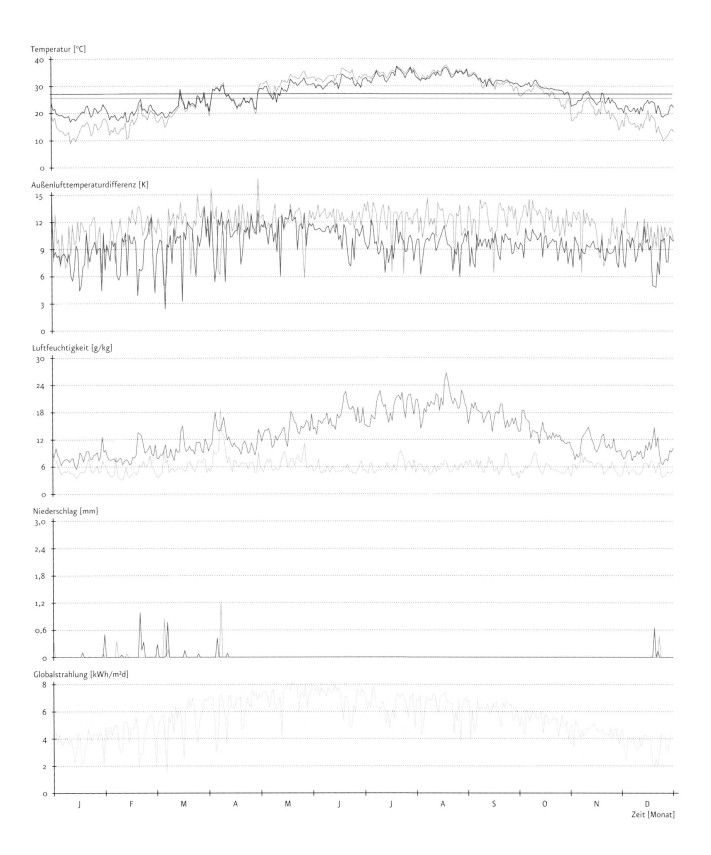

Abb. 6.2 Jahresverlauf der wichtigsten Klimaelemente an den Standorten Dubai und Riad

Dargestellt sind die Tagesdurchschnittswerte der Außenlufttemperatur (1. Zeile), mit Erdreichtemperatur in 10–12 m Tiefe (horizontale rote Linie), sowie die Außenlufttemperaturdifferenz zwischen Tagesmaximum und Nachtminimum (2. Zeile). Ferner sind die Tagesdurchschnittswerte für absolute Luftfeuchte (3. Zeile) und Niederschlag (4. Zeile) sowie die eingestrahlte Energiemenge auf eine horizontale Fläche pro Tag (5. Zeile) abgebildet. Riad ist jeweils als blasse Kurve dargestellt.

Solare Einstrahlung

Aufgrund der Nähe zum Wendekreis steht die Sonne in Dubai und Riad im Sommer im Zenit. Die Tageslängen variieren nur geringfügig. Die Einstrahlwinkel sind ganzjährig relativ steil.

Die insgesamt hohe Solarstrahlung ist lediglich in den Wintermonaten etwas geringer. In dieser Zeit erhält die Südfassade die meiste Einstrahlung, ansonsten ist die Horizontale die Fläche mit der höchsten eingestrahlten Energiemenge. Die Zenitstellung der Sonne am 21. Juni führt zu den insgesamt höchsten monatlichen Einstrahlungswerten des Jahres und zu den geringsten auf der Südseite mit ausschließlicher Diffusstrahlung. Die nach Osten und Westen orientierten Fassaden werden in den Sommermonaten am meisten bestrahlt. In den Übergangszeiten um die Monate März und September ist die eingestrahlte Energiemenge auf die Ost-, Süd- und Westfassade annähernd gleich, ↙ Diffus- und Direktstrahlung halten sich dann die Waage. Außer im Sommer erhält die Nordfassade stets die geringste Einstrahlung (Abb. 6.4).

Die ↙ Beleuchtungsstärken sind generell sehr hoch. Aufgrund der hohen Tageslichtintensität kann der ↙ Fensterflächenanteil zur Begrenzung der Strahlungseinträge reduziert und die ↙ Verglasung entsprechend der gewünschten Sonnenschutzwirkung gewählt werden.

↙
Globalstrahlung
S. 142

Beleuchtungsstärke
S. 148

Fensterflächenanteil
S. 146

Verglasung
S. 146

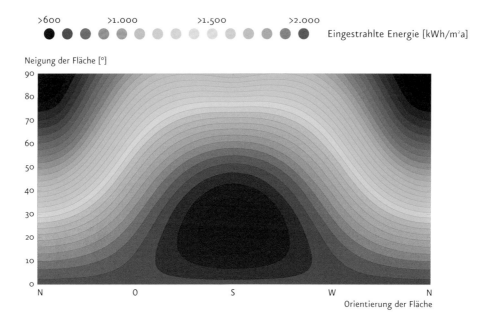

>600   >1.000   >1.500   >2.000

Eingestrahlte Energie [kWh/m²a]

Neigung der Fläche [°]

Orientierung der Fläche

Abb. 6.3 Eingestrahlte Energiemenge in kWh/m²a in Abhängigkeit von Orientierung und Neigungswinkel der Fläche zur Bewertung der Ausrichtung von Solarsystemen am Standort Dubai

Die Globalstrahlung auf die Horizontale beträgt 2.026 kWh/m²a. Im optimalen Neigungswinkel von 23° bei südlicher Ausrichtung beträgt die eingestrahlte Energiemenge 2.185 kWh/m²a.

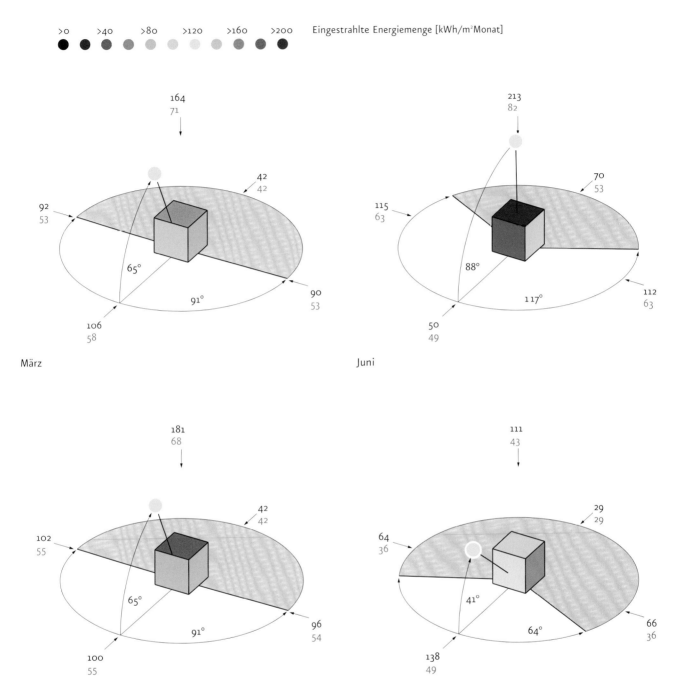

Abb. 6.4 Solarstrahlung und Sonnenverlauf für den Standort Dubai

Die Flächen der Würfel zeigen die eingestrahlte Energiemenge in kWh/m² für den jeweiligen Monat. Die Zahlenwerte in schwarz beziffern die gesamte Einstrahlung, die Werte in grau die Diffusstrahlung. Weiterhin dargestellt sind der maximale Höhen- und Azimut-Winkel der Sonne jeweils für den 21. des Monats.

Gebäudestruktur

Der Heizwärmebedarf spielt in Wüsten in Meeresnähe keine Rolle, an Standorten in kontinentalen bzw. Höhenlagen kann ein Heizsystem erforderlich sein. Eine hohe Kompaktheit der Baukörper wirkt sich positiv auf den Kühlenergiebedarf aus. Ein niedriges ↙ A/V-Verhältnis wird insbesondere durch größere Gebäudetiefen erreicht. Eine enge Gebäudestellung in Ost-West-Richtung ist von Vorteil, da sich die Gebäude gegenseitig verschatten (Abb. 6.6). Die ↙ Tageslichtversorgung hat aufgrund der hohen ↙ Außenbeleuchtungsstärke und der starken Reflexion der gegenüberliegenden Fassaden eine untergeordnete Bedeutung. Innenhofstrukturen wirken sich positiv aus, da sie für eine hohe Dichte und die gegenseitige Verschattung der Baukörper sorgen.

Sowohl der Einfluss der ↙ Orientierung als auch des Abstands und die Auswirkung der Höhe der Nachbarbebauung auf die eingestrahlte Energiemenge auf eine Fassade ist groß (Abb. 6.5). Nach Süden orientierte Fassaden erhalten die höchste solare Einstrahlung, können aber gut durch Auskragungen verschattet werden. Je größer der Abstand der Baukörper ist, desto größer ist der Unterschied zwischen Südfassade und Ost- bzw. Westfassade bezogen auf die eingestrahlte Energiemenge. Um eine Verschattung der Baukörper in Ost-West-Richtung zu gewährleisten, muss der Abstand zur Nachbarbebauung sehr gering sein. Auf eine gute Stadtdurchlüftung ist zu achten.

Abstand Baukörper 20 m

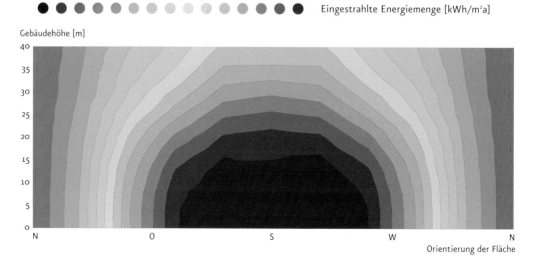

Abb. 6.5 Eingestrahlte Energiemenge [kWh/m²a] als Mittelwert auf die Fassade in Abhängigkeit von ihrer Orientierung und der Höhe eines gegenüberliegenden Baukörpers in einem Abstand von 20 m am Standort Dubai

Die Simulation gilt für einen typischen Büroriegel, 70 m x 15 m x 20 m (l x b x h). Die Höhe des verschattenden Riegels in 20 m Abstand ist variabel. Die eingestrahlte Energiemenge auf eine nach Süden orientierte Fassade beträgt bei einem gegenüberliegenden Baukörper von 40 m Höhe etwa 800 kWh/m²a. Ist die Nachbarbebauung nur 20 m hoch, so werden knapp 1.200 kWh/m²a eingestrahlt.

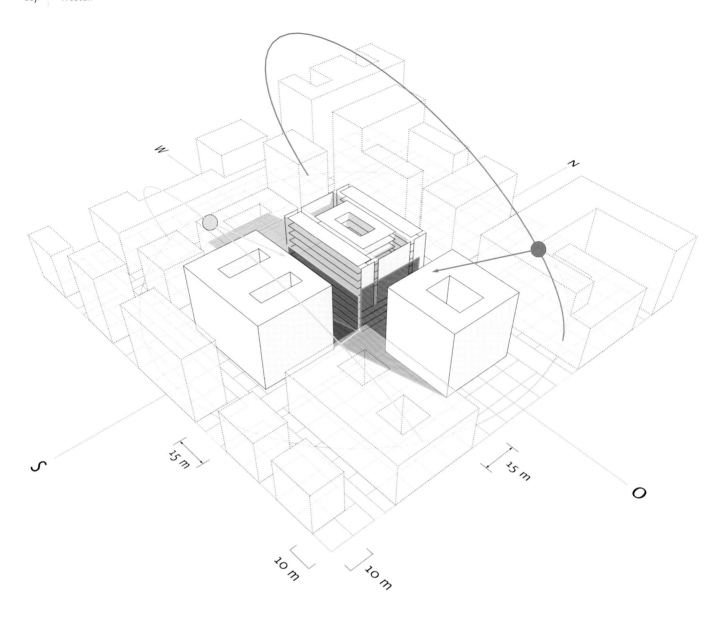

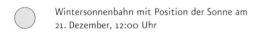 Wintersonnenbahn mit Position der Sonne am 21. Dezember, 12:00 Uhr

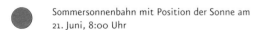 Sommersonnenbahn mit Position der Sonne am 21. Juni, 8:00 Uhr

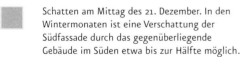 Schatten am Mittag des 21. Dezember. In den Wintermonaten ist eine Verschattung der Südfassade durch das gegenüberliegende Gebäude im Süden etwa bis zur Hälfte möglich.

Schatten am Morgen des 21. Juni. Im Sommer ist eine Ost-West-Verschattung des Gebäudes morgens und abends bis etwa 2/3 der Fassadenhöhe möglich. Steigt die Sonne im weiteren Tagesverlauf höher, können Auskragungen die Funktion des Sonnenschutzes übernehmen.

 Nord-Süd-orientiertes Gebäude mit Höfen. Durch die hohen Außenbeleuchtungsstärken können Innenhöfe zur Belichtung und Belüftung genutzt werden. Sie bieten den Vorteil einer effizienten Eigenverschattung. Auch gegenüberliegende Gebäude können in geringerem Abstand stehen, sodass die Ost- und Westfassaden vor allem in der oberen Hälfte weitgehend geschlossen ausgebildet werden sollten. Es bietet sich an, an diesen Fassaden Nebenflächen vorzusehen. Aufgrund des ganzjährig hohen Sonnenstands kann die Südfassade auf einfache Weise durch Auskragungen verschattet werden.

Abb. 6.6 Gebäudestrukturen für die Wüsten

In Dubai gilt es in erster Linie, Strahlungseinträge zu reduzieren. Ein kompaktes Hofgebäude ermöglicht Eigenverschattung bei reduzierter Fassadenfläche.

Gebäudehülle

Das Fassadenkonzept in den Wüsten hat die Aufgabe, solare Wärmeeinträge aufgrund der ganzjährig hohen Einstrahlung zu vermeiden: Idealerweise wird ein außen liegender Sonnenschutz eingebaut. Die Verglasung sollte sonnenschutzbeschichtet sein. Zur Vermeidung von Wärmegewinnen über Transmission ist ein Mindestwärmeschutz der Fassade sinnvoll. Wegen der hohen Direktstrahlung sollte der Absorptionsgrad der Außenwand gering sein.

Fensterflächenanteil

Der Fensterflächenanteil muss an allen Fassaden gemäß den Kriterien der solaren Einträge definiert werden und sollte maximal bei 30 Prozent liegen. Infolge der hohen ⬐ Außenbeleuchtungsstärke ist auch bei einem reduzierten Fensterflächenanteil eine ausreichende ⬐ Tageslichtversorgung gegeben.

⬐
Beleuchtungsstärke
S. 148

Tageslichtversorgung
S. 148

Sonnenschutz

An der Südfassade kann eine Auskragung eine effiziente Ergänzung sein. Zudem sind Maßnahmen gegen die flach stehende Sonne in den Morgen- und Abendstunden im Winter sinnvoll. An den Ost- und Westfassaden muss das ⬐ Sonnenschutzkonzept auch eine Lösung für die flache Einstrahlung bieten; am besten eignen sich bewegliche Lamellen.

⬐
Sonnenschutz
S. 146

Verglasung

Sonnenschutzglas ist empfehlenswert, da sonst die diffusen Einträge für alle Orientierungen zu hoch sind. Der ⬐ g-Wert der ⬐ Verglasung sollte unter 0,3 liegen.

⬐
g-Wert
S. 146

Verglasung
S. 146

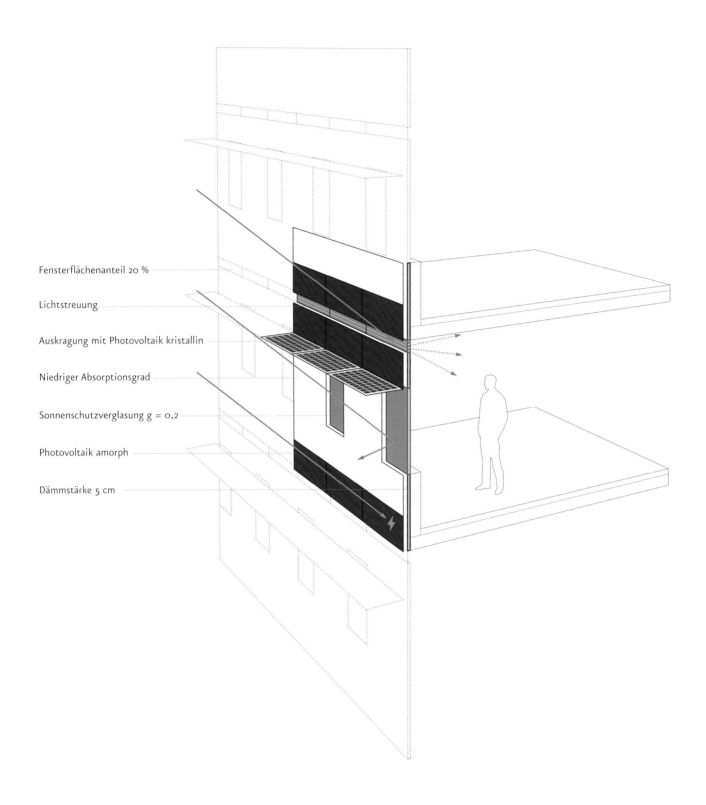

Fensterflächenanteil 20 %

Lichtstreuung

Auskragung mit Photovoltaik kristallin

Niedriger Absorptionsgrad

Sonnenschutzverglasung g = 0,2

Photovoltaik amorph

Dämmstärke 5 cm

Abb. 6.7 Fassadenkonzept für die Wüsten

Dargestellt sind Strategien für eine im Hinblick auf Energie, Raumklima und Tageslicht optimierte
Südfassade. Auch auf der Ost- und Westfassade sollte der Fensterflächenanteil bei maximal
30 % liegen, der Sonnenschutz muss auf die steile und die flacher stehende Sonne reagieren.
An der Nordfassade kann der Fensterflächenanteil gegebenenfalls etwas erhöht werden. Ein
Sonnenschutzglas ist hier als Sonnenschutzmaßnahme ausreichend.

Gebäudetechnik

In den Wüsten ist über weite Teile des Jahres eine natürliche Lüftung aufgrund der hohen Außenlufttemperaturen schwierig. Zudem kann je nach Nähe des Standorts zum Meer ein erheblicher Entfeuchtungs- bzw. in kontinentalen Lagen Befeuchtungsbedarf bestehen. Aus diesen Gründen sind Konzepte mit mechanischer Lüftung und Zuluftkonditionierung sinnvoll. Unter Umständen kann in einigen Monaten natürlich gelüftet werden, ohne die Behaglichkeit einzuschränken. Dabei können sich jedoch Nachteile durch die hohe Staubbelastung der Luft ergeben.

In den Wüsten ist viel Kühlenergie erforderlich. Das Erdreich kann ein gewisses Kühlpotenzial bieten, sofern die Jahresmitteltemperatur unter 20 °C liegt. Wenn die Nachttemperaturen niedrig sind, fungiert die Nachtlüftung oder nächtliche Rückkühlung als regenerative Kältequelle. Bei niedriger Feuchte der Außenluft ist ↙ adiabate Kühlung sinnvoll. Bei Warmwasser- und Heizwärmebedarf können das ganze Jahr solarthermische Kollektoren eingesetzt werden. Mit ↙ solarer Kühlung lässt sich ganzjährig auf effiziente Weise Kälte erzeugen. Auch Desiccant-Cooling-Systeme bieten sich an. Dank der hohen Einstrahlung können mit Photovoltaik Erträge von bis zu 350 kWh/m²a erzielt werden (Abb. 6.3); es ist jedoch auf die Staubbelastung der Module zu achten.

Kühlkonvektor

Bei mittleren Kühllasten kann die mechanische Lüftung mit einem ↙ Kühlkonvektor kombiniert werden, wodurch die Regelbarkeit steigt. Bei moderaten Außenlufttemperaturen kann der Kühlkonvektor auch mit natürlicher Lüftung kombiniert werden.

Bauteilaktivierung

Besteht bei einer niedrigen Außenluftfeuchte eine freie Rückkühlmöglichkeit, so bietet sich eine ↙ Bauteilaktivierung als Kühlsystem an, da die erforderlichen ↙ Systemtemperaturen moderat sind. In Kombination mit einem mechanischen Lüftungssystem können mittlere Lasten abgedeckt werden. Besteht zugleich Heizwärmebedarf, kann die Bauteilaktivierung auch optimal zum Heizen eingesetzt werden. Als regenerative Energiequelle lassen sich das Erdreich oder Solarthermie nutzen.

Kühldecke

Bei hohem Kühlbedarf bietet es sich an, aus ↙ Behaglichkeitsgründen dem Raum die Kälte zusätzlich über Strahlung zuzuführen. Bei einer ↙ Taupunktproblematik ist dabei eine effiziente Entfeuchtung der Zuluft erforderlich.

Splitgerät

Im Nachrüstungs- oder Sanierungsfall lassen sich ↙ Splitgeräte auf einfache Weise integrieren. Die Energieeffizienz ist eingeschränkt, die Regelbarkeit ist gut.

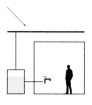

Deckungsgrad 100 %
Ertrag 1.400 kWh/m²a

Solarthermie
Warmwasser

Deckungsgrad 50–70 %
Leistung 35 W/m²
Nur mit Bauteilaktivierung
Nur bei geringer Außenluftfeuchte

Kühlturm
Flächenkühlung

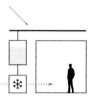

Deckungsgrad 50–80 %
Ertrag 1.100 kWh/m²a

Solare Kühlung
Zuluftkühlung

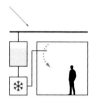

Deckungsgrad 50 %
Ertrag 1.000 kWh/m²a

Solare Kühlung
Wassergeführtes Kühlsystem

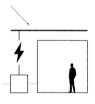

Ertrag 350 kWh/m²a

Photovoltaik
Netzeinspeisung

Abb. 6.8 Raumkonditionierungskonzepte in Verbindung mit regenerativen
Energieerzeugungssystemen für Wüsten. Das Konzept in der rechten Spalte ist nur an
Standorten in kontinentalen Lagen mit niedriger Außenluftfeuchte möglich.

Dargestellt sind geeignete Systemkombinationen. Der Deckungsgrad gibt den Anteil der
regenerativ bereitgestellten Wärme bzw. Kälte an. Bei den Solarsystemen wird der jährliche
Ertrag bei optimaler Einbausituation, bei den Raumkonditionierungssystemen die spezifische
Kühlleistung angegeben.

Planungsregeln für Dubai

In den Wüsten ist sehr viel Kühlenergie erforderlich. An Standorten in Meeresnähe muss die Luft zusätzlich über weite Teile des Jahres entfeuchtet werden. In kontinentalen Lagen hingegen kann über eine Luftbefeuchtung adiabat gekühlt werden. Besonders wichtig ist die Reduktion der Strahlungseinträge. Für Dubai und Riad ergeben sich folgende Planungsstrategien:

Kühlen und Entfeuchten bzw. Befeuchten

↙
Heizwärmebedarf
S. 144

Auch wenn kein ↙ Heizwärmebedarf besteht, ist ein gewisser Mindestwärmeschutz bei stark sonnenexponierten Fassaden sinnvoll, um die Wärmegewinne über Transmission durch die Außenwand zu minimieren. Zudem beeinflusst der Absorptionsgrad der Außenwand die solaren Wärmegewinne und sollte daher sehr gering sein. Die Klimasituation in Dubai und Riad erfordert in den Sommermonaten auf jeden Fall ein aktives Kühlsystem. Werden alle baulichen Maßnahmen ausgeschöpft, kann mit einem reduzierten Fensterflächenanteil in Verbindung mit einem effizienten Sonnenschutz, umfangreichen Speichermassen und einer intensiven ↙ Nachtlüftung nur für kurze Zeit im Winter ein hinnehmbares Raumklima erreicht werden. Im überwiegenden Teil des Jahres stellen sich jedoch unbehagliche Verhältnisse ein.

↙
Nachtlüftung
S. 152

In Dubai und Riad ergibt sich ein Kühlkältebedarf von 150–200 kWh/m²a. Der Entfeuchtungsbedarf in Dubai liegt bei 20–40 kWh/m²a, sodass sich ein Gesamtkältebedarf von 170–240 kWh/m²a ergibt. An beiden Standorten kann der Einfluss sowohl des Fensterflächenanteils als auch der Orientierung auf den Kältebedarf bis zu 30 Prozent betragen.

↙
Sonnenschutz
S. 146

g-Wert
S. 146

Ein außen liegender ↙ Sonnenschutz ermöglicht eine Reduktion des Kühlenergiebedarfs um 20 Prozent. Mit einer Reduktion des ↙ g-Wertes der Verglasung von 0,3 auf 0,2 ergibt sich eine Einsparung von 10 Prozent. Mit einer 5 Zentimeter starken Dämmung können bei einem reduzierten Fensterflächenanteil rund 10 Prozent des Kältebedarfs im Vergleich zu einer Außenwand ohne Dämmung eingespart werden. Aufgrund der teilweise hohen Nachttemperaturen bewirkt die Nachtlüftung nicht immer eine Reduktion des Kühlenergiebedarfs; auch ist dabei ein möglicher Staubeintrag zu bedenken. Der Einfluss der ↙ Speichermasse ohne Nachtlüftung ist sehr gering.

↙
Speichermasse
S. 144

Durch eine Kombination von passiven Maßnahmen kann mit einem reduzierten Fensterflächenanteil in Verbindung mit einem sehr effizienten Sonnenschutzsystem und einer intensiven Nachtlüftung der Kühlkältebedarf um fast 30 Prozent reduziert werden.

Die Aussagen der thermischen Simulationen gelten für einen Standardbüroraum mit typischen internen Lasten. Soweit nicht anders angegeben, ist der Raum in leichter Bauweise nach Süden orientiert und hat einen Fensterflächenanteil von 50 %. Der g-Wert der Verglasung beträgt 0,3, mit innen liegendem Sonnenschutz. Der U-Wert der Außenwand liegt bei 0,6 W/m²K.

Strategien und Potenziale

Das Erdreich bietet sowohl in Dubai als auch in Riad kein nennenswertes Kühlpotenzial, da die Jahresmitteltemperatur sehr hoch ist. Auch das Meerwasser am Standort Dubai weist ganzjährig relativ hohe Temperaturen auf, sodass sowohl Erdreich als auch Meerwasser vorwiegend zur Vorkühlung nutzbar sind. Freie ↘ Rückkühlung ist in Dubai allenfalls in den Wintermonaten möglich. In Riad hingegen können aufgrund der geringen Außenluftfeuchte Systeme mit ↘ Verdunstungskühlung gut eingesetzt werden. In den heißen Sommermonaten können sich jedoch Einschränkungen ergeben.

In Dubai ist mittels einer ↘ Bauteilaktivierung, je nach Rückkühlmöglichkeiten und Entfeuchtung der Zuluft, eine ergänzende Kühlung möglich. Eine sinnvolle Raumkonditionierungsstrategie besteht darin, dem Raum vorgekühlte Zuluft zuzuführen. Regenerative Kältequellen wie ↘ Grundwasser oder Erdreich können gegebenenfalls die Zuluftentfeuchtung unterstützen. Darüber hinaus erforderliche Kälte sollte dem Raum über wassergeführte Systeme zugeleitet werden; dadurch lässt sich Antriebsenergie sparen und die Regelbarkeit verbessern.

In Riad ist der Einsatz von ↘ Flächenkühlsystemen sehr gut möglich, da keine ↘ Taupunktproblematik besteht. Insbesondere eine Bauteilaktivierung bietet sich an, da durch die niedrige Feuchte der Außenluft eine Rückkühlmöglichkeit gegeben ist. Regenerative Kühlpotenziale des Erdreichs können allenfalls zur Vorkühlung der Zuluft genutzt werden.

Ein Schwerpunkt sollte auf der Reduktion der internen Wärmegewinne liegen, da insbesondere in Dubai das Außenklima kaum eine Möglichkeit zur Kühlung bietet. So sollten EDV-Systeme so konzipiert sein, dass die Abwärme nicht in den Nutzräumen freigesetzt wird. Auch kann optimierte Anlagen- und Energietechnik eingesetzt werden. Mit ↘ solarer Kühlung lässt sich ganzjährig auf effiziente Weise Kälte erzeugen. Speziell Desiccant-Cooling-Systeme bieten sich aufgrund ihrer hohen Effizienz an. In Dubai kann damit zusätzlich die Zuluft entfeuchtet werden.

↘
Kühlturm
S. 154

Kondensation
S. 142

Bauteilaktivierung
S. 152

**Erdsonden/
Grundwassernutzung**
S. 154

↘
Wärme-/Kälteübergabe
S. 150

Taupunkttemperatur
S. 142

↘
Solare Kühlung
S. 154

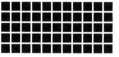

Ökonomie

Vorsprung durch Planungsoptimierung

Je frühzeitiger ein ClimaDesigner in den Planungsprozess mit einbezogen wird, umso besser kann er auf ein Projekt Einfluss nehmen. Gerade bei der Formulierung der Aufgabenstellung lässt sich durch präzises Definieren der Anforderungen einiges einsparen. Bei der Konzeption der Gebäudeform und der Fassade werden die energetischen und raumklimatischen Eigenschaften des Gebäudes bereits festgelegt. Bei einfachen Raumklima- und Energiekonzepten sind der technische Aufwand und die Fehleranfälligkeit in der Regel geringer. Werden zu viele Komponenten in ein System integriert, können sich unerwünschte Interaktionen ergeben, die den Einspareffekt nivellieren oder sogar einen Mehrverbrauch zur Folge haben. Zudem sind einfache Konzepte für den Nutzer leichter nachzuvollziehen, wodurch sie mehr Akzeptanz finden.

Energetisches Einsparpotenzial in den Planungsphasen

● Vorstudien   ● Entwurf   ● Energiekonzept   ● Ausführungsplanung   ● Ausführung

Kosten und Energie

Während des Lebenszyklus eines Gebäudes ergeben sich drei prinzipielle Kostenkategorien: die Investitionskosten, die Betriebskosten sowie die Kosten für die Instandhaltung und Umnutzung. Die energierelevanten Investitionskosten beinhalten Planungskosten, Aufwendungen für das Gebäudekonzept, die Gebäudehülle sowie für die Gebäudetechnik. Dazu gehören der Wärme- und Sonnenschutz sowie Systeme zur Energieerzeugung und Raumkonditionierung. Zudem fallen sekundäre Investitionen für bauliche Maßnahmen an, die durch technische Systeme bedingt sind, wie etwa der Platzbedarf für Technikzentralen sowie für Schächte und Trassen. Andererseits können durch vermehrte bauliche Investitionen die Kosten für Gebäudetechnik und Energie reduziert werden und sich so in der Gesamtbilanz positiv auf die Wirtschaftlichkeit auswirken. Die Betriebskosten setzen sich zusammen aus Energie-, Wartungs- und Reinigungskosten. Die Wartungskosten können erhebliche Auswirkungen auf die Wirtschaftlichkeit von energetisch effizienten Systemen haben. Deshalb müssen zum Beispiel ↙ Blockheizkraftwerke eine hohe jährliche Betriebszeit aufweisen, um wirtschaftlich zu sein. Zu den Instandhaltungs- und Umnutzungskosten zählen die Kosten für die Erneuerung, die Veränderung und den Rückbau eines Gebäudes. Die Lebensdauer der energetischen und raumklimatischen Systeme führt zu unterschiedlichen Rücklageaufwendungen für Ersatzinvestitionen. Weitere, indirekte Kosten können sich durch Kapitaldienst, Abschreibungen und Rücklagen ergeben.

Im Hinblick auf den gesamten Lebenszyklus haben die Investitionskosten eine untergeordnete Bedeutung. Dieser Effekt nimmt mit größer werdendem Betrachtungszeitraum zu. Investitionskosten haben gebundenes Kapital zur Folge, was zu Zinsbelastungen und einer eingeschränkten finanziellen Flexibilität führt. Dies hat Auswirkungen auf die geforderte Wirtschaftlichkeit von Energie- und Raumklimakonzepten. Teilweise können diese Effekte über Leasing- und Contracting-Modelle ausgelagert werden. Insbesondere bei den Betriebskosten sind künftige Entwicklungen wie Energiekostensteigerungen, gesetzliche Rahmenbedingungen und Zinsen mit einzukalkulieren. Dies kann Konzeptentscheidungen im Hinblick auf die Investitionen beeinflussen. Systeme, die hohe Investitionen erfordern, können nur bei hoher Auslastung wirtschaftlich betrieben werden.

Planungs- und Bauprozesskosten

Durch eine ganzheitliche Planung können Investitions- und spätere Betriebskosten eines Gebäudes erheblich reduziert werden. Die erhöhten Planungskosten, etwa für energetische und raumklimatische Simulationen, werden in der Regel durch verminderte Investitionen aufgefangen. Synergieeffekte zur Kosteneinsparung können aktiviert werden. Auch die Spezifikation von Gewerkeschnittstellen ist von großer Bedeutung, da sie den Bauprozess optimiert und die Fehleranfälligkeit reduziert. Mit einfachen Regelsystemen verringern sich die Kosten für die Inbetriebnahme des Gebäudes und die Betriebsoptimierung.

Gebäudekonzept

Durch eine effiziente Baukörperkonfiguration lassen sich der Technikaufwand und damit die Investitions- und Betriebskosten beträchtlich verringern. Beispielsweise kann durch eine straßenabgewandte Gebäudeanordnung eine lärmgeschützte ↙ natürliche Lüftung ermöglicht und somit eine Lüftungsanlage eingespart werden. Eine

↙
Blockheizkraftwerk
S. 154

↙
Natürliche Lüftung
S. 146

optimierte ↘Orientierung der Hauptfassade bewirkt in der Regel Einsparungen beim Sonnenschutz. Verfügt das Gebäude über thermisch aktivierbare Speichermassen, so kann mit geringeren Systemleistungen ein behaglicheres Raumklima geschaffen werden. Eine optimierte Technikintegration reduziert die Leitungslängen und den Platzbedarf für Schächte und Zentralen.

↘
Orientierung
S. 144

Gebäudehülle

Bei der Gebäudehülle entstehen energierelevante Kosten für ↘Wärmedämmung und energetisch hochwertige Gläser sowie für Elemente zur Vermeidung von ↘Wärmebrücken. Durch die Reduktion der Transmissionswärmeverluste werden Energiekosten für Heizung eingespart. Bei der Wärmedämmung ergeben sich Kosten für den Dämmstoff und die Sekundärkonstruktion. Die geringere Nutzfläche, die durch größere Dämmstoffstärken entsteht, sollte dabei nicht vernachlässigt werden. Durch den Einsatz besserer Gläser verringert sich die ↘Kaltluftproblematik; so entsteht höherer Komfort bei einfacheren Raumkonditionierungskonzepten. Weitere Investitionen entstehen durch Systeme zur Reduktion der unerwünschten solaren Einstrahlung durch einen Sonnenschutz und Glasbeschichtungen. Mit einer tageslichtoptimierten Fenstergeometrie und einer guten Tageslichttransmission der Verglasung kann der Beleuchtungsenergiebedarf reduziert werden. Verminderte g-Werte der Verglasung bewirken auch eine reduzierte Tageslichttransmission. Feststehende Sonnenschutzsysteme haben geringere Investitionskosten zur Folge und generieren darüber hinaus keine Wartungskosten. Flexible außen liegende Systeme bedeuten hohe Investitionskosten und sind aufwendig in der Wartung. Es ergibt sich eine weitreichende Interaktion zwischen Sonnenschutzkonzept, Raumklima und Investitionskosten für Raumkonditionierungssysteme sowie für die Energiekosten für die Kühlung.

↘
Wärmedämmung
S. 146

Wärmebrücke
S. 146

Kaltluftabfall
S. 146

Raumkonditionierung

Bei den Raumkonditionierungssystemen bestehen große Unterschiede in Bezug auf die Investitionskosten. Generell sind wassergeführte Systeme zur Heizung und Kühlung mit geringeren Investitions- und Energiekosten verbunden. Systeme mit ↘Bauteilaktivierung sind erheblich günstiger als ↘Kühldecken und sind bei Umnutzungen flexibler. ↘Dezentrale Systeme sind im Hinblick auf Technik und Wartung teurer als zentrale Anlagen, können jedoch durch die Einsparung von Zentralen, Schächten und Kanälen insgesamt Kostenvorteile bieten.

↘
Bauteilaktivierung
S. 152

Kühldecke
S. 152

Dezentrales Lüftungsgerät
S. 152

Energieerzeugung

Bei der Energieerzeugung sind konventionelle Systeme wie Gaskessel wesentlich günstiger als innovative Wärmeerzeuger. ↘Wärmepumpen erfordern einen hohen investiven Aufwand für die Erschließung des Erdreichs mit Erdregistern bzw. ↘Erdsonden oder für Grundwasserbrunnen. Kraft-Wärme-Kopplungsanlagen bewirken hohe Investitions- und Wartungskosten, die sich nur bei hoher Auslastung lohnen. Die Kosten für ↘solarthermische Systeme sind erhöht, sie amortisieren sich jedoch je nach Einstrahlsituation mittel- bis kurzfristig. Passive Kühlsysteme stehen in starker Wechselwirkung mit den Bodenverhältnissen und den klimatischen Bedingungen am Standort. Photovoltaik erfordert hohe Investitionen. Ideal ist die Integration in die Gebäudehülle, da sich so wirtschaftliche Synergieeffekte ergeben. Wird die Einspeisung in das Stromnetz vergütet, amortisieren sich die Investitionen meist schneller als bei einer Eigennutzung.

↘
Kältemaschine
S. 154

**Erdsonden/
Grundwassernutzung**
S. 154

Solarthermie
S. 154

Energiekosten

Energiekosten können als Brennstoffkosten für Gas, Öl oder Biomasse oder als Bezugs-kosten für Strom oder Fernwärme auftreten. Bezogen auf die Energiemenge zeigen sich dabei erhebliche Preisunterschiede (Abb. 7.1). Biomasse ist halb so teuer wie Gas oder Öl, Strom dreimal so teuer. Bei Strom ergeben sich Preisunterschiede in Abhängig-keit von der Abnahmezeit, und es ist ein Leistungspreis einzukalkulieren. Brennstoffe, die nicht leitungsgebunden sind, ziehen Kosten für die Lagerung nach sich. Bei der Kraft-Wärme-Kopplung ergibt sich ein hoher Ertrag durch die kombinierte Strom- und Wärmeproduktion. Eine Wärmeerzeugung über Wärmepumpen ist nur dann wirtschaft-lich, wenn die ↙ Arbeitszahl größer als 3 ist, sodass der höhere Strompreis ausgeglichen wird. Es sollten Gebäude-, Raumklima- und Energiekonzepte entwickelt und implemen-tiert werden, die keine hohen Lastschwankungen generieren. Mit Lastabwurfschaltun-gen oder mit einer Kurzzeitspeicherung von Wärme und Kälte in Pufferspeichern oder aktivierten Bauteilen können Lastspitzen geglättet werden. Über intelligente Strom-netze, sogenannte Smart Grids, ist eine Verschiebung von Lastspitzen und somit ein leistungs- und preisoptimierter Betrieb von Energiekomponenten möglich.

↙
Wirkungsgrad
S. 154

Wartungskosten

Der Wartungsaufwand technischer Systeme variiert beträchtlich. Er hat Einfluss auf die Wahl des Systems und die Wirtschaftlichkeit des Gesamtsystems. Teilweise können sich Systeme, bei denen die Energiekosten gering sind, aufgrund eines erhöh-ten Wartungsaufwands aus ökonomischer Sicht relativieren; Beispiele dafür sind ↙ Blockheizkraftwerke und Holzhackschnitzelanlagen. Bei zentralen Lüftungssystemen ergibt sich ein hoher Aufwand für die Reinigung der Kanäle und die Inspektion der Brandschutzklappen. ↙ Dezentrale Lüftungsgeräte haben einen hohen Wartungsauf-wand durch den Filteraustausch an vielen Stellen im Gebäude, womit immer auch eine Störung der Nutzer gegeben ist. Komplexe Regelsysteme führen zu einem hohen Aufwand für die Programmierung und Softwarepflege sowie für die Fehlersuche und Optimierung im Gebäudebetrieb.

↙
Blockheizkraftwerk
S. 154

Dezentrales Lüftungsgerät
S. 152

Contracting

Bei größeren Gebäuden oder Gebäudekomplexen bzw. Siedlungen mit Nahwärmever-sorgung kann es sinnvoll sein, die Energiedienstleistung in Form von Contracting-Ver-trägen auszulagern. Dadurch werden Investitionskosten eingespart, und gebundenes Kapital wird reduziert. In der Regel kann der Contractor die Energie durch Synergie-effekte kostengünstiger bereitstellen. Contracting-Verträge spielen vor allem bei der Kraft-Wärme-Kopplung sowie der Biomasse-Nutzung eine Rolle.

Ökonomische Wechselwirkungen

Bei technischen Systemen sind nicht nur die Kosten für die Geräte, sondern auch die sekundären Baukosten zu berücksichtigen, die durch den Platzbedarf für Zentralen, Technik- oder Lagerräume oder durch den der Flächenbedarf für Schächte entstehen. Außerdem kann durch Installationszonen in abgehängten Decken oder Doppelböden eine größere Gebäudehöhe erforderlich werden. Durch eine optimierte Integration der Gebäudetechnik sowie eine angepasste Anordnung von Zentralen und Unterzentralen lässt sich der sekundäre Bauaufwand begrenzen. In der Regel kann durch moderate Mehrinvestitionen in den Wärme- und Sonnenschutz eine erhebliche Einsparung bei den Investitionen für Technik sowie den Energiekosten erzielt werden.

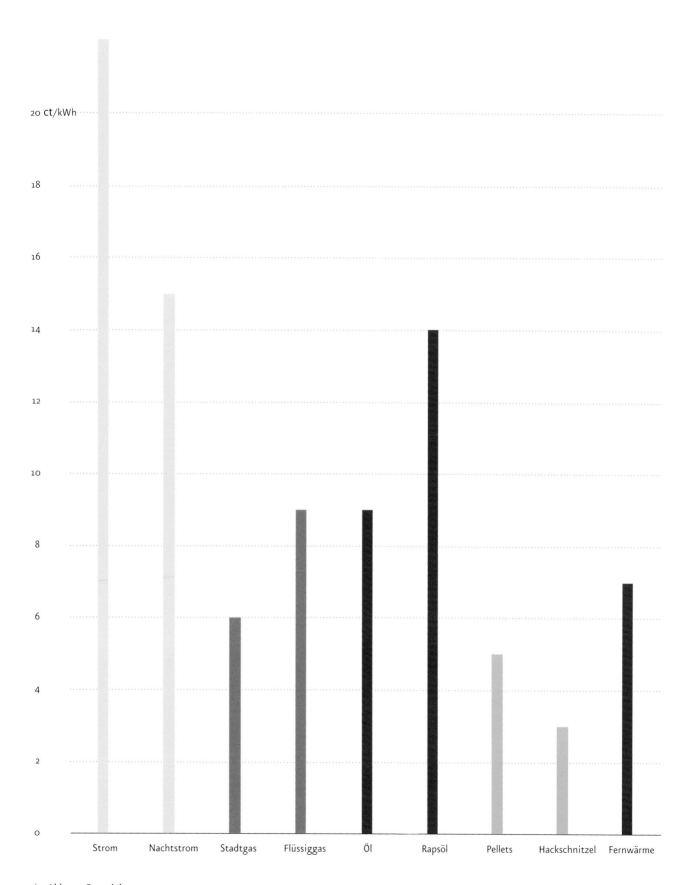

Abb. 7.1 Energiekosten

Dargestellt sind die spezifischen Kosten in ct/kWh in Abhängigkeit vom Energieträger. Mehrwertsteuer und Transportkosten sind inbegriffen. Bei den Strom- und Stadtgaskosten muss ggf. ein Leistungspreis berücksichtigt werden. Bei den nicht leitungsgebundenen Brennstoffen korreliert der Preis mit der Abnahmemenge. Lagerkosten sind mit zu berücksichtigen.

Wärmeschutz

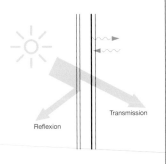

Reflexion Transmission

Wärmeschutzverglasung

Es besteht die Auswahl zwischen 2-Scheiben-Verglasungen mit U-Werten von
1,1 W/m²K und 3-Scheiben-Verglasungen mit U-Werten von bis zu 0,7 W/m²K. Eine
3-Scheiben-WSV hat doppelt so hohe Kosten bei der ↙ Verglasung (Abb. 7.2) und einen
gewissen Mehraufwand bei den Rahmen und Beschlägen zur Folge. Allerdings kann der
↙ Transmissionswärmeverlust über die Verglasung mit einer 3-Scheiben-WSV um bis
zu 40 Prozent reduziert werden. Eine bessere Verglasung führt in der Regel zu einem
geringeren Aufwand beim Raumkonditionierungssystem und kann Energieerzeuger
mit niedrigem Temperaturniveau möglich machen. Durch den geringeren ↙ g-Wert der
3-WSV kann unter Umständen ein Sonnenschutzglas ersetzt werden. Ab einer gewissen Scheibengröße steigen die Kosten aufgrund der zunehmenden Materialstärke.

Dämmstoffe

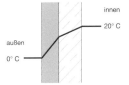

außen · innen · 20° C · 0° C

Bei den Dämmstoffen unterscheidet man organische und mineralische Fasern, Mat-
ten, Platten oder Schüttungen sowie geschäumte Kunststoffplatten. Die Wärmeleitfähigkeit bestimmt die erforderliche Dämmstoffstärke und weist Werte von 0,01 bis
0,1 W/mK auf. Durch die Wahl eines Dämmstoffs mit einer geringeren Wärmeleitfähigkeit kann die Schichtdicke deutlich verringert werden. Die Wärmedämmwirkung,
ausgedrückt durch den ↙ U-Wert, verläuft nicht linear zur Schichtdicke des Dämmstoffs, sodass die ersten 150 Millimeter die größte Einsparung bewirken. Das Verhältnis von Preis und Dämmstärke ist bei allen Dämmstoffen nahezu proportional. Je nach
Ausbildung des Dämmmaterials können erhebliche Kosten für Sekundärkonstruktionen
wie Aufhängungen und hinterlüftete Verkleidungen entstehen.

Vakuumdämmung

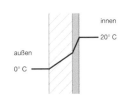

außen · innen · 20° C · 0° C

Die Vakuumdämmung bietet mit einer Wärmeleitfähigkeit von unter 0,01 W/mK ein
sehr großes Dämmpotenzial bei geringer Schichtdicke. Die Kosten sind verglichen mit
einem konventionellen Dämmstoff um den Faktor 10 erhöht (Abb. 7.2). Zusätzlich
ist ein Mehraufwand für Planung und Verarbeitung notwendig, was daran liegt, dass
Vakuumdämmungen nicht nachträglich angepasst werden können. Bei einer Beschädi-
gung löst sich das Vakuum auf und die Dämmwirkung reduziert sich erheblich.

Ziegel

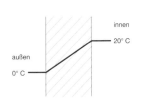

außen · innen · 20° C · 0° C

Mit hochwärmegedämmten Ziegeln mit einer Wärmeleitfähigkeit von bis zu
0,08 W/mK lassen sich bei Wandstärken von ca. 40 Zentimetern U-Werte von unter
0,2 W/m²K erzielen, die bei gemäßigten Klimabedingungen eine interessante Alternative zu mehrschichtigen Außenwandaufbauten darstellen. Die Vorteile bei monolithi-
schen Konstruktionen liegen in der enormen Langlebigkeit.

↙
Gebäudehülle
S. 146

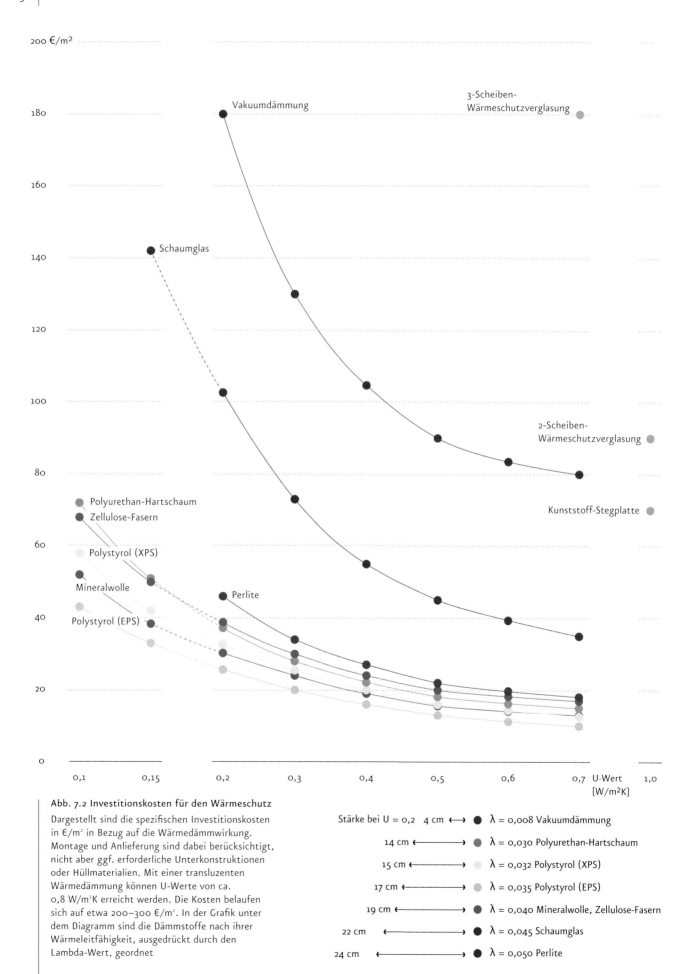

Abb. 7.2 Investitionskosten für den Wärmeschutz

Dargestellt sind die spezifischen Investitionskosten in €/m² in Bezug auf die Wärmedämmwirkung. Montage und Anlieferung sind dabei berücksichtigt, nicht aber ggf. erforderliche Unterkonstruktionen oder Hüllmaterialien. Mit einer transluzenten Wärmedämmung können U-Werte von ca. 0,8 W/m²K erreicht werden. Die Kosten belaufen sich auf etwa 200–300 €/m². In der Grafik unter dem Diagramm sind die Dämmstoffe nach ihrer Wärmeleitfähigkeit, ausgedrückt durch den Lambda-Wert, geordnet

Stärke bei U = 0,2   4 cm ⟷ ● λ = 0,008 Vakuumdämmung

14 cm ⟷ ● λ = 0,030 Polyurethan-Hartschaum

15 cm ⟷ ● λ = 0,032 Polystyrol (XPS)

17 cm ⟷ ● λ = 0,035 Polystyrol (EPS)

19 cm ⟷ ● λ = 0,040 Mineralwolle, Zellulose-Fasern

22 cm ⟷ ● λ = 0,045 Schaumglas

24 cm ⟷ ● λ = 0,050 Perlite

Sonnenschutz

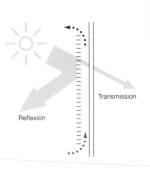

Reflexion · Transmission

Außen liegender Sonnenschutz

Außen liegende ↙ Sonnenschutzsysteme weisen die höchste Effizienz auf. Der Fc-Wert liegt je nach Ausbildung zwischen 0,1 und 0,5. Bewegliche Systeme führen zu höheren Investitions- und Wartungskosten, insbesondere wenn sie motorgesteuert werden (Abb. 7.3). Auch die Kosten für Gebäudeautomation und Windüberwachung sind hier relevant. Lamellenraffstores können so ausgebildet werden, dass im oberen Bereich eine individuell einstellbare ↙ Lichtlenkzone entsteht. Bewegliche Vertikallamellen sind in der Regel Individualanfertigungen und haben sehr hohe Investitionskosten zur Folge. Markisen bewirken aufgrund ihrer hohen Windanfälligkeit und geringeren Beständigkeit höhere Instandhaltungskosten. Außen liegende feststehende Systeme sind besonders wirtschaftlich (Abb. 7.3).

Sonnenschutz zwischen den Scheiben

Systeme im Scheibenzwischenraum können starr, drehbar sowie dreh- und verfahrbar ausgebildet werden. Die g_{tot}-Werte liegen zwischen 0,15 und 0,4. Teilweise ist auch eine Lichtlenkfunktion gegeben, und es ist auch eine Lichtstreuung möglich. Bei beweglichen Systemen besteht die Gefahr des Systemausfalls, insbesondere wenn sie verfahrbar sind. Dies kann erhebliche Instandhaltungskosten nach sich ziehen, da in diesem Fall ein Scheibenaustausch erforderlich wird. Bei starren Systemen ist die Durchsicht eingeschränkt.

Innen liegender Sonnenschutz

Mit einem innen liegenden Sonnenschutz werden Fc-Werte von 0,3 bis 0,6 erzielt. Innen liegende Systeme sind witterungsgeschützt und können individuell manuell bedient werden. Es gibt Jalousien, Rollos oder auch Screens. Der eingeschränkten Effizienz steht ein niedriger Investitions- und Wartungsaufwand gegenüber. Bei reflektierenden Systemen nimmt die Effizienz durch Verschmutzungen erheblich ab.

Sonnenschutzverglasung

Transparente ↙ Sonnenschutzverglasungen können ↙ g-Werte von 0,4 bis 0,15 aufweisen. Im Vergleich zu einer konventionellen 2-Scheiben-Wärmeschutzverglasung ergeben sich um 50 Prozent höhere Kosten (Abb. 7.3). Der g-Wert einer Sonnenschutzbeschichtung wirkt sich nur geringfügig auf den Preis aus. Es sind ökonomische Sekundäreffekte aufgrund der geringeren ↙ Tageslichttransmission möglich. Andererseits ergeben sich Einsparungen bei der Kühlung. Ist keine ungestörte Durchsicht erforderlich, kann die g-Wert-Reduktion auch mit einer Bedruckung erfolgen.

↙
Gebäudehülle
S. 146

Licht
S.148

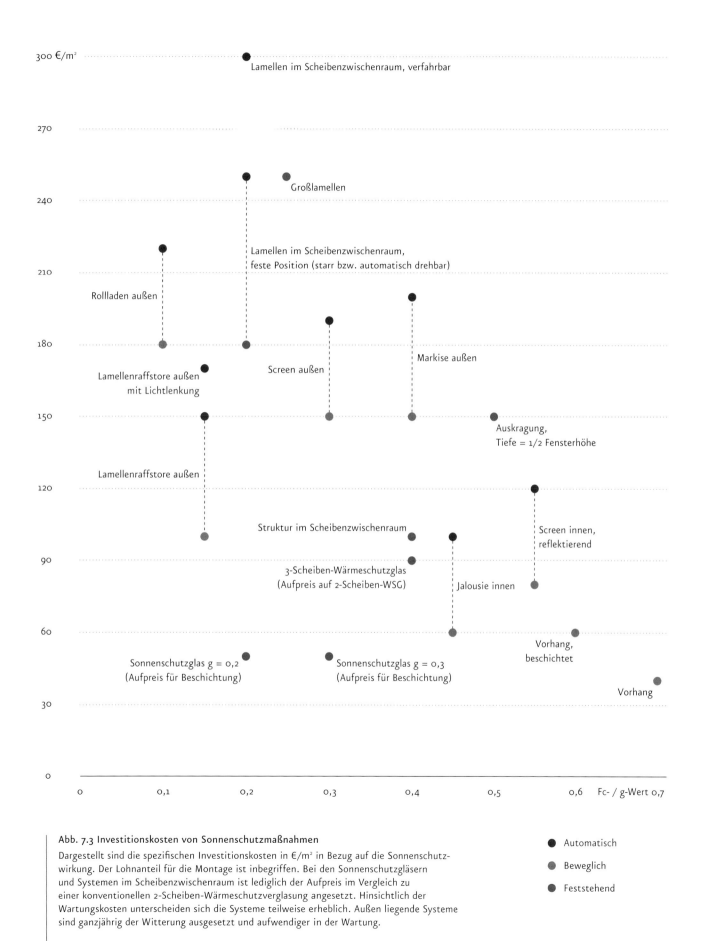

Abb. 7.3 Investitionskosten von Sonnenschutzmaßnahmen
Dargestellt sind die spezifischen Investitionskosten in €/m² in Bezug auf die Sonnenschutzwirkung. Der Lohnanteil für die Montage ist inbegriffen. Bei den Sonnenschutzgläsern
und Systemen im Scheibenzwischenraum ist lediglich der Aufpreis im Vergleich zu
einer konventionellen 2-Scheiben-Wärmeschutzverglasung angesetzt. Hinsichtlich der
Wartungskosten unterscheiden sich die Systeme teilweise erheblich. Außen liegende Systeme
sind ganzjährig der Witterung ausgesetzt und aufwendiger in der Wartung.

Raumkonditionierung

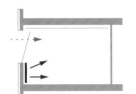

Radiator und Konvektor

Bei natürlicher Lüftung bietet es sich an, mit einem Radiator bzw. ↙ Konvektor zu heizen. Ist ein Gebläsekonvektor vorgesehen, kann damit auch gekühlt werden. Es ergibt sich ein sehr kostengünstiges System mit hohem Leistungspotenzial. Die Wärmeerzeugung muss ein hohes Temperaturniveau zur Verfügung stellen, zur Kühlung ist eine Kältemaschine erforderlich. Ist eine mechanische Lüftung notwendig oder wird eine Wärmerückgewinnung gewünscht, erhöhen sich die Kosten für die Raumkonditionierung um das Zwei- bis Dreifache (Abb. 7.4). Der Komfort nimmt zu, und es kann ein Erdkanal zur passiven Kühlung und Zuluftvorwärmung genutzt werden.

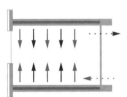

Bauteilaktivierung

Die ↙ Bauteilaktivierung stellt ein sehr kostengünstiges Raumkonditionierungssystem dar, das in der Regel auch Kostenvorteile bei der Energieerzeugung bietet. Allerdings sind Kühlleistung und Regelbarkeit begrenzt, und es ist keine geschossweise Abrechnung möglich. Zudem müssen Maßnahmen für die Raumakustik getroffen werden. Eine Umstrukturierung des Gebäudes ist mit einer Bauteilaktivierung auf einfache Weise möglich. In feuchten Klimabedingungen ist eine mechanische Lüftung mit Zuluftentfeuchtung erforderlich. Bei guter Planung ergibt sich nahezu keine Verzögerung beim Bauablauf.

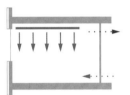

Kühldecke

Eine ↙ Kühldecke kann sehr hohe Leistungen erzielen. Bei hoher Außenluftfeuchte ist eine mechanische Lüftung mit Zuluftentfeuchtung unbedingt erforderlich. In geringem Maße kann mit einer Kühldecke auch geheizt werden. Kühldecken können auch einen Installationsraum unter der Decke bilden und auch zur Optimierung der Raumakustik genutzt werden. Die Taupunktregelung bedingt einen erhöhten Regelaufwand. Unter Umständen ist eine mechanische Lüftung mit Zuluftentfeuchtung erforderlich. Bei Raumänderungen ist ein hoher Umbauaufwand gegeben. Regenerative Kältequellen können nur bei entsprechend niedrigem Temperaturniveau eingesetzt werden.

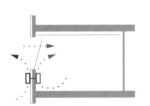

Splitgerät

↙ Splitgeräte erfordern keinen Installationsaufwand im Gebäudeinneren. An der Fassade oder auf dem Dach muss jedoch Platz für Außengeräte vorhanden sein. Sie können zum Kühlen und zum Heizen eingesetzt werden und bieten bis zu einem gewissen Grad auch eine Luftentfeuchtung. Die Effizienz ist im Vergleich zu zentralen Systemen geringer. Dies wird teilweise durch eine sehr gute Regelbarkeit ausgeglichen. Eine Taupunktproblematik besteht nicht, deshalb können sie auch bei hoher Luftfeuchte mit natürlicher Lüftung kombiniert werden. Splitgeräte bieten die Möglichkeit einer unmittelbaren individuellen Raumsteuerung.

↙
Raumkonditionierung
S. 152

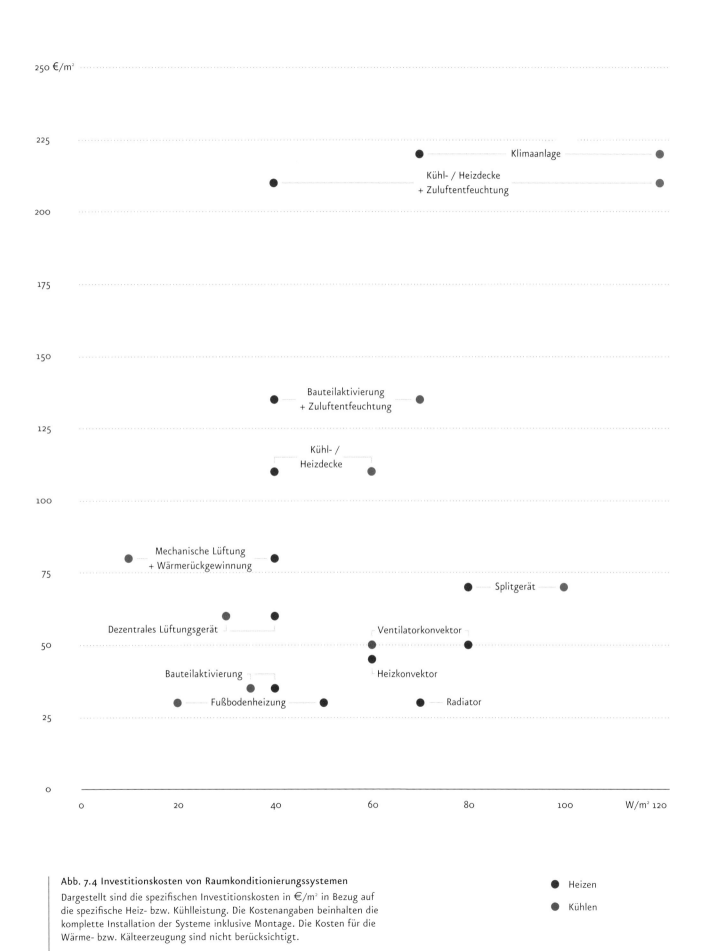

Abb. 7.4 Investitionskosten von Raumkonditionierungssystemen
Dargestellt sind die spezifischen Investitionskosten in €/m² in Bezug auf
die spezifische Heiz- bzw. Kühlleistung. Die Kostenangaben beinhalten die
komplette Installation der Systeme inklusive Montage. Die Kosten für die
Wärme- bzw. Kälteerzeugung sind nicht berücksichtigt.

● Heizen
● Kühlen

Energieerzeugung

Sonnenenergie

↙ Solarthermische Kollektoren mit Wirkungsgraden bis zu 60 Prozent stellen Wärme auf einem Temperaturniveau von bis zu 90 °C bereit. Diese kann zur Warmwasserbereitung, zur Heizungsunterstützung oder zur Kälteerzeugung genutzt werden. Je nach Bauart der Kollektoren sind Leistungseinbußen bei niedrigen Außentemperaturen zu berücksichtigen. Die solare Kühlung bietet sich besonders dort an, wo das Kollektorfeld im Winter die Heizung unterstützen kann. Sie erfordert leistungsfähige Rückkühlmöglichkeiten. Mit ↙ Photovoltaik kann die Solarstrahlung direkt in Strom umgewandelt werden. Der Wirkungsgrad liegt bei ca. 15 Prozent. Dabei ist auf Leistungseinbußen bei hohen Temperaturen und durch Staub zu achten. Durch die Integration in die Fassade können die hohen Investitionskosten relativiert werden.

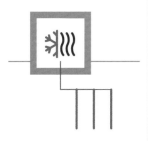

Erdwärme mit Wärmepumpe

Mit einer ↙ Wärmepumpe kann Energie aus dem Erdreich oder Grundwasser auf ein höheres Temperaturniveau gebracht werden. Da die Arbeitszahl direkt mit der Temperaturdifferenz zwischen Quell- und Vorlauftemperatur zusammenhängt, sollten Wärmepumpen mit Flächenheizsystemen betrieben werden. Das Erdreich bietet im Sommer auch ein passives Kühlpotenzial. Eine Wärmepumpe kann reversibel betrieben werden und so auch als ↙ Kältemaschine dienen. Das Energiepotenzial des Erdreichs lässt sich über ↙ Erdsonden, Erdpfähle, Erdreichkollektoren oder Grundwasserbrunnen erschließen.

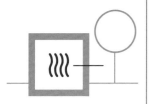

Biomasse

Bei der Holzfeuerung steht ein geringer Brennstoffpreis einem erhöhten Wartungsaufwand gegenüber. Deshalb ist sie bei größeren Systemleistungen besonders wirtschaftlich, etwa bei großen Gebäuden oder in Verbindung mit Nahwärmekonzepten. Weiterhin ist der Aufwand für die Lagerung des Brennstoffs zu berücksichtigen. Zur Reduktion der Transportkosten sollte das Holz aus der Region bezogen werden.

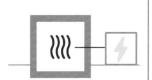

Blockheizkraftwerk

Ein ↙ Blockheizkraftwerk (BHKW) nutzt die Abwärme, die bei der Stromerzeugung entsteht, wodurch sich eine sehr hohe Effizienz ergibt. Aufgrund der hohen Investitions- und Wartungskosten ist ein BHKW nur dann wirtschaftlich, wenn es eine hohe Jahreslaufzeit von über 5.000 Stunden hat. Dies ist dann der Fall, wenn ganzjährig ein Wärmebedarf besteht, etwa in Schwimmbädern. Aus ökonomischen Gründen werden Blockheizkraftwerke für die Grundlast ausgelegt und mit einem konventionellen Spitzenlastkessel kombiniert. Als Brennstoff kommen Öl oder Erdgas sowie Rapsöl oder Biogas in Frage.

↙
Energieerzeugung
S. 154

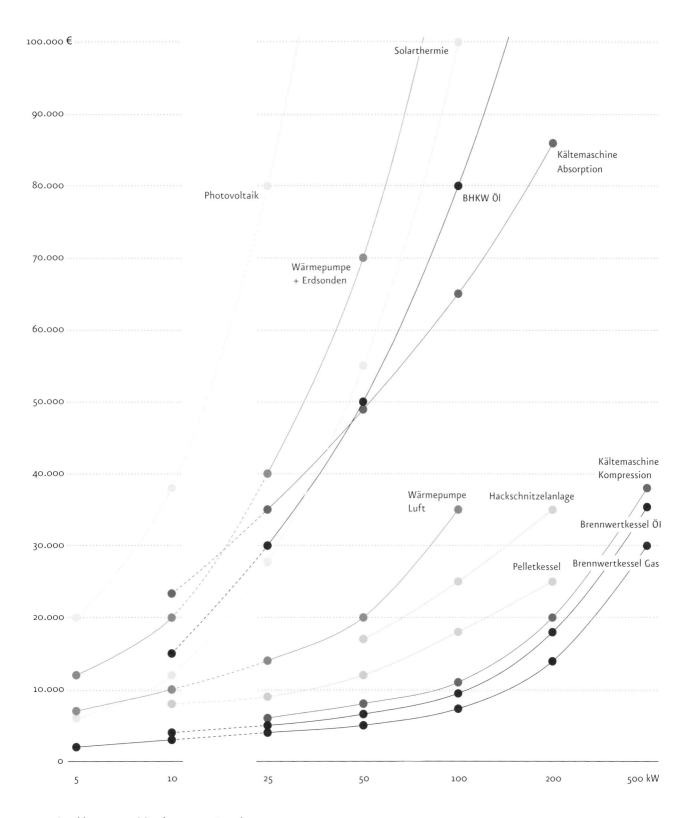

Abb. 7.5 Investitionskosten von Energieerzeugungssystemen

Dargestellt sind die spezifischen Investitionskosten in €/kW in Bezug auf die Wärme-/
Kälteleistung bzw. elektrische Leistung. Für das BHKW ist die thermische Leistung zugrunde
gelegt. Die Kosten für die erstmalige Aufstellung und Einrichtung sind inbegriffen, ebenso die
Mehrwertsteuer. Kosten für Wasser- und Brennstoffspeicher müssen zusätzlich kalkuliert werden.
Überschlägig können für Warmwasserspeicher 250 € je 100 l Kapazität angesetzt werden.
Für Energieerzeuger mit Brennstoffbevorratung sind ca. 5.000–10.000 € Mehrkosten für
Brennstofflager und -förderung zu veranschlagen. Bei den Kältemaschinen muss die Rückkühlung
zusätzlich kalkuliert werden.

● Fossile Heizkessel

● Kältemaschinen

● Holzkessel

● Wärmepumpen

● Solarenergie

Klima und Systemkosten

Die Wirtschaftlichkeit von energetischen und raumklimatischen Investitionen steht in starker Wechselwirkung mit dem Klima, das auch Auswirkungen auf die Wartungs- und Betriebskosten hat.

Kühles Klima

Der hohe ↙ Heizwärmebedarf macht Investitionen in einen sehr guten Wärmeschutz besonders wirtschaftlich, da dadurch die Energiekosten sinken und das Raumkonditionierungssystem und die Energieerzeugung kleiner dimensioniert werden können. Solarthermie lässt sich nur für die Warmwasserbereitstellung im Sommer mit Deckungsgraden von bis zu 50 Prozent wirtschaftlich nutzen. Die Nutzung des Erdreichs zu Heizzwecken ist nicht wirtschaftlich. Sofern ein Kühlkältebedarf besteht, stellt das Erdreich eine Kältequelle ohne Energiekosten dar. Da in der Regel aus Gründen der ↙ Wärmerückgewinnung ein Lüftungssystem vorgesehen werden sollte, kann ein Erdkanal zur Vorwärmung und Vorkühlung der Zuluft wirtschaftlich umgesetzt werden. Die längere Heizperiode bietet gute Voraussetzungen für die Verwendung von ↙ Blockheizkraftwerken. Holzfeuerungsanlagen sind aufgrund der weitreichenden und preiswerten Verfügbarkeit von Holz und des erhöhten Wärmebedarfs sehr gut einsetzbar.

Gemäßigtes Klima

Ein guter Wärmeschutz reduziert den Heizwärmebedarf. Bei mechanischer Lüftung ist eine Wärmerückgewinnung möglich. Ein gutes Sonnenschutzkonzept bietet die Basis für die Realisierung passiver Kühlstrategien, wodurch sich Investitions- und Betriebskosten einsparen lassen. Wird das Erdreich zur Kühlung genutzt, so bietet sich eine ↙ Wärmepumpe zur Heizung an, da keine zusätzlichen Kosten zur Erschließung der Quellenergie angesetzt werden müssen. ↙ Solarthermie kann einen Großteil des Warmwasserbedarfs decken und bei überschaubarer Amortisationszeit zur Heizungsunterstützung beitragen. Aufgrund der weitreichenden Verfügbarkeit von Holz und der geringen damit verbundenen Kosten sind Holzheizsysteme sinnvoll, insbesondere bei größeren Leistungseinheiten. Ist Fernwärme vorhanden, kann die im Sommer nicht genutzte Wärme für ↙ Desiccant Cooling eingesetzt werden und auf diese Weise kostengünstig Kälte bereitstellen.

Subtropisches Klima

Da der Fokus auf der Kühlung im Sommer liegt, muss die Fassade die Einstrahlung effizient reduzieren können, insbesondere auch die ⊻ Diffusstrahlung. Weist die Fassade einen gewissen Wärmeschutz auf, kann sich ein Heizsystem erübrigen. Solarthermische Systeme können über weite Teile des Jahres einen wirtschaftlichen Beitrag zur Wärmeversorgung liefern und auch solare Kühlsysteme versorgen. Eine Integration von ⊻ Photovoltaik in die Gebäudehülle ist sinnvoll. Wird eine Lüftungsanlage vorgesehen, vermindert ein ⊻ Erdkanal den Energiebedarf für Heizung, Kühlung und Entfeuchtung. Wird über Erdsonden gekühlt, so kann mit einer Wärmepumpe die Heizwärme effizient bereitgestellt werden.

⊻
Globalstrahlung
S. 142

Photovoltaik
S. 154

Erdkanal
S. 154

Tropisches Klima

Wirksame Maßnahmen zur Begrenzung der solaren Einträge bewirken erhebliche Einsparungen bei den Technik- und Energiekosten. Der Fokus der Raumkonditionierung liegt in den Tropen auf der Kühlung und Entfeuchtung. Wird eine Lüftungsanlage vorgesehen, so ist Desiccant Cooling in Verbindung mit ⊻ Sonnenenergie wirtschaftlich. Alternativ kann eine solare Kältemaschine betrieben werden. Das Erdreich kann über einen Erdkanal zur Vorkühlung und Teilentfeuchtung genutzt werden. Die hohen Strahlungseinträge bieten eine gute Grundlage für die Nutzung von Photovoltaik.

⊻
Solarthermie
S. 154

Wüstenklima

Die hohe Einstrahlung erfordert ⊻ Sonnenschutzkonzepte, die den solaren Eintrag in den Raum begrenzen und so den Kühlenergiebedarf sowie die erforderlichen Technik- und Energiekosten reduzieren. Die sehr hohen solaren Jahreserträge bilden eine gute Basis für den Einsatz von Photovoltaik. Konzentrierende Kollektoren bieten ein hohes Temperaturniveau, mit dem solare Kältemaschinen und Desiccant-Cooling-Systeme effizient betrieben werden können. Ein Erdkanal kann je nach Temperaturniveau des Erdreichs zur Vorkühlung und bei hoher Außenluftfeuchte zur Teilentfeuchtung der Zuluft genutzt werden. In Zonen mit hohen Tag-Nacht-Schwankungen ist ⊻ Nachtauskühlung in Verbindung mit Speichermasse sehr effektiv. Bei geringer Außenluftfeuchte ist ⊻ adiabate Kühlung sehr gut einsetzbar.

⊻
Sonnenschutz
S. 146

Nachtlüftung
S. 152

Kühlturm
S. 154

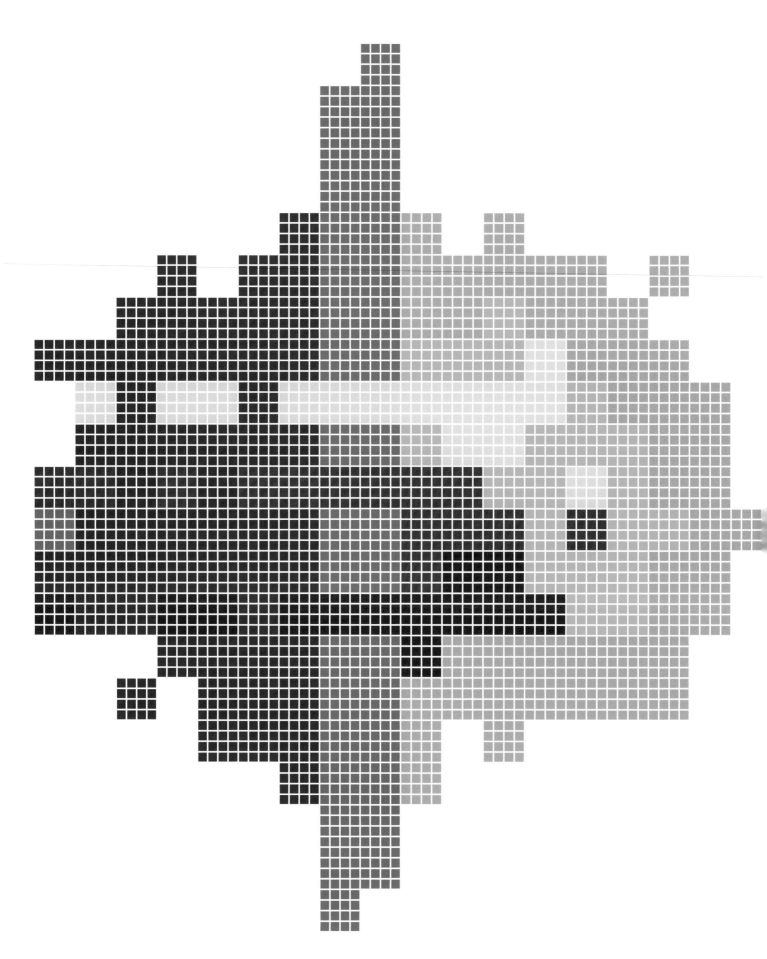

Glossar

Das Detail im Gesamtkonzept

Das Gebäude ist ein Gesamtsystem, bestehend aus der Fassade, der Gebäudestruktur und der Gebäudetechnik. Je besser diese interagieren, desto geringer ist der Energieverbrauch. Deshalb sind bereits in der Entwurfsphase, in der es noch zahlreiche Varianten gibt, viele Faktoren zu berücksichtigen. Gestalterische, funktionale und ökonomische Aspekte stehen in einer Wechselbeziehung mit energetischen und raumklimatischen Faktoren. Um ein ausgewogenes Gebäudekonzept zu erreichen, müssen mit zunehmendem Planungsfortschritt und sinkender Variantenzahl stärker die Details berücksichtigt und optimiert werden.

Interaktionen

● Außenklima   ● Gebäudehülle   ● Raumkonditionierung   ● Raumklima   ● Licht   ● Energiesystem Gebäude   ● Energieerzeugung

Außenklima

Absolute Luftfeuchte [g/kg]
Masse des Wasserdampfs im Verhältnis zur Masse der Luft. Die absolute Luftfeuchte der Außenluft variiert je nach Klimazone und Jahreszeit. Bei zu trockener oder zu feuchter Außenluft muss je nach Behaglichkeitsanforderungen be- oder entfeuchtet werden.

Außenlufttemperatur [°C]
Absolute Temperatur der Außenluft in °C. Die Differenz zwischen Außenlufttemperatur und gewünschter Raumlufttemperatur bestimmt maßgeblich die ↑ Lüftungs- und ↑ Transmissionswärmeverluste bzw. -gewinne. Die Außenlufttemperatur ist tages- und jahreszeitlichen Schwankungen unterworfen, die je nach Klimazone variieren. Temperaturdifferenzen, oft als ΔT bezeichnet, werden in Kelvin [K] angegeben.

Enthalpie [J/kg]
Energieinhalt der Luft. Die Enthalpie ist eine thermodynamische Zustandsgröße, die sich aus der abgegebenen bzw. aufgenommenen Wärmemenge unter Berücksichtigung von Temperatur und Feuchte ergibt.

Erdreichtemperatur [°C]
Temperatur im Erdreich in einer bestimmten Schichttiefe. Sie ist abhängig von der Beschaffenheit des Erdreichs, des Feuchtegehalts und der Tiefe. Knapp unter der Oberfläche herrscht jeweils etwa die Monatsmitteltemperatur der Außenluft. In ca. 1,5–3 m ergeben sich abgeschwächte jahreszeitliche Schwankungen, deren Maximal- und Minimalwerte verzögert im Vergleich zum Jahresverlauf der Außenlufttemperatur auftreten. Ab einer Tiefe von ca. 10–15 m stellt sich die Jahresmitteltemperatur der Außenluft ein. Die Erdreichtemperatur kann direkt zur passiven Kühlung oder über eine Wärmepumpe zur Wärmeerzeugung genutzt werden. Die Grundwassertemperatur entspricht in der Regel ebenfalls der Jahresmitteltemperatur. Eine Grundwassernutzung ermöglicht höhere Entzugsleistungen.

Feuchtkugeltemperatur [°C]
Niedrigste Temperatur, auf die man Luft durch Verdunstung von Wasser abkühlen kann, auch **Kühlgrenztemperatur** genannt. Sie liegt unterhalb der ↑ Außenlufttemperatur und ist abhängig von der ↑ Luftfeuchte. Die Temperaturdifferenz ist dabei umso größer, je trockener die Luft ist. Die Feuchtkugeltemperatur gibt Auskunft über das Kühlpotenzial von adiabater Kühlung, bei der Kälte über die Verdunstung von Wasser erzeugt wird. Sie ist wichtig bei der Dimensionierung von Rückkühlwerken, z. B. zur Kältebereitstellung für Flächenkühlsysteme. In der Praxis werden die minimal möglichen Kühltemperaturen nicht ganz erreicht.

Globalstrahlung [W/m²]
Teils gerichtete, teils ungerichtete Solarstrahlung. Sie ist die Summe aus **Direktstrahlung** und **Diffusstrahlung**, die durch Streuung und Reflexion an Luftmolekülen, Aerosol- oder anderen Partikeln entsteht. Trifft sie auf absorbierende Oberflächen, entsteht Wärme. Die Globalstrahlung ist die bestimmende Größe bei der Ermittlung ↑ solarer Einträge über verglaste Flächen sowie bei der Berechnung der Erträge von ↑ Photovoltaiksystemen und ↑ solarthermischen Anlagen.

Gradtagzahl [Kd/a]
Produkt aus der Anzahl der Heiztage eines Jahres und der Differenz zwischen der Raumlufttemperatur von z. B. 20 °C und der mittleren ↑ Außenlufttemperatur während des jeweiligen Heiztages. Heiztage sind Tage, an denen das Tagesmittel der Außenlufttemperatur unter der Heizgrenze von z. B. 12 oder 15 °C liegt. Die Heizgrenze steht im Zusammenhang mit dem Wärmeschutz des Gebäudes. Die Gradtagzahl dient der Berechnung von ↑ Transmissions- und ↑ Lüftungswärmeverlusten.

Kondensation
Phasenwechsel von gasförmig zu flüssig. Unter Freisetzung von Kondensationswärme geht ein Stoff beim Erreichen einer bestimmten Temperatur vom gasförmigen in den flüssigen Zustand über. Umgekehrt geht ein Stoff bei der **Verdunstung** vom flüssigen in den gasförmigen Zustand über. Hierbei wird der Umgebung Wärme entzogen, was für die Kühlung von Gebäuden genutzt werden kann.

Psychrometric Chart
Schiefwinkliges Koordinatensystem mit der Temperatur als x-Achse und der absoluten Feuchte als y-Achse. Es zeigt die Zustandsänderungen feuchter Luft, die teilweise nicht linear sind. Die ↑ relative Luftfeuchte kann anhand der ansteigenden Kurvenlinien, die ↑ Enthalpie anhand der abfallenden Diagonalen abgelesen werden. Als Grundlage dient das h,x-Diagramm von Mollier.

Relative Luftfeuchte [%]
Verhältnis von absoluter Feuchte zur Sättigungsfeuchte. Die Sättigungsfeuchte ist abhängig von der Lufttemperatur. Deshalb ist die relative Luftfeuchte ebenfalls temperaturabhängig. Sie unterliegt Schwankungen im Tagesverlauf.

Sonnenstand
Position der Sonne auf einen Standpunkt bezogen. Der Azimut-Winkel beschreibt die Himmelsrichtung, aus der die Sonne scheint. Süden wird dabei mit 0° angegeben. Der Winkel zwischen Sonne und Horizont wird Höhenwinkel genannt. Der Sonnenverlauf beeinflusst die Dauer und Intensität der solaren Einstrahlung auf die Hüllflächen eines Gebäudes.

Taupunkttemperatur [°C]
Temperatur, bei der die Luft mit Feuchtigkeit gesättigt ist und die relative Luftfeuchte 100 % beträgt. Wird die Taupunkttemperatur unterschritten, tritt die ↑ Kondensation des Wasserdampfes ein. Die Taupunkttemperatur ist in Bezug auf Schimmelpilzbildung bei ↑ Wärmebrücken relevant. Beim Einsatz von Flächenkühlsystemen oder an der Innenseite von ↑ Verglasungen besteht die Gefahr, dass an den kalten Oberflächen der Taupunkt unterschritten wird.

Testreferenzjahr
Klimawerte eines idealtypischen Jahres. Für die Berechnung von ↑ Heiz- und Kühllasten sowie für thermische Gebäudesimulationen werden typische Klimawerte verwendet, die in langjährigen Messungen statistisch ermittelt wurden. Sie umfassen unter anderem den stündlichen Verlauf der ↑ Außenlufttemperatur, des Luftdrucks, der ↑ Globalstrahlung aus Diffus- und Direktstrahlung, der ↑ Luftfeuchte und der ↑ Windgeschwindigkeit.

Winddruck [N/m²]
Durch Wind verursachte Druckkraft auf eine Fläche. Der Winddruck ist proportional zum Quadrat der ↑ Windgeschwindigkeit. Er ist wichtig für die Optimierung von Lüftungskonzepten.

Windgeschwindigkeit [m/s]
Mittlere Geschwindigkeit der bewegten Luft. In der Meteorologie wird neben der physikalischen Einheit [m/s] auch Knoten (1 kn = 0,514 m/s) gemessen, und zwar in einer Höhe von 20–30 m. Die Beaufortskala ist eine 12-stufige Skala zur Klassifikation von Winden nach ihrer Geschwindigkeit. Die Windgeschwindigkeit hat Einfluss auf die ↑ natürliche Lüftung eines Gebäudes. Während moderater Wind für eine natürliche Ventilation genutzt werden kann, erfordern zu hohe Windgeschwindigkeiten geschützte Lüftungsöffnungen. Auch bei der Ausbildung außen liegender ↑ Sonnenschutzsysteme spielt die maximale Windgeschwindigkeit eine Rolle.

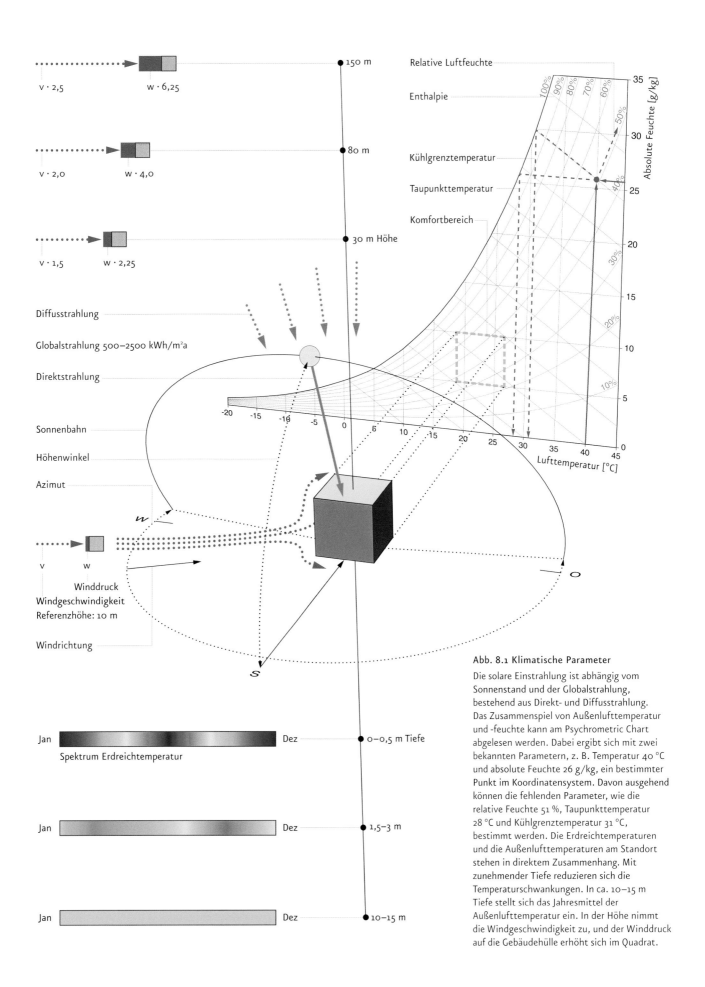

v · 2,5   w · 6,25

v · 2,0   w · 4,0

v · 1,5   w · 2,25

150 m

80 m

30 m Höhe

Relative Luftfeuchte

Enthalpie

Kühlgrenztemperatur

Taupunkttemperatur

Komfortbereich

Diffusstrahlung

Globalstrahlung 500–2500 kWh/m²a

Direktstrahlung

Sonnenbahn

Höhenwinkel

Azimut

v   w

Winddruck
Windgeschwindigkeit
Referenzhöhe: 10 m

Windrichtung

Absolute Feuchte [g/kg]

Lufttemperatur [°C]

Jan   Dez   0–0,5 m Tiefe
Spektrum Erdreichtemperatur

Jan   Dez   1,5–3 m

Jan   Dez   10–15 m

Abb. 8.1 Klimatische Parameter

Die solare Einstrahlung ist abhängig vom Sonnenstand und der Globalstrahlung, bestehend aus Direkt- und Diffusstrahlung. Das Zusammenspiel von Außenlufttemperatur und -feuchte kann am Psychrometric Chart abgelesen werden. Dabei ergibt sich mit zwei bekannten Parametern, z. B. Temperatur 40 °C und absolute Feuchte 26 g/kg, ein bestimmter Punkt im Koordinatensystem. Davon ausgehend können die fehlenden Parameter, wie die relative Feuchte 51 %, Taupunkttemperatur 28 °C und Kühlgrenztemperatur 31 °C, bestimmt werden. Die Erdreichtemperaturen und die Außenlufttemperaturen am Standort stehen in direktem Zusammenhang. Mit zunehmender Tiefe reduzieren sich die Temperaturschwankungen. In ca. 10–15 m Tiefe stellt sich das Jahresmittel der Außenlufttemperatur ein. In der Höhe nimmt die Windgeschwindigkeit zu, und der Winddruck auf die Gebäudehülle erhöht sich im Quadrat.

Energiesystem Gebäude

Endenergiebedarf
Energiebedarf eines Gebäudes für Heizung, Warmwasser und Kühlung. Zusätzlich zum Nutzenergiebedarf aus ↑Heizwärmebedarf, Befeuchtungsenergie sowie Warmwasserwärme müssen Anlagenverluste kompensiert werden. Diese ergeben sich aus Regelverlusten, Verteilverlusten, Speicherverlusten und Verlusten des Energieerzeugers innerhalb des Gebäudes. Analog muss zusätzlich zu Kühlkältebedarf und Entfeuchtungsenergie weitere Energie aufgewendet werden.

Heizlast / Kühllast
Erforderliche Leistung eines Kühl- oder Heizsystems, um zu einem bestimmten Zeitpunkt eine bestimmte↑operative Raumtemperatur aufrechtzuerhalten. Maximale Leistungsanforderungen als Folge des ungünstigen Zusammenspiels von Nutzung und Außenklima werden als Lastspitzen bezeichnet. Wird die Maximalleistung eines Geräts abgerufen, spricht man von Volllast.

Heizwärmebedarf
Summe aus↑Lüftungswärmeverlusten und↑Transmissionswärmeverlusten abzüglich der↑solaren und↑internen Gewinne. Analog berechnet sich der **Kühlkältebedarf** aus solaren und internen Wärmelasten sowie Transmissions- und Lüftungswärmegewinnen bzw. -verlusten.

Interne Gewinne
Wärmeabgabe von Personen und Geräten im Raum. Die entscheidenden Parameter für die Abwärme durch Personen sind die Belegungsdichte und die Nutzungszeit. Die Wärmeabgabe von elektrischen Geräten wird durch deren Leistungsaufnahme und Betriebsdauer beeinflusst. In Sonderfällen kann die freigesetzte Wärme auch anderen Räumen zur Verfügung gestellt werden, z. B. bei der Abwärmenutzung von Server-Räumen.

Kubatur
Form und Volumen eines Gebäudes. Das Verhältnis von Hüllfläche zu Gebäudevolumen wird **A/V-Verhältnis** genannt. Zur Reduktion von ↑Transmissionswärmeverlusten trägt u. a. die Minimierung der Hüllfläche bei. Sind Teile des beheizten Gebäudevolumens eingegraben, verringern sich dort ebenfalls die Verluste. Die↑Tageslichtversorgung und die Möglichkeiten der ↑natürlichen Lüftung werden von der Form bestimmt. Die Eigenverschattung einzelner Fassadenbereiche ist ebenfalls von der Kubatur abhängig.

Lüftungswärmeverluste
Wärmeverlust durch Austausch verbrauchter Raumluft mit frischer Außenluft. Ist die Außenluft kälter als die angestrebte Raumlufttemperatur, ist zum Ausgleich dieser Differenz Wärme erforderlich, wenn die passiven Gewinne dafür nicht ausreichen. Durch eine↑Wärmerückgewinnung können die Lüftungswärmeverluste minimiert werden. Muss ohnehin gekühlt werden, kann die kalte Außenluft auch einen Beitrag zur Kühlung leisten, ggf. wird der Luftwechsel dafür erhöht. Liegt die ↑Außenlufttemperatur über der maximal gewünschten Raumlufttemperatur, muss gekühlt werden. Zur Vortemperierung der Zuluft sind ↑Erdkanäle geeignet.

Orientierung
Ausrichtung einer Fassade in eine Himmelsrichtung. Die Orientierung hat Einfluss auf die↑solaren Einträge und damit auf die↑Sonnenschutzstrategie bzw. auf die Erträge von solaren Energiesystemen an Fassaden. Die↑Windgeschwindigkeiten an einer Fassade sind oftmals auch orientierungsabhängig, sie haben Einfluss auf die↑natürliche Lüftung.

Primärenergiebedarf
Energiebedarf unter Berücksichtigung der Verluste außerhalb der Systemgrenze Gebäude. Der Primärenergiebedarf setzt sich zusammen aus dem↑Endenergiebedarf und dem Energieaufwand für Förderung, Transport und Umwandlung von Rohstoffen für die Energieerzeugung. Dem Gebäude stehen nach diesen Prozessen Energieträger in Form von Strom, Öl, Gas, Holz, Fernwärme etc. zur Verfügung. Der Primärenergiebedarf kann durch die Multiplikation des Endenergiebedarfs mit einem dem Energieträger entsprechenden Primärenergiefaktor berechnet werden. Dieser Faktor berücksichtigt auch, ob ein Energieträger vollständig oder anteilig erneuerbar ist.

Solare Einträge
Durch transparente und transluzente Bauteile in den Raum dringende↑Globalstrahlung. Bei der Absorption an Oberflächen im Raum entsteht Wärme. Die Einstrahlung und der damit verbundene Wärmeeintrag sind abhängig von der Tages- und Jahreszeit sowie dem Standort und der↑Orientierung. Weiterhin bestimmt der↑Gesamtenergiedurchlassgrad der Fassade (↑Fensterflächenanteil, ↑Sonnenschutz,↑Verglasung) die solaren Einträge. Sie tragen bei niedrigen Außenlufttemperaturen zur Reduktion des↑Heizwärmebedarfs bei. Unerwünschte solare Einträge können zur Überhitzung von Räumen führen.

Speichermasse
Wärmespeicherfähigkeit von Bauteilen innerhalb eines 24-Stunden-Zyklus. Materialspezifische Einflussgrößen sind die Wärmeleitfähigkeit und die Wärmekapazität. Massive Bauteile können bei hohen Umgebungstemperaturen Wärme aufnehmen und sie zeitversetzt wieder abgeben, wenn die Umgebungstemperatur unter die Bauteiltemperatur gesunken ist. Speicher- und Entladeprozess sind träge, es findet eine **Phasenverschiebung** statt. Bedingung für das Zwischenspeichern von Wärme ist, dass eine möglichst große Oberfläche der massiven Bauteile freiliegend im Raum zur Verfügung steht und dass sie während der Nacht wieder vollständig entladen (gekühlt) werden können. Für die nächtliche Auskühlung kann eine verstärkte↑Nachtlüftung oder eine↑Bauteilaktivierung in Kombination mit einer regenerativen Kältequelle dienen. Stehen massive Bauteile nicht in geeignetem Umfang zur Verfügung, können↑Phase-Change-Materials (PCM) eingesetzt werden.

Strombedarf
Energiebedarf für Beleuchtung, elektrische Geräte und Anlagen. Dazu zählen auch Anlagen zur Förderung bzw. Bereitstellung von Wärme, Kälte und Luft wie z. B. Förderpumpen, Regel- und Messtechnik, Wärmepumpen, Ventilatoren.

Transmissionswärmeverluste
Wärmeverlust über die Gebäudehülle. Sobald die Außenluft kälter als die Raumlufttemperatur ist, entsteht ein Wärmestrom durch die Bauteile von innen nach außen. Je höher die Temperaturdifferenz und je schlechter der Wärmeschutz des Gebäudes, desto höher die Verluste. Auf den Wärmeschutz haben hauptsächlich die↑U-Werte der Bauteile und die↑Wärmebrücken Einfluss. Der Transmissionswärmeverlust einer Fassadenfläche ist das Produkt aus U-Wert, Fläche, Temperaturdifferenz und der Zeit, in der der Wärmestrom stattfindet.

Wärmerückgewinnung
Nutzung von Wärme aus der Abluft von Gebäuden. Die Zuluft kann auf sehr effiziente Weise vorgewärmt werden, wenn Abluft- und Zuluftstrom in einem Wärmetauscher direkt aneinander vorbeigeführt werden. Dafür eignen sich z. B.↑dezentrale Lüftungsgeräte. Bei zentralen Lüftungsanlagen mit Zu- und Abluft ist in der Regel eine aufwendigere Leitungsführung erforderlich. In einem Kreislaufverbundsystem kann über eine in Rohren zirkulierende Flüssigkeit die Energie auch über eine größere Distanz von Abluft zu Zuluft übertragen werden. Wärme kann auch indirekt über eine Abluftwärmepumpe rückgewonnen werden. In diesem Fall kann die Energie auch von einem wassergeführten Heizsystem genutzt werden.

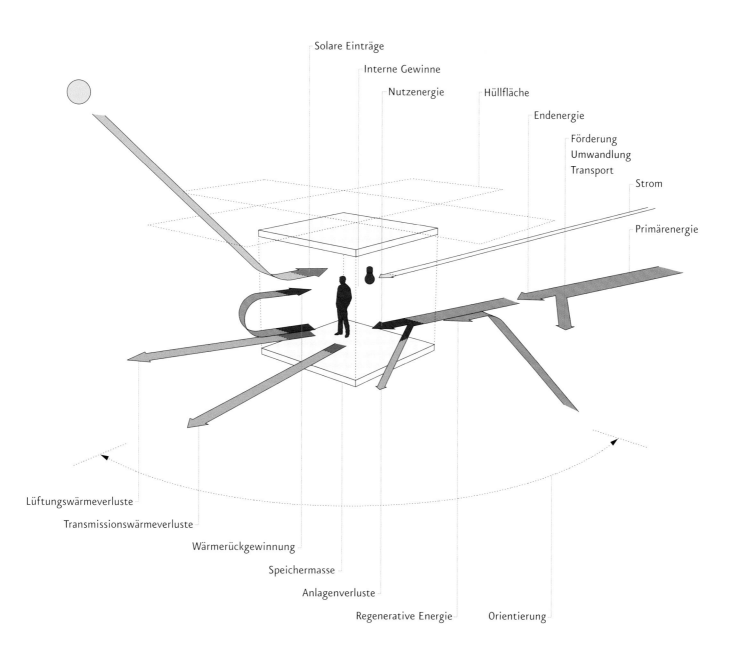

Solare Einträge
Interne Gewinne
Nutzenergie
Hüllfläche
Endenergie
Förderung
Umwandlung
Transport
Strom
Primärenergie

Lüftungswärmeverluste
Transmissionswärmeverluste
Wärmerückgewinnung
Speichermasse
Anlagenverluste
Regenerative Energie
Orientierung

Abb. 8.2 Energieströme am Gebäude
Beschaffenheit, Geometrie und Orientierung der Gebäudehüllflächen beeinflussen die solaren
Gewinne und die Transmissionswärmeverluste. Interne Gewinne und Lüftungswärmeverluste
werden maßgeblich von der Nutzung des Gebäudes bestimmt. Bis Heizwärme, Kühlkälte oder
Strom nutzbar zur Verfügung stehen, müssen bei der Bereitstellung von Energie aus Rohstoffen
verschiedene Verluste kompensiert werden. Ausgehend von der Primärenergie fallen Verluste für
die Umwandlung, Förderung und den Transport an. Übrig bleibt die Endenergie, die im Gebäude
zur Verfügung steht. Dort kommt es wiederum zu Anlagenverlusten, sodass nur ein Teil davon
als Nutzenergie dem Verbraucher zur Verfügung steht. Die Nutzung von regenerativer Energie
am Gebäude kann den Primärenergieaufwand vermindern.

Gebäudehülle

Fassadenintegrierte Photo-voltaik
Stromerzeugung über Solar-zellen an der Fassade. Bei geeigneter ↑Orientierung und geringer Verschattung kann über ↑Photovoltaik-Module an der Fassade Energie erzeugt werden. Synergieeffekte durch den Ersatz von anderen Hüllmaterialien sind denkbar. Solarzellen können auch in Glasscheiben integriert werden und tragen dort zur Reduktion des Strahlungsdurchgangs bei. Je nach Belegungsdichte sind jedoch auch die Durchsicht und die ↑Tageslichttransmission eingeschränkt. Auf Leistungs-minderung durch Überhitzung ist zu achten.

Fensterflächenanteil [%]
Verhältnis von verglaster Fassadenfläche zur Gesamtfas-sadenfläche. Die transparenten Hüllflächen müssen einerseits groß genug sein, um eine ausreichende ↑Tageslichtver-sorgung und einen Außenbezug zu gewährleisten; anderer-seits sollten übermäßig hohe ↑Transmissionswärmeverluste über die Glasflächen vermieden werden. Selbst bei hohem Wärmeschutzstandard geht über die ↑Verglasungen etwa fünfmal so viel Wärme verloren wie über gedämmte, opake Flächen. Im Sommer bzw. in strahlungsreichen Gegenden trägt ein moderater Fenster-flächenanteil wesentlich zur Reduktion von ↑solaren Einträgen bei, die eine Überhitzung des Gebäudes zur Folge haben können.

Gesamtenergie-durchlassgrad Fassade
Produkt aus fassadenspezifi-schen Faktoren zur Ermittlung von solaren Einträgen. Mit dem Produkt aus ↑Fenster-flächenanteil, Fc-Wert des ↑Sonnenschutzes und ↑g-Wert der ↑Verglasung lässt sich die Durchlässigkeit einer Fassade für die ↑Globalstrahlung quanti-fizieren. Der Gesamtenergie-durchlassgrad multipliziert mit der Strahlungssumme auf die Fassadenfläche ergibt die ↑solaren Einträge.

g-Wert [-]
Faktor zur Beschreibung des Energiedurchgangs durch ↑Verglasungen aufgrund von Solarstrahlung. Je nach Anzahl und Beschichtung der Scheiben sind Verglasungen unterschiedlich energiedurch-lässig für die Solarstrahlung. Ein Teil der Strahlung wird nach außen reflektiert, ein Teil wird unverändert durchge-lassen oder gestreut, ein weiterer Teil wird absorbiert und als Wärmestrahlung nach außen und innen emittiert. Der g-Wert ist auch abhängig vom Einstrahlwinkel. Sonnenschutz-verglasungen mit besonders niedrigen g-Werten reduzieren teilweise auch den Strahlungs-durchgang im Bereich des sichtbaren Lichts.

Kaltluftabfall
Thermisch bedingte Luftströmung an der Innen-seite von hohen ↑Verglasungen. Durch den schlechteren U-Wert von Glasscheiben ist deren Innenseite bei niedrigen ↑Außenlufttemperaturen kälter als die Raumluft. Dadurch kühlt die Luft hier ab und sinkt herunter. Je nach Tempera-turdifferenz zwischen innen und außen, Höhe und ↑U-Wert der Verglasung können sich ↑Luftgeschwindigkeiten und Temperaturen einstellen, die als unbehaglich empfunden werden. Neben einer Verbes-serung der thermischen Eigenschaften der Verglasung und der Verringerung der Fensterhöhe ist auch eine Heizung an der Fassade oder in der Randzone des Fußbodens als Gegenmaßnahme denkbar.

Natürliche Lüftung
Luftaustausch über Fassaden-öffnungen. Durch natürliche Druckunterschiede durch Wind und/oder Temperaturdiffe-renzen zwischen außen und innen kann ohne Einsatz von Ventilatoren ein Luftwechsel bewirkt werden. Da die Zuluft nicht konditioniert werden kann, ist eine natürliche Lüftung abhängig vom Klima nur zu bestimmten Jahres- bzw. Tageszeiten möglich. Über die natürliche Lüftung kann der hygienisch erforder-liche Luftwechsel erfolgen, es kann ggf. Wärme abgeführt werden, und der Nutzer erhält einen Bezug zum Außenraum. Die Ausbildung der Öffnungen ist abhängig vom angestrebten Luftwechsel (Querschnitt),
von den Bedingungen des Außenraums (Schall-, Einbruch-schutz), von der Bedienung (manuell, automatisch) und vom Klima (Witterungsschutz).

Sonnenschutz
Bauliche Maßnahme zur Begrenzung des Energieeintrags durch Solarstrahlung. Das Ziel besteht darin, im Sommer die ↑solaren Einträge über die ↑Verglasung zu begrenzen und dabei den Tageslichteintrag und den Ausblick so wenig wie möglich einzuschränken. Son-nenschutzsysteme werden nach ihrer Position an der Fassade, ihrem Material und ihrer Ver-änderbarkeit bzw. Steuerung unterschieden. Die Effizienz eines Sonnenschutzsystems wird über den Fc-Wert [-] quantifiziert, der den prozen-tualen Anteil der auftreffenden ↑Globalstrahlung beschreibt, der hindurchgelassen wird. Außen liegende Systeme sind besonders effizient.

Tauwasserausfall
↑Kondensation von Wasser bei Unterschreitung der ↑Taupunkttemperatur. Dies kann bei hoher Luftfeuchte und hohen Differenzen zwischen Raumluft- und Oberflächentemperatur der Fall sein. Insbesondere an Glasscheiben und an der Innen-seite von ↑Wärmebrücken, aber auch an den Oberflächen von Flächenkühlsystemen kann Tauwasser ausfallen und zu hygienischen und konstruk-tiven Problemen führen.

U-Wert [W/m²K]
Größe zur Bestimmung des Wärmedurchgangs durch ein Bauteil. Der Wärmedurch-gangskoeffizient oder U-Wert quantifiziert den Wärmestrom durch eine 1 m² große Fläche eines Bauteils bei einem Temperaturunterschied von 1 K zwischen innen und außen. Für den U-Wert sind die Materi-alien bzw. deren Wärmeleit-fähigkeit, die Schichtdicken sowie die Einbausituation entscheidend. Je kleiner der U-Wert, desto besser die Dämmwirkung des Bauteils.

Verglasung
Transparentes Bauteil der Gebäudehülle. **Wärmeschutz-verglasungen** kommen
dort zum Einsatz, wo hohe ↑Transmissionswärmeverluste und niedrige Oberflächentem-peraturen an der Innenseite vermieden werden sollen. Energetisch richtungsweisend sind dabei Verglasungen mit drei Scheiben sowie Low-e-Beschichtungen und Gasfül-lungen, die die Wärmeleitung und den Strahlungsaustausch reduzieren. Die energetische Schwachstelle von Vergla-sungen ist der Rahmen. Kleinteilige Verglasungen sind daher energetisch ungünstig. Unerwünschte ↑solare Einträge können durch **Sonnenschutz-verglasungen** vermindert werden, dabei wird ein Teil der ↑Globalstrahlung durch eine spezielle Beschichtung reflektiert. Allerdings wird auch die ↑Tageslichttrans-mission eingeschränkt. Unter Umständen ergeben sich Farbverschiebungen bei der Durchsicht und eine spiegelnde Außenerscheinung.

Wärmebrücke
Thermische Schwachstelle in der Gebäudehülle. An den Anschlüssen von verschiedenen Bauteilen, an Gebäudekanten und Durchdringungen der Gebäudehülle kommt es zu einer Schwächung der Dämmschicht mit erhöhtem Wärmeverlust. Wärmebrücken können punktuell, z. B. als Durchdringung durch eine Stütze, oder linear, z. B. als Gebäudeaußenkante, ausge-bildet sein.

Wärmedämmung
Schicht in der Fassade zur Verminderung von Wärmever-lusten. Zum Einsatz kommen Materialien mit geringer Wärmeleitfähigkeit [W/mK]. Je kleiner dieser Wert und je größer die Schichtdicke der Dämmung, desto kleiner der ↑U-Wert. Je nach Position der Dämmschicht und Abdichtung an der Innenseite muss auf ↑Tauwasserausfall geachtet werden.

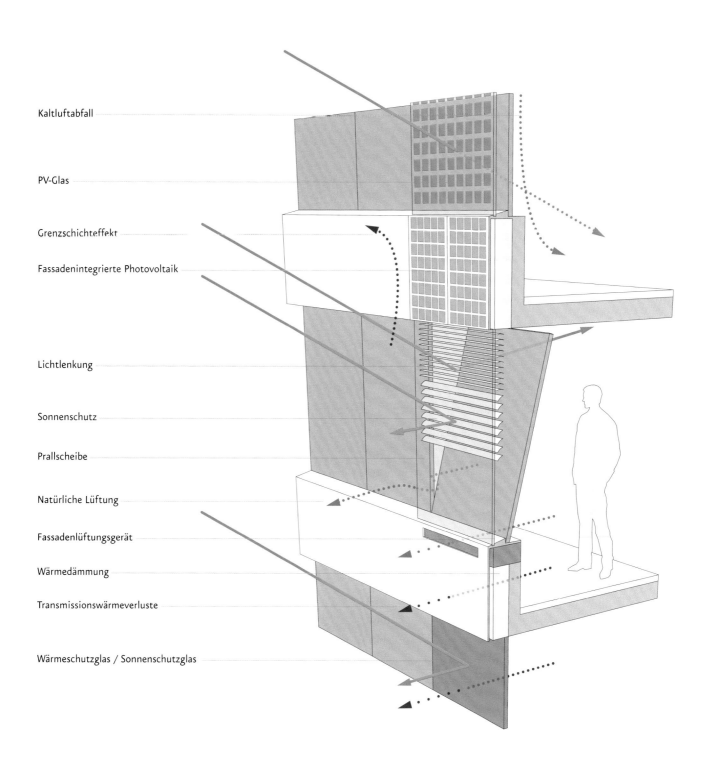

Kaltluftabfall

PV-Glas

Grenzschichteffekt

Fassadenintegrierte Photovoltaik

Lichtlenkung

Sonnenschutz

Prallscheibe

Natürliche Lüftung

Fassadenlüftungsgerät

Wärmedämmung

Transmissionswärmeverluste

Wärmeschutzglas / Sonnenschutzglas

Abb. 8.3 Fassade als Schnittstelle
Die Fassade stellt die energetische und klimatische Schnittstelle zwischen Innen- und
Außenraum dar. Sie muss deshalb auf die wechselnden Bedingungen des Außenklimas optimal
reagieren können und standortspezifisch ausgebildet sein. Je flexibler die Fassade auf die
unterschiedlichen Außenklimabedingungen reagiert, desto weniger Technik ist erforderlich und
umso geringer ist der Energieaufwand. Solare Einstrahlung muss je nach Bedarf genutzt oder
abgehalten werden. Eine ausreichende Tageslichtversorgung muss sichergestellt, Transmissions-
und Lüftungswärmeverluste sollten vermindert oder zur Kühlung genutzt werden. Neben der
Energiebilanz sind auch behaglichkeitsspezifische Faktoren zu berücksichtigen.

Licht

Beleuchtungsstärke [Lux, lx], [lm/m²]

Quotient aus dem ↑Lichtstrom, der von einer Lichtquelle aus auf eine bestimmte Fläche trifft, und der beleuchteten Fläche. Die Beleuchtungsstärke gibt einen Hinweis, ob in einer Zone für die jeweilige Nutzung genügend Licht vorhanden ist. Für die Beleuchtung von Arbeitsplätzen gilt ein Richtwert von 500 lx auf der Arbeitsebene.

Blendung

Beeinträchtigung der Sehleistung durch hohe ↑Leuchtdichteunterschiede im Sichtfeld des Menschen. Störende Lichtquellen können z. B. direktes oder reflektiertes Sonnenlicht oder zu helle Lampen sein. Durch einen Blendschutz an der Innenseite der Fassade kann direktes Sonnenlicht am Arbeitsplatz vermieden werden. Dabei ist darauf zu achten, dass der Tageslichteintrag nicht zu stark reduziert wird. Insbesondere der obere Fensterbereich sollte möglichst lichtdurchlässig belassen werden.

Leuchtdichte [cd/m²]

Verhältnis von ausgestrahlter ↑Lichtstärke zur sichtbaren leuchtenden Fläche einer Lichtquelle. Wird nicht senkrecht auf die Fläche gesehen, so kommt nur die Projektion der Fläche zur Geltung. Die Leuchtdichte dient der Beschreibung von flächenhaften Lichtquellen (z. B. Monitore) bzw. der Ermittlung der Helligkeit von reflektierenden Oberflächen (z. B. weiße Wände, Tischoberflächen).

Leuchtmittel

Künstliche Lichtquellen. Temperaturstrahler wie Glühlampen und Halogenglühlampen geben Licht durch Erwärmung eines Materials ab. Entladungslampen funktionieren über die elektrische Entladung von Gasen. Diese Lampen gliedern sich in Niederdruck- und Hochdrucklampen. Leuchtdioden (LED) sind Elektrolumineszenzstrahler. Sie basieren auf Halbleitern, die den Strom direkt in Licht umwandeln. Die verschiedenen Lampentypen unterscheiden sich hinsichtlich Lichtausbeute, Farbwiedergabe, Einschaltverhalten und Lebensdauer erheblich. Dementsprechend müssen in der Planung die jeweiligen Anforderungen an einen Raum berücksichtigt und der Lampentyp entsprechend seines Einsatzgebiets gewählt werden. Mit energiesparenden Leuchtmitteln und einer tageslicht- bzw. präsenzabhängigen Steuerung können der Stromverbrauch eines Gebäudes und die internen Wärmelasten erheblich reduziert werden.

Lichtlenkung

Beugung, Spiegelung oder Streuung von Licht in die Raumtiefe durch Elemente außerhalb, innerhalb oder in der Fassadenebene. Tageslichtlenksysteme bewirken eine gleichmäßigere Ausleuchtung von Räumen und verbessern die ↑Tageslichtversorgung in der Raumtiefe. Unerwünschte Reflexionen und ↑Blendung können durch gute Tageslichtlenksysteme reduziert werden. Unterscheidungskriterien von Lichtlenksystemen sind, ob sie diffuses oder direktes Licht lenken und ob sie feststehend oder nachführbar sind. Je nach System ergibt sich ein Synergieeffekt mit der ↑Sonnenschutzfunktion.

Lichtstärke [Candela, cd], [lm/sr]

Teil des ↑Lichtstroms einer Lampe, der in eine bestimmte Richtung ausgesendet wird. Die Richtung wird dabei über den Raumwinkel (Steradiant, sr) definiert.

Lichtstrom [Lumen, lm]

Gesamte Strahlungsleistung einer Lichtquelle im sichtbaren Wellenlängenbereich. Der Quotient von Lichtstrom und aufgenommener Leistung einer Lampe wird als Lichtausbeute [lm/W] bezeichnet.

Natürliche Belichtung

Nutzung des Tageslichts für die Belichtung des Innenraums. Für die Optimierung des **Tageslichteintrags** sind die Größe und Anordnung der Fensterflächen und die Ausbildung des ↑Sonnenschutzes wesentliche Faktoren. Breite Fensterbänder sorgen für eine homogene Ausleuchtung, ein hoher Sturz ermöglicht eine effiziente ↑Tageslichtversorgung der Raumtiefe. Durch ↑Lichtlenkung lässt sich die Ausleuchtung optimieren. Um trotz aktiviertem Sonnenschutz das Tageslicht nutzen zu können, sollte eine ↑Lichtlenkzone vorgesehen werden.

Tageslichtquotient [%]

Kennwert für die Beziehung zwischen Innen- und Außenbeleuchtungsstärke bei bedecktem Himmel. Der Tageslichtquotient ist das Verhältnis der ↑Beleuchtungsstärke, die an einem Punkt der horizontalen Messebene innerhalb eines Raumes bestimmt wird, zu der gleichzeitig vorhandenen Horizontalbeleuchtungsstärke bei bedecktem Himmel. Durch die Analyse des Tageslichtquotienten ergibt sich, zu welchen Zeiten eine bestimmte Zone natürlich belichtet werden kann, bzw. in welchem Umfang künstliche ↑Leuchtmittel vorzusehen sind.

Tageslichttransmissionsgrad [-]

Faktor zur Quantifizierung der Durchlässigkeit von Glasscheiben für Strahlung im sichtbaren Wellenlängenbereich. Bei Sonnenschutzgläsern wird ein erheblicher Teil der Solarstrahlung reflektiert, um den Energieeintrag zu minimieren. Je mehr Strahlung aus dem sichtbaren Wellenlängenbereich dabei reflektiert wird, desto geringer ist der Tageslichttransmissionsgrad und desto weniger Tageslicht steht dem Raum zur Verfügung.

Tageslichtversorgung

Art und Umfang der Maßnahmen, durch die Tageslicht zur Beleuchtung der Räume eines Gebäudes nutzbar gemacht wird. Durch die optimierte Versorgung der Räume mit Tageslicht kann Strom für künstliche Beleuchtung gespart werden. Zudem bleiben dem Nutzer der Außenbezug und eine unverfälschte, natürliche Farbigkeit der Oberflächen erhalten. Die Tageslichtversorgung wird maßgeblich durch die Sturzhöhe der Fenster beeinflusst. Je höher der Sturz, desto tiefer gelangt das Tageslicht in den Raum. Weitere Faktoren sind die Fenstergröße, die ↑Tageslichttransmission des Glases, die Verbauung durch gegenüberliegende Baukörper und die Ausbildung des ↑Sonnenschutzes. Durch ↑Lichtlenkung kann das Tageslicht tiefer in die Räume gelangen. In der Praxis muss oft ein Mittelweg zwischen optimalem Sonnenschutz bzw. Reduzierung des ↑Fensterflächenanteils und maximaler Tageslichtnutzung gefunden werden. Direktes Sonnenlicht kann unter Umständen zu unerwünschter ↑Blendung führen.

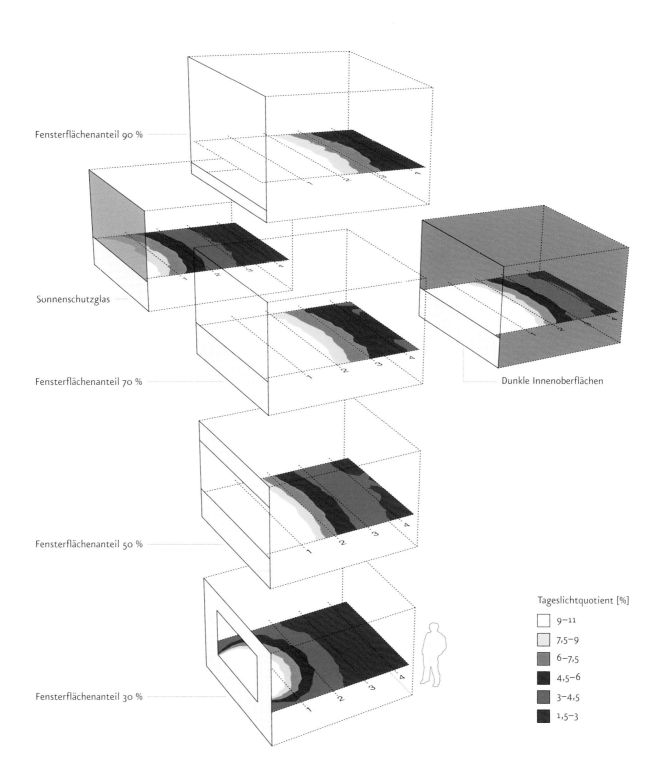

Fensterflächenanteil 90 %

Sonnenschutzglas

Fensterflächenanteil 70 %

Fensterflächenanteil 50 %

Fensterflächenanteil 30 %

Dunkle Innenoberflächen

Tageslichtquotient [%]

- 9–11
- 7,5–9
- 6–7,5
- 4,5–6
- 3–4,5
- 1,5–3

Abb. 8.4 Wechselwirkung Fassaden und Tageslicht

Die Tageslichtversorgung im Raum wird maßgeblich bestimmt vom Fensterflächenanteil, der Fenstergeometrie, dem Tageslichttransmissionsgrad der Verglasung sowie dem Reflexionsgrad der Innenoberflächen. Abgebildet ist der Verlauf des Tageslichtquotienten in Höhe der Arbeitsebene in Abhängigkeit vom Fensterflächenanteil in einem 4,5 m tiefen Büroraum. Für einen Fensterflächenanteil von 70 % sind darüber hinaus der Zustand bei Sonnenschutzverglasung (Tageslichttransmission 40 %) sowie bei dunkleren Innenoberflächen (halber Reflexionsgrad) dargestellt. Der Tageslichtquotient gibt das Verhältnis von Außen- zu Innenbeleuchtungsstärke bei bedecktem Himmel an. Die mittlere Außenbeleuchtungsstärke beträgt in Moskau rund 12.400 lux, in München 14.400 lux, in Shanghai 16.300 lux, in Bangalore 25.900 lux und in Dubai 25.500 lux.

Raumklima

Behaglichkeit
Sammelbegriff für die Bewertung aller raumklimatischen Größen und weiterer, nicht quantifizierbarer Faktoren, die auf die Zufriedenheit der Personen in einem Raum Einfluss haben. Als messbare Größen spielen u. a. die ↑ operative Raumtemperatur, die ↑ Strahlungsasymmetrie, die Raumluftfeuchte, die ↑ Luftgeschwindigkeit, die ↑ Schallbelastung, die ↑ Beleuchtungsstärke oder die ↑ Luftqualität für die Behaglichkeit eine Rolle. Nicht messbar sind hingegen beispielsweise der Außenbezug, die Nachvollziehbarkeit der Heiz-, Kühl- und Lüftungssysteme oder die Möglichkeiten des Nutzers, auf das Raumklima einzuwirken.

Be-/Entfeuchtung
Regelung des Wassergehalts der Raumluft. Durch zu trockene oder zu feuchte Außenluft entsteht durch den Luftwechsel ein Be- oder Entfeuchtungsbedarf. Heizen oder Kühlen der Luft kann zu Änderungen der ↑ relativen Luftfeuchte führen. Je nach ↑ operativer Raumtemperatur werden unterschiedlich hohe Luftfeuchtewerte als unbehaglich empfunden. In einer zentralen ↑ RLT-Anlage kann unter Einsatz von Wärme bzw. Kälte die Zuluftfeuchte reguliert werden. Für raumseitige Entfeuchtungsgeräte ist eine Kondensatableitung erforderlich.

Luftgeschwindigkeit [m/s]
Geschwindigkeit der Luftströmung in einem Raum. Zu hohe Luftgeschwindigkeiten werden allgemein als unbehaglich empfunden. Tolerierbare Obergrenzen sind u. a. abhängig von der Lufttemperatur. Luftströmungen können durch ↑ RLT-Anlagen und ↑ natürliche Lüftung verursacht werden. Große Temperaturunterschiede zwischen Oberflächen und Raumluft können ebenfalls merkliche Luftströmungen erzeugen. Die Homogenität der Luftströmung wird mit dem Turbulenzgrad ausgedrückt. Ein höherer Turbulenzgrad führt schneller zu unbehaglichen Luftgeschwindigkeiten.

Luftqualität
Grad der Verunreinigung der Luft durch Schad- bzw. Geruchsstoffe. Durch die Atmung des Menschen wird Sauerstoff verbraucht und der CO_2-Gehalt der Raumluft erhöht. Bezogen auf die Geruchsbelastung wird die Luftqualität in Dezipol [dp] angegeben. Sie ist abhängig von den geruchsemittierenden Quellen im Raum (z. B. Menschen) und der Zufuhr von Frischluft. Je nach Nutzung und Belegung von Räumen ergibt sich ein bestimmter hygienisch erforderlicher **Luftwechsel**. Weist die Außenluft am Standort eine hohe Staubbelastung auf, können Filter zur Reinigung der Zuluft eingesetzt werden. Der Grundluftwechsel kann dann nicht mehr über Fensterlüftung erfolgen, eine mechanische Lüftung wird erforderlich.

Operative Raumtemperatur
Empfundene Temperatur eines Raumes, die sich zusammensetzt aus **Raumlufttemperatur** und mittlerer Temperatur der raumumschließenden Flächen. Bauteile, deren Temperatur trägheitsbedingt von der Lufttemperatur abweicht, oder aktiv beheizte bzw. gekühlte Flächen in einem Raum beeinflussen die vom Menschen gefühlte Temperatur. Strahlungswärme bei geringer Lufttemperatur kann zu vergleichbarem Wärmeempfinden führen wie entsprechend höhere Lufttemperaturen ohne zusätzliche Wärmestrahlung. Umgekehrt können auch erhöhte Raumlufttemperaturen durch kühle Oberflächen ausgeglichen werden. Der als behaglich empfundene Temperaturbereich ist zum einen abhängig von der Tätigkeit und Kleidung der Personen, aber auch von kulturellen Faktoren, vom Außenklima und der Luftfeuchtigkeit im Raum.

Raumakustik
Physikalische Eigenschaften eines Raums in Bezug auf Schall. Je nach Bestimmungszweck eines Raums gelten verschiedene Anforderungen an Nachhallzeit und Pegelmin-

derung. Die Raumgeometrie und die akustischen Eigenschaften der Flächen in einem Raum sind die wesentlichen Einflussfaktoren. Die Bereitstellung von absorbierenden Oberflächen steht oft im Konflikt mit dem Bestreben nach freiliegenden massiven Decken als ↑ Speichermasse zur Temperaturregulierung. In diesem Fall können Möbel und Wandflächen mit absorbierendem Material belegt oder es kann auf freihängende Absorberelemente zurückgegriffen werden.

Schallbelastung
Beeinträchtigung im Raum durch Geräusche externer oder interner Schallquellen. Je nach Nutzung ergeben sich unterschiedliche Ansprüche an den maximalen Geräuschpegel im Raum. Die Luftschallübertragung von einem Raum zum anderen wird durch schwere oder schallgedämmte Trennwände reduziert. Die Körperschallübertragung wird über eine Trittschalldämmung verhindert. Durchlaufende Fassadenkonstruktionen erfordern entsprechende Maßnahmen. Einer Beeinträchtigung durch Lärm von außen kann durch Schallschutzfenster bzw. durch geschützte Lüftungsöffnungen (z. B. durch eine Prallscheibe) entgegengewirkt werden.

Strahlungsasymmetrie
Differenz der empfundenen Strahlungstemperatur von zwei sich gegenüber liegenden Flächen, zwischen denen sich ein Mensch aufhält. Asymmetrische Strahlungsverhältnisse durch z. B. erhöhte Deckenstrahlungstemperaturen oder kalte Flächen, etwa an Wänden oder Fenstern, können thermisches Unbehagen auslösen. Dabei reagiert der Mensch sensibler auf Strahlungsasymmetrie aufgrund von warmen Decken als aufgrund von kalten oder heißen Wänden.

Wärme-/Kälteübergabe
Raumseitige Installationen zur Heizung oder Kühlung. Je nach Wirkungsweise kann unterschieden werden zwischen der Temperierung des Raumes über Wärmestrahlung (z. B. ↑ Fußbo-

denheizung), über Konvektion (z. B. ↑ Konvektoren) und über die Zufuhr vorkonditionierter Luft (z. B. Klimaanlage). Strahlungsbasierte **Flächenkühlsysteme** bzw. **-heizsysteme** benötigen eine große, temperierte Fläche, um wirken zu können. Bei Konvektionssystemen stellt sich ein thermisch angetriebener Luftstrom ein, der die Abgabe der Wärme bzw. Kälte an die Raumluft erhöht. Konvektionssysteme sind so zu konzipieren, dass sich keine zu hohen Luftgeschwindigkeiten ergeben, insbesondere, wenn die Luftströmung durch Ventilatoren verstärkt werden soll. Dasselbe gilt für die Einbringung zentral vorkonditionierter Luft. Den maximal bzw. minimal möglichen Oberflächen- und Luftaustrittstemperaturen sind behaglichkeitsspezifische Grenzen gesetzt, die wiederum die maximale Leistung der Systeme beschränken. Um bei hoher Luftfeuchte ↑ Tauwasserausfall an Kühlflächen zu verhindern, muss entweder die Kühlleistung vermindert oder die Zuluft entfeuchtet werden.

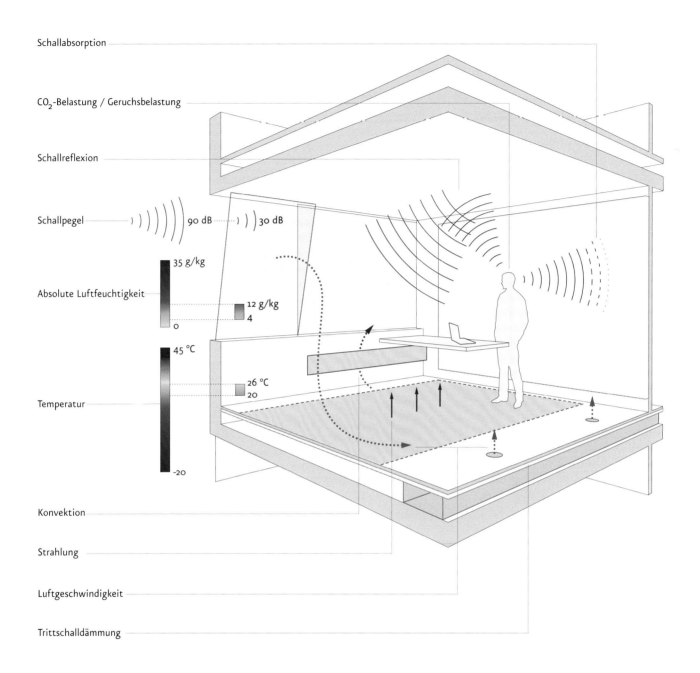

Schallabsorption

CO$_2$-Belastung / Geruchsbelastung

Schallreflexion

Schallpegel))))) 90 dB)) 30 dB

Absolute Luftfeuchtigkeit
35 g/kg
12 g/kg
4
0

Temperatur
45 °C
26 °C
20
-20

Konvektion

Strahlung

Luftgeschwindigkeit

Trittschalldämmung

Abb. 8.5 Raumklima

Durch ein optimiertes Fassadenkonzept und Maßnahmen im Raum soll ein Innenklima hergestellt werden, das dem Menschen eine weitreichende Behaglichkeit bietet, unabhängig von
den Bedingungen im Außenraum. Entsprechend der Nutzung des Raums und dem Standort
des Gebäudes müssen Maßnahmen zur Regulierung der Raumtemperatur, der Raumluftfeuchte,
der Raumakustik und der Raumluftqualität getroffen und zu hohe Luftgeschwindigkeiten oder
Strahlungsasymmetrien vermieden werden. Der Außenbezug über öffenbare Fassadenelemente,
der Ausblick und die Nachvollziehbarkeit der Systeme stellen weiche, nicht quantifizierbare
Behaglichkeitsfaktoren dar, die jedoch einen großen Einfluss auf das individuelle Wohlbefinden
haben.

Raumkonditionierung

Bauteilaktivierung
Nutzung von Betondecken zur Flächenheizung/-kühlung durch eingegossene, wasserdurchströmte Rohrschleifen. Durch die thermische ↑Speichermasse kommt es zu einer Phasenverschiebung. Dadurch kann kühle Nachtluft über ein Rückkühlwerk zur Kühlung am Tag genutzt werden. Lastspitzen werden ausgeglichen, wodurch sich die erforderliche Kühlleistung reduziert. Auch im Heizfall können regenerative Energiequellen aufgrund der moderaten ↑Systemtemperaturen effizient genutzt werden.

Dezentrales Lüftungsgerät
Konditionierung und Einbringung der Außenluft über ein fassadenintegriertes Gerät. Die angesaugte Außenluft wird durch den Ventilator am Wärmetauscher vorbeigeleitet und temperiert. Wird der Abluftstrom ebenfalls über das Gerät geleitet, ist eine ↑Wärmerückgewinnung möglich. Bei entsprechender Kühlleistung und feuchter Außenluft kann eine Kondensatableitung erforderlich werden.

Fußbodenheizung/-kühlung
Temperierung des Fußbodens über wasserdurchströmte Rohrschleifen unter dem Belag. Voraussetzung ist, dass eine genügend große Fläche des Fußbodens aktiviert wird und die Schichten des Bodenaufbaus über den Heizschleifen genügend wärmeleitfähig sind. Grenzwerte für maximale Oberflächentemperaturen beschränken die Leistung des Systems. Die Kombination mit regenerativen Energiequellen ist effizient, weil nur moderate ↑Systemtemperaturen erforderlich sind. Entlang der Fassade reicht die Heizleistung unter Umständen nicht aus, um einem ↑Kaltluftabfall entgegenzuwirken. In diesem Fall ist hier ein zusätzlicher Konvektor vorzusehen. Aus Gründen der Behaglichkeit kann über den Fußboden nur in geringem Maße gekühlt werden.

Induktionsgerät
Raumseitige Nachheizung oder -kühlung zentral vorkonditionierter Luft. Die Zuluft aus den Kanälen wird an einem Kühl-/Heizregister weiter abgekühlt bzw. erwärmt. Über den Induktionseffekt wird Raumluft angesaugt und ebenfalls konditioniert, wodurch sich die Leistungen erhöhen.

Konvektor
Wärme-/Kälteübergabe über Konvektion. Luft wird zwischen Wärmetauscherplatten temperiert und über eine Konvektionsströmung dem Raum zugeführt. Aufgrund der gerichteten Strömung können Konvektoren entweder zum Heizen oder zum Kühlen genutzt werden. Soll geheizt und gekühlt werden, sind Ventilatorkonvektoren notwendig.

Kühldecke/Heizdecke
Wassergeführtes Flächenkühlsystem in Deckennähe. Die Kälte bzw. Wärme wird überwiegend über Strahlung abgegeben. Bei abgehängten Systemen, die von der Raumluft umspült werden, kann ein gewisser konvektiver Anteil hinzukommen. Um ↑Tauwasserausfall zu vermeiden, werden Kühldecken meist mit einer ↑Entfeuchtung kombiniert. Kontinuierlich verfügbare, regenerative Kältequellen sind gut nutzbar.

Luftführung
Verteilung der Zuluft im Gebäude und ggf. Sammeln der Abluft. Auf Gebäudeebene können die belüfteten Zonen einzeln mit Zu- und ggf. Abluftkanälen erschlossen werden. Durch Überströmöffnungen können auch mehrere Zonen in Reihe geschaltet werden. Dabei findet die Absaugung in der Zone mit den geringsten hygienischen Anforderungen statt. Wird eine reine Zuluftanlage installiert, entweicht die Abluft über Öffnungen in der Fassade. Abluftanlagen funktionieren in umgekehrter Weise, hier kann die Zuluft jedoch nicht zentral vorkonditioniert werden. Auf Raumebene muss die Zuluft über Lüftungselemente einströmen. Je nach räumlicher Anordnung der Zu- und Abluftelemente sowie der Auslassgeschwindigkeiten und -temperaturen wird unterschieden zwischen Mischlüftung und Quelllüftung. Den minimalen und maximalen Zulufttemperaturen sind aus Gründen der ↑Behaglichkeit Grenzen gesetzt. Hohe ↑Luftgeschwindigkeiten in der Aufenthaltszone sind zu vermeiden.

Nachtlüftung
Erhöhung des nächtlichen Luftwechsels, um massive Bauteile auszukühlen. Eine Nachtlüftung ist effizient, wenn genügend freiliegende ↑Speichermassen oder ↑PCM vorhanden sind, wenn ein hoher Luftwechsel in den Nachtstunden realisiert werden kann und wenn die ↑Außenlufttemperaturen in der Nacht ausreichend niedrig sind. Entsprechende Lüftungsöffnungen müssen witterungsgeschützt und einbruchsicher ausgebildet sein sowie einen ausreichenden freien Querschnitt aufweisen.

PCM (Phase Change Material)
Verkapseltes Material mit hohem thermischen Speicherpotenzial aufgrund der Nutzung des Phasenübergangs. Bei erhöhter Raumtemperatur schmilzt das Material und kann dabei im Verhältnis zu seiner Masse große Wärmemengen aufnehmen. Dadurch kann die ↑operative Raumtemperatur trotz Wärmezufuhr länger auf einem bestimmten Niveau gehalten werden. Der kühlende Effekt besteht so lange, bis das Material vollständig geschmolzen ist. Bei Umgebungstemperaturen unter der Grenztemperatur kann das Material wieder entladen werden. PCM kann als Pulver in Gipsplatten oder Anstrichen eingesetzt werden. Als Granulat in Beuteln wird es z. B. auf abgehängte Decken gelegt.

RLT-Anlage
Raumlufttechnische Anlage zur Förderung und Konditionierung von Luft. RLT-Anlagen bestehen aus mehreren, in der Regel hintereinander angeordneten Komponenten. Die Luft kann gefördert, gefiltert, erwärmt, gekühlt, be- und entfeuchtet werden. Oft ist auch eine ↑Wärmerückgewinnung in das Lüftungsgerät integriert. Die Geräte befinden sich in einer oder mehreren Lüftungszentralen. Von dort aus versorgen Schächte und Lüftungskanäle die einzelnen Räume mit Zuluft. Bei einer Wärmerückgewinnung über einen Luftwärmetauscher muss die Abluft wieder der Zentrale zugeführt werden. Für Zentralen und Luftkanäle muss genügend Raum zur Verfügung stehen. Eine kurze und direkte Kanalführung spart Investitionskosten und Antriebsenergie. Sind große Luftmengen erforderlich, muss besonders auf eine behagliche Zulufteinbringung geachtet werden.

Splitgerät
Strombetriebenes, dezentrales Raumklimagerät zur Wärme- und Kälteerzeugung. In der Außeneinheit sind ein Kompressor und ein Abwärmeventilator angeordnet. Der Kompressor verdichtet ein Kältemittel, das durch eine Kältemittelleitung zur Raumeinheit geleitet wird. Dort kann dieses verdampfen und die Kälte wird mit einem weiteren Ventilator über Konvektion an den Raum abgegeben. Splitgeräte können reversibel betrieben und so zum Heizen genutzt werden.

Systemtemperaturen
Temperaturniveau von Vor- und Rücklauf eines Heiz- bzw. Kühlsystems. Je nach Wirkungsweise der raumseitigen Wärmeübergabe sind unterschiedlich hohe **Vorlauftemperaturen** erforderlich. Konvektive Systeme wie Induktionsgeräte oder Heizkonvektoren erfordern höhere Vorlauftemperaturen. Flächenheizsysteme kommen mit moderaten Temperaturen aus und sind deshalb besser für eine Kombination mit regenerativen Wärmequellen geeignet. Dasselbe gilt analog für Kühlsysteme.

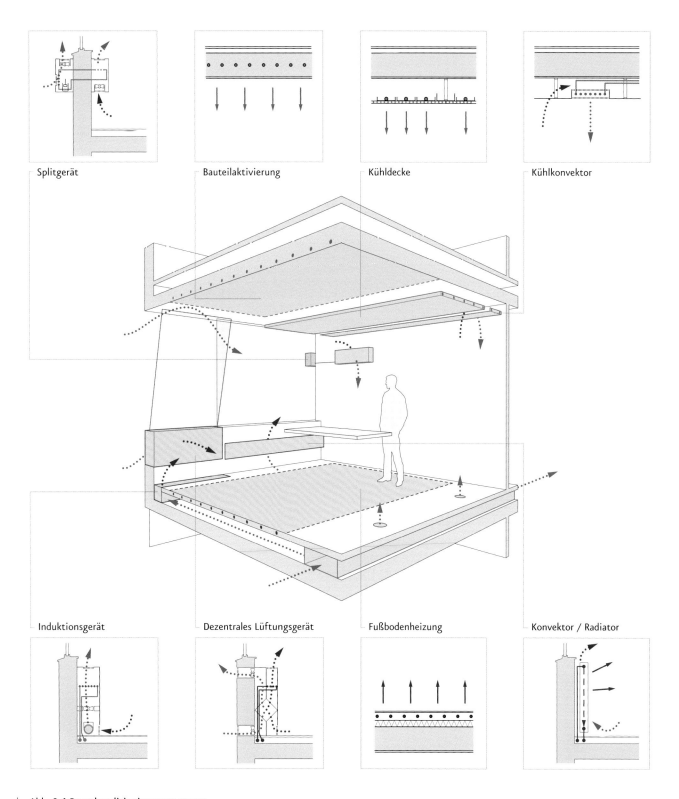

Splitgerät Bauteilaktivierung Kühldecke Kühlkonvektor

Induktionsgerät Dezentrales Lüftungsgerät Fußbodenheizung Konvektor / Radiator

Abb. 8.6 Raumkonditionierungssysteme

Die Wahl der Raumkonditionierungssysteme ist abhängig von der Nutzung, der Fassade und den Außenklimabedingungen am Standort. Aus der Nutzung ergeben sich die Behaglichkeitsanforderungen, die internen
Wärmelasten und der Frischluftbedarf. Die Fassade beeinflusst die solaren Wärmeeinträge und die Möglichkeit
der natürlichen Lüftung. Vom Außenklima hängt ab, ob geheizt oder gekühlt und ob be- oder entfeuchtet
werden muss. Aus energetischen Gründen ist es günstig, wenn dem Raum nur die hygienisch erforderliche
Luftmenge zugeführt wird, Wärme bzw. Kälte sollten über wasserbasierte Systeme transportiert werden. Soll
Solarthermie genutzt werden oder eine energetische Erschließung des Erdreichs erfolgen, ist die Kombination
mit Flächenheizsystemen bzw. -kühlsystemen sinnvoll.

Energieerzeugung

Blockheizkraftwerk [BHKW]
Kraftwerk zur Erzeugung von Strom und Wärme. Als Brennstoffe kommen Öl und Gas sowie nachwachsende Rohstoffe wie Biogas, Biodiesel oder Biomasse zum Einsatz. Das Prinzip der Kraft-Wärme-Kopplung ermöglicht eine nahezu verlustfreie Nutzung des Energieinhalts der Brennstoffe. Es ist sinnvoll, ein BHKW für möglichst viele Volllaststunden auszulegen und mit einem weiteren, flexibleren Wärmeerzeuger zur Unterstützung bei Lastspitzen zu kombinieren. Der entstehende Strom wird in der Regel in das Stromnetz eingespeist.

Brennwertkessel
Anlage zur effizienten Verfeuerung von Brennstoffen für Heizwärme. In Brennwertkesseln wird zusätzlich zur Wärme der Verbrennung die ↑Kondensationswärme der Abgase genutzt. Deshalb sind feuchtigkeitsbeständige und druckdichte Abgasleitungen erforderlich. Brennwertkessel sind energetisch richtungsweisend bei der Errichtung von Feuerungsanlagen für Gas und Öl.

Erdkanal
Unterirdischer Luftkanal zur Nutzung von Erdwärme oder -kälte. Ein Erdkanal kann die Zuluft vorwärmen bzw. vorkühlen. Er kann nur in Verbindung mit einem mechanischen Lüftungssystem realisiert werden. Wirtschaftlich ist es, wenn der Erdkanal im Aushubbereich des Gebäudes verlegt werden kann oder als Aufdoppelung der Keller- bzw. Tiefgaragenwand ausgeführt wird. Erdkanäle werden in der Regel nach dem Kühlfall ausgelegt. Für eine gute Leistungsfähigkeit ist ein hinreichend großer Abstand der ↑Erdreichtemperatur zur ↑Außenlufttemperatur erforderlich. Die Effizienz von Erdkanälen steht in Wechselwirkung mit den Bodeneigenschaften.

Erdsonden/ Grundwassernutzung
Technologien zur Nutzung des Erdreichs als Wärme- bzw. Kältequelle. Das Temperaturniveau des Erdreichs bzw. des Grundwassers kann direkt über einen Wärmetauscher zur Kühlung bzw. indirekt über eine Wärmepumpe zur Heizung verwendet werden. Das Grundwasser wird über einen Saug- und Schluckbrunnen direkt genutzt. Alternativ können wasserdurchströmte Rohrregister im Erdreich verlegt werden. Die Energie steht an einem zentralen Wärmetauscher zur Verfügung. Sie kann über ein Register in der Lüftungsanlage zur Vorwärmung oder Vorkühlung der Zuluft verwendet oder in Flächenheiz- bzw. -kühlsysteme eingespeist werden. Eine weitere Einsatzmöglichkeit ist die optimierte Rückkühlung von ↑Kältemaschinen.

Kältemaschine
System zur Kälteerzeugung bei Nutzung von Strom oder thermischer Energie. Die Energie, die unter Aufwand von Antriebsenergie dem zu kühlenden Medium entzogen wird, muss an anderer Stelle auf höherem Temperaturniveau wieder abgegeben werden können. Für diese **Rückkühlung** eignen sich z. B. ↑Kühltürme, die das Kühlpotenzial der Außenluft nutzen. Das Verhältnis von erzeugter Kühlleistung und erforderlicher Antriebsleistung wird als Leistungszahl oder COP bezeichnet. Geräte mit einer umgekehrten Wirkungsweise heißen **Wärmepumpen**. Die Energie, die einem Heizsystem zur Verfügung gestellt werden kann, muss einer Quelle auf niedrigerem Temperaturniveau entnommen werden. Als regenerative Wärmequelle kann z. B. das Erdreich genutzt werden. Je geringer der Temperaturunterschied zur regenerativen Energiequelle und erforderlicher Heiz- bzw. Kühltemperatur ist, desto effizienter ist der Prozess und desto weniger zusätzliche Antriebsenergie wird benötigt.

Kühlturm
Technologie zur Nutzung des Kühlpotenzials der Außenluft für direkte Kühlung oder Rückkühlung. Bei ausreichend niedrigen ↑Außenlufttemperaturen steht diese Kältequelle konstant zur Verfügung. Ansonsten können die tieferen Nachttemperaturen genutzt werden, um die Kälte phasenverschoben in einer ↑Bauteilaktivierung einzuspeichern. **Rückkühlwerke** können trocken oder nass betrieben werden. Bei der nassen Betriebsweise wird die Temperatur des Kühlmediums durch die Verdunstung von Wasser weiter vermindert. Die Wirksamkeit dieser **adiabaten Kühlung** hängt neben der ↑Außenlufttemperatur auch von der ↑Außenluftfeuchte ab. Kühltürme werden auch zur Rückkühlung von ↑Kältemaschinen verwendet.

Photovoltaik
Direkte Umwandlung von Sonnenlicht in elektrische Energie durch Solarzellen. Der ↑Wirkungsgrad liegt abhängig von der Technologie bei maximal ca. 15 %. Er nimmt ab 25 °C Zelltemperatur mit steigender Temperatur ab. Aufgrund der hohen Investitionskosten eignet sich Photovoltaik vorwiegend für strahlungsreiche Gegenden und für strahlungsexponierte Flächen. Eine Integration in die Dachkonstruktion oder die Fassade ist denkbar. Auf diese Weise können unter Umständen ökonomische Synergieeffekte genutzt werden.

Solare Kühlung
Kombination von ↑Solarkollektoren und thermisch angetriebenen ↑Kältemaschinen. Eine Absorptionskältemaschine wandelt Wärme, die von Kollektoren erzeugt wird, in Kälte um. Für den Betrieb sind höhere Kollektortemperaturen erforderlich, deshalb eignet sich dieses System für Gebiete mit hoher Sonneneinstrahlung. Bei hohem Direktstrahlungsanteil können auch konzentrierende Kollektoren eingesetzt werden. Besonders wirtschaftlich ist das System, wenn das Absorberfeld in Zeiten, in denen keine Kühlung erforderlich ist, zur Wärmeerzeugung genutzt werden kann.

Desiccant-Cooling-Systeme (DEC) nutzen die Wärme der Kollektoren, um die Zuluft ohne Temperaturänderung zu entfeuchten. Danach kann sie auf einfache Weise über Verdunstungskühlung befeuchtet und gekühlt werden.

Solarthermie
Technik, mit der Solarstrahlung in Wärme umgewandelt wird. Die Wärme aus den **Solarkollektoren** wird an ein Trägermedium, in der Regel Wasser, abgegeben und einem ↑Speicher zugeführt. Da sich ↑Heizwärmebedarf und Sonneneinstrahlung im Jahresverlauf in der Regel nicht decken, ist die solare Heizung nur in Gegenden mit geringem Heizwärmebedarf und einem Mindestmaß an ganzjähriger Solarstrahlung sinnvoll.

Speicher
System zur Speicherung von Wärme oder Kälte. Bei vielen Konzepten der regenerativen Wärme- oder Kälteerzeugung ist ein Energiespeicher erforderlich. Dadurch können Energieerzeuger unabhängig von den Lastschwankungen des Verbrauchers Energie produzieren. Diese wird gespeichert, wenn die Produktion den momentanen Bedarf übersteigt und steht später zur Verfügung.

Wirkungsgrad [%]
Verhältnis von abgegebener (nutzbarer) Energie zu eingesetzter Energie bei technischen Geräten. Der Wirkungsgrad beschreibt die Effizienz eines Gerätes und quantifiziert die Verluste, die bei der Umwandlung von Energie durch das Gerät entstehen. Der Wirkungsgrad spielt eine Rolle bei Anlagen zur ↑Wärmerückgewinnung, bei Feuerungsanlagen, ↑Photovoltaiksystemen oder ↑Leuchtmitteln. In Zusammenhang mit ↑Wärmepumpen oder ↑Kältemaschinen wird die Bezeichnung COP (Coefficient of Performance) oder auch „Leistungszahl" verwendet. Die **Jahresarbeitszahl** sagt jedoch mehr über die Effizienz des Gesamtsystems aus. Sie beschreibt das Verhältnis von abgegebener, nutzbarer zu eingesetzter Energie über ein Jahr betrachtet.

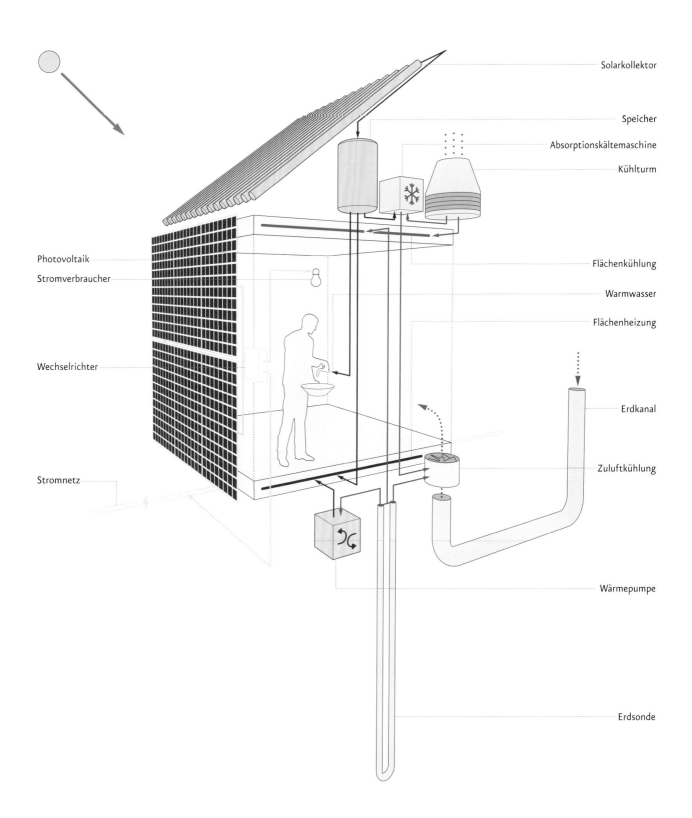

Solarkollektor

Speicher

Absorptionskältemaschine

Kühlturm

Photovoltaik

Stromverbraucher

Flächenkühlung

Warmwasser

Flächenheizung

Wechselrichter

Erdkanal

Zuluftkühlung

Stromnetz

Wärmepumpe

Erdsonde

Abb. 8.7 Energieerzeugungssysteme
Die Wahl des Energieerzeugungssystems ist abhängig vom Wärme-, Kälte- oder Ent-
feuchtungsbedarf, den erforderlichen Leistungen und den Systemtemperaturen der
Raumkonditionierung. Standortspezifische Faktoren sind u.a. die Intensität und der zeitliche
Verlauf der Solarstrahlung sowie die Außenluft- und Erdreichtemperaturen. Je besser das
Energieerzeugungssystem auf das Raumkonditionierungskonzept abgestimmt ist, desto größer
sind die Effizienz und die Wirtschaftlichkeit.

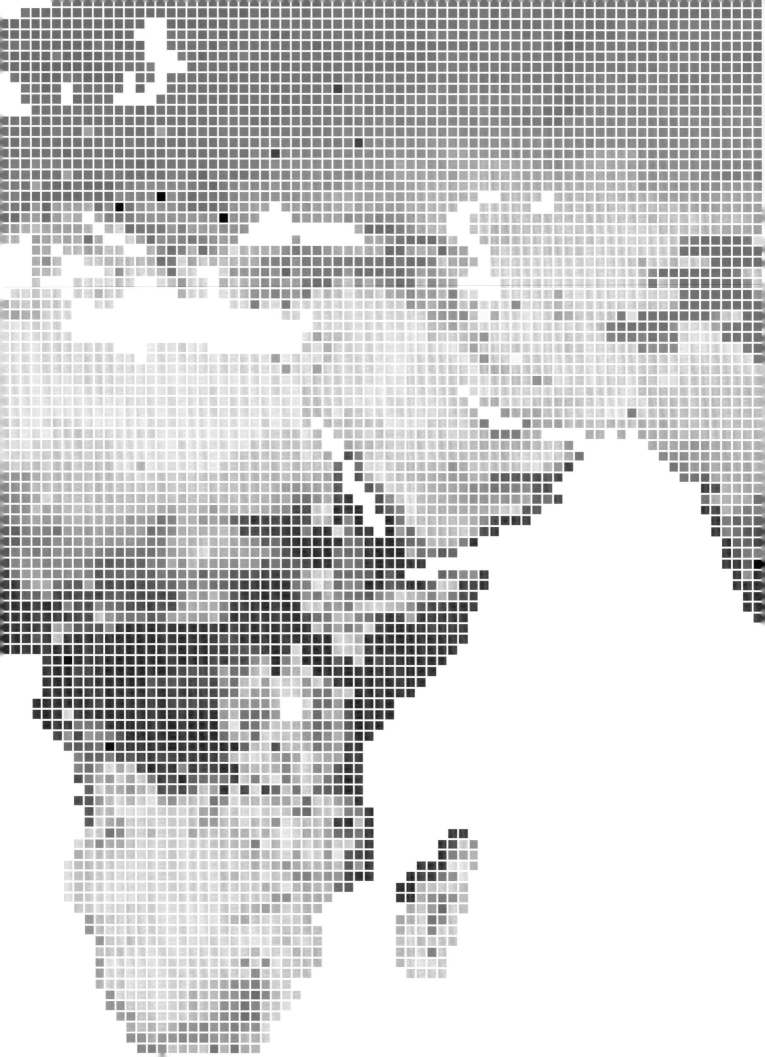

Anhang

Kühl

Stadt	Breite [°]	Länge [°]	Höhe üNN [m]	Temperatur Mittel [°C]	Temperatur Maximum [°C]	Temperatur Minimum [°C]	Tagesgang Maximum [K]
● Detroit US	42,330	-83,080	182	9,2	34,5	-18,4	17,5
Kiew UA	50,420	30,500	108	7,7	32,0	-17,8	18,9
Montreal CA	45,520	-73,570	22	6,3	31,6	-26,0	18,5
Moskau RU	55,750	37,700	152	5,0	30,6	-25,5	17,9
Toronto CA	43,666	-79,383	76	7,6	32,4	-21,3	15,7
Woronesch RU	51,670	39,220	152	6,1	30,5	-25,1	19,6
● Boston US	42,330	-71,070	0	10,7	34,2	-14,7	16,5
Nagano JP	36,650	138,170	365	11,5	34,2	-9,4	20,7
New York US	40,750	-73,980	10	12,4	35,2	-13,7	18,1
Peking CN	39,930	116,400	30	11,8	36,4	-14,3	15,1
Philadelphia US	40,000	-75,170	31	12,1	36,5	-14,1	18,9
Pjöngjang KP	39,033	125,783	35	9,6	33,3	-19,9	16,6
● Anchorage US	61,160	-150,000	0	2,5	24,9	-22,9	19,4
Göteborg SE	57,750	12,000	60	7,3	26,9	-17,4	14,8
Helsinki FI	60,220	25,000	12	4,7	27,1	-24,8	16,2
Oslo NO	59,930	10,750	154	5,3	25,2	-18,9	14,7
Stockholm SE	59,350	18,080	15	6,7	28,9	-19,9	14,5
● Calgary CA	51,080	-114,080	1.056	4,2	30,4	-31,2	27,0
Lhasa CN	29,653	91,119	3.650	7,5	25,5	-12,9	18,7

Den Werten für die Heiz-/Kühlgradtage und Be-/
 Entfeuchtungsgrammtage auf den folgenden Seiten sowie auf
 S. 37 liegen folgende Angaben zugrunde:

Heizgradtage [Kd/a]:
Heiztage * (20,0 °C - T_{mittel})
für Heiztage: T_{mittel} < 12 °C

Kühlgradtage [Kd/a]:
Kühlstunden * ($T_{absolut}$ - 18,0 °C) : Nutzungsstunden
für Kühlstunden: $T_{absolut\ Nutzungszeit}$ > 18,0 °C

Befeuchtungsgrammtage [gd/kga]:
Befeuchtungsstunden * (8,0 g/kg - $x_{absolut}$) : Nutzungsstunden
für Befeuchtungsstunden: $x_{absolut\ Nutzungszeit}$ < 8,0 g/kg

Entfeuchtungsgrammtage [gd/kga]:
Entfeuchtungsstunden * ($x_{absolut}$ - 8,0 g/kg) : Nutzungsstunden
für Entfeuchtungsstunden: $x_{absolut\ Nutzungszeit}$ > 8,0 g/kg

Feuchte Mittel [g/kg]	Feuchte Maximum [g/kg]	Feuchte Minimum [g/kg]	Strahlung Mittel [W/m²]	Strahlung Maximum [W/m²]	Strahlung Summe [kWh/m²a]	Heiz-gradtage [Kd/a]	Kühl-gradtage [Kd/a]	Befeuchtungs-grammtage [gd/kga]	Entfeuchtungs-grammtage [gd/kga]
6,2	21,1	0,8	158,2	1.035,0	1.385,8	3.809,6	497,9	732,4	249,4
5,8	17,7	0,6	134,3	913,0	1.176,5	4.122,7	265,7	729,6	157,7
5,2	19,4	0,4	154,3	1.009,0	1.351,7	4.754,9	408,8	882,9	155,7
5,1	17,7	0,0	113,7	914,0	996,0	5.100,8	196,7	926,7	167,0
5,6	16,6	0,5	154,7	1.047,0	1.355,2	4.263,3	324,0	794,1	139,7
5,7	17,0	0,4	137,1	919,0	1.201,0	4.761,0	311,7	747,6	168,1
6,0	19,6	0,7	162,7	1.045,0	1.425,3	3.216,8	508,5	760,2	212,4
7,6	21,6	1,4	151,9	1.068,0	1.330,6	3.056,4	652,0	569,9	483,1
6,5	21,0	0,8	160,2	1.011,0	1.403.4	2.817,1	697,8	718,2	259,6
6,9	23,9	0,5	169,2	917,0	1.482,2	3.222,3	903,7	806,7	501,0
6,9	23,2	1,0	165,6	988,0	1.450,7	2.914,7	750,6	665,3	363,5
6,9	21,3	0,5	146,5	980,0	1.283,3	3.801,2	599,6	748,4	478,5
3,7	11,0	0,4	100,1	850,0	876,9	6.023,3	16,2	1.126,9	10,7
6,1	15,3	0,9	107,3	922,0	939,3	4.059,1	75,1	549,1	133,4
4,8	13,6	0,4	110,2	847,0	965,4	5.148,6	91,9	861,4	69,2
4,6	13,8	0,6	101,4	906,0	888,3	4.878,9	71,1	927,3	32,2
5,2	14,5	0,6	111,8	868,0	979,4	4.395,7	121,6	798,9	70,5
4,0	13,7	0,2	155,2	1.051,0	1.359,6	5.336,1	213,2	1.107,3	29,7
5,5	16,5	0,6	219,6	1.306,0	1.923,7	3.894,5	100,8	902,5	194,9

Gemäßigt

Stadt	Breite [°]	Länge [°]	Höhe üNN [m]	Temperatur Mittel [°C]	Temperatur Maximum [°C]	Temperatur Minimum [°C]	Tagesgang Maximum [K]
● Budapest HU	47,500	19,080	130	11,0	34,6	-12,2	18,3
Bukarest RO	44,450	26,170	79	10,5	33,9	-14,3	19,3
Mailand IT	45,470	9,200	98	11,7	31,9	-6,9	17,9
Paris FR	48,870	2,330	42	11,0	31,1	-8,3	15,5
Zagreb HR	45,800	15,970	146	11,3	33,1	-10,2	14,2
● Ankara TR	39,920	32,830	872	11,6	36,1	-13,9	18,5
Madrid ES	40,410	-3,710	608	13,9	37,5	-2,4	16,0
● Berlin DE	52,530	13,420	44	9,3	33,2	-15,1	20,1
München DE	48,130	11,580	536	8,0	28,7	-15,2	15,4
Warschau PL	52,250	21,000	90	7,8	31,6	-17,5	17,8
Zürich CH	47,380	8,550	471	8,5	31,1	-10,4	16,3
● Bergen NO	60,380	5,330	0	7,9	23,7	-7,7	13,7
Dublin IE	53,330	-6,250	0	9,8	23,3	-2,2	13,0
Glasgow UK	55,850	-4,250	56	8,4	23,1	-7,8	15,3
London UK	51,500	-0,170	36	10,6	28,2	-3,5	12,7

Feuchte Mittel [g/kg]	Feuchte Maximum [g/kg]	Feuchte Minimum [g/kg]	Strahlung Mittel [W/m²]	Strahlung Maximum [W/m²]	Strahlung Summe [kWh/m²a]	Heiz-gradtage [Kd/a]	Kühl-gradtage [Kd/a]	Befeuchtungs-grammtage [gd/kga]	Entfeuchtungs-grammtage [gd/kga]
6,0	16,4	1,2	137,5	978,0	1.204,5	2.989,7	497,2	657,2	113,6
6,6	18,0	1,0	161,5	1.051,0	1.414,7	3.233,2	649,1	562,8	225,2
7,3	20,3	1,9	142,2	1.007,0	1.245,7	2.794,1	518,4	477,5	301,9
6,8	17,0	1,9	116,2	920,0	1.017,9	2.773,6	241,6	474,3	159,2
7,1	18,6	1,6	136,5	1.002,0	1.195,7	2.862,6	432,7	507,3	262,5
6,6	19,0	1,3	193,5	1.079,0	1.695,0	2.872,9	713,4	552,3	166,5
7,1	16,7	2,5	187,6	1.028,0	1.643,4	2.175,9	712,6	460,9	179,6
5,8	16,9	1,0	116,4	953,0	1.019,7	3,458,0	325,8	672,1	98,0
5,8	15,1	1,1	131,7	970,0	1.153,7	3.895,6	177,1	683,4	113,1
5,8	15,7	0,9	114,4	934,0	1.002,1	3.995,4	222,4	671,4	126,5
6,0	15,2	1,2	126,5	1.105,0	1.108,1	3.740,7	157,3	628,7	118,1
5,3	12,8	1,4	86,8	868,0	760,4	3,956,4	28,6	754,9	40,0
6,2	13,0	2,4	107,8	906,0	944,3	3.059,9	27,8	505,5	53,6
5,8	13,1	1,9	99,3	936,0	869,9	3.662,1	18,3	598,5	35,6
6,5	15,5	2,6	107,6	914,0	942,6	2.854,6	137,9	504,4	90,1

Subtropen

Stadt	Breite [°]	Länge [°]	Höhe üNN [m]	Temperatur Mittel [°C]	Temperatur Maximum [°C]	Temperatur Minimum [°C]	Tagesgang Maximum [K]
Hanoi VN	21,020	105,870	46	22,9	37,5	6,7	14,2
Hong Kong HK	22,270	114,170	0	23,2	34,5	6,9	12,1
Taipeh TW	25,020	121,450	419	19,8	32,5	5,1	12,6
Xiamen CN	24,450	118,080	30	20,8	36,2	4,2	14,9
Houston US	29,830	-95,330	13	19,9	36,9	-5,6	21,0
Shanghai CN	31,230	121,470	8	15,8	36,3	-4,7	14,0
Tokio JP	35,670	139,750	16	15,6	34,8	-2,0	13,6
Algier DZ	36,750	3,000	116	17,3	38,6	1,0	17,7
Brisbane AU	-27,500	153,000	19	20,5	35,4	4,3	18,6
Buenos Aires AR	-34,670	-58,500	0	17,3	32,3	4,0	12,7
New Orleans US	30,000	-90,050	0	20,7	34,4	-1,2	19,3
Perth AU	-31,970	115,820	0	18,4	39,1	4,9	22,0
Sydney AU	-33,920	151,170	0	17,9	32,1	5,6	14,0
Tel Aviv IL	32,080	34,770	0	19,4	34,7	4,8	15,7
Adelaide AU	-34,930	138,600	149	16,4	39,6	4,0	28,0
Barcelona ES	41,420	2,170	121	16,1	31,7	0,7	13,2
Istanbul TR	41,030	28,950	2	14,1	32,7	-3,9	13,1
Melbourne AU	-37,750	144,970	82	14,1	36,6	-0,4	22,7
Montevideo UY	-34,870	-56,170	30	16,5	33,3	0,8	16,9
San Francisco US	37,750	-122,450	0	14,1	30,1	4,2	15,1

Feuchte Mittel [g/kg]	Feuchte Maximum [g/kg]	Feuchte Minimum [g/kg]	Strahlung Mittel [W/m²]	Strahlung Maximum [W/m²]	Strahlung Summe [kWh/m²a]	Heiz-gradtage [Kd/a]	Kühl-gradtage [Kd/a]	Befeuchtungs-grammtage [gd/kga]	Entfeuchtungs-grammtage [gd/kga]
16,1	27,2	6,1	154,3	1.055,0	1.351,7	121,4	1.902,4	2,2	2.330,9
14,2	26,4	3,9	154,3	1.112,0	1.351,7	84,3	1.820,6	46,7	1.642,2
13,7	24,1	5,2	155,2	1.094,0	1.359,6	349,7	1.160,3	15,9	1.554,3
14,7	26,6	5,1	157,3	1.039,0	1.377,9	348,4	1.517,3	9,3	2.037,3
11,3	23,2	2,3	184,6	1.043,0	1.617,1	772,6	1.668,7	174,3	1.072,6
10,2	27,6	1,9	146,3	1.009,0	1.281,6	1.922,9	971,1	359,9	990,1
8,3	23,5	1,4	134,2	1.023,0	1.175,6	1.771,7	843,2	533,5	595,2
9,4	19,6	3,9	188,7	996,0	1.653,0	683,5	1.070,9	141,7	547,2
10,3	24,8	4,1	218,3	1.227,0	1.912,3	41,7	1.645,9	132,5	737,3
8,9	21,0	3,6	194,9	1.193,0	1.707,3	580,3	726,5	189,3	417,8
11,5	23,7	2,2	189,3	1.133,0	1.658,3	443,1	1.518,2	156,3	1.053,5
8,3	19,6	4,1	221,2	1.194,0	1.937,7	201,8	1.152,8	196,8	233,3
9,2	19,5	3,4	191,1	1.124,0	1.674,0	147,6	812,7	186,2	499,8
9,7	19,6	3,8	222,7	1.059,0	1.950,9	156,4	1.326,4	181,5	602,0
7,1	18,0	3,4	203,7	1.110,0	1.784,4	810,9	775,7	396,8	129,7
7,6	17,5	2,6	180,7	1.013,0	1.582,9	1.036,6	634,1	384,0	246,1
7,4	18,4	2,1	166,5	1.064,0	1.458,5	1.976,4	595,7	427,5	263,4
7,1	20,8	3,3	176,4	1.162,0	1.545,3	1.435,8	605,1	384,2	174,8
8,5	18,7	3,6	175,0	1.194,0	1.533,0	824,7	787,9	210,7	335,5
6,8	12,7	3,4	196,2	1.093,0	1.718,7	792,5	187,9	378,1	57,6

Tropen

Stadt	Breite [°]	Länge [°]	Höhe üNN [m]	Temperatur Mittel [°C]	Temperatur Maximum [°C]	Temperatur Minimum [°C]	Tagesgang Maximum [K]
● Bangkok TH	13,730	100,500	0	27,9	35,4	19,0	12,6
Jakarta ID	-6,130	106,750	0	27,2	34,9	21,0	12,0
Kuala Lumpur MY	3,130	101,700	152	26,3	34,8	20,4	12,2
Manaus BR	-3,100	-60,000	45	26,5	34,6	20,4	10,4
Port au Prince HT	18,550	-72,330	0	27,4	35,0	20,0	11,2
Singapur SG	1,280	103,850	30	26,5	33,5	20,8	10,3
● Bangalore IN	12,970	77,580	762	24,2	36,6	14,3	14,7
Kinshasa CD	-4,360	15,300	350	25,5	35,5	15,9	12,9
San Salvador SV	13,708	-89,202	680	22,9	32,8	13,7	14,2
Santa Cruz BO	-17,750	-63,230	388	23,2	33,9	6,5	16,7
Yaoundé CM	3,850	11,520	731	23,7	32,1	17,5	11,1
● Brasilia BR	-15,920	-47,670	960	21,3	32,7	9,3	16,9
Caracas VE	10,540	-66,930	1.051	20,8	28,6	13,1	12,3
Kigali RW	-1,930	30,070	1.417	21,0	32,8	9,9	20,5
San José CR	9,930	-84,080	1.140	20,5	30,6	12,9	15,2
● Miami US	25,870	-80,250	2	24,3	34,2	6,6	13,0
Mumbai IN	18,980	72,850	0	27,6	37,6	16,2	15,4
Rio de Janeiro BR	-22,880	-43,280	152	23,1	34,4	12,5	12,9
Santa Clara CU	22,420	-79,970	102	25,8	35,5	12,0	14,3
● Bogotá CO	4,630	-74,080	2.560	13,3	23,6	2,0	20,0
Cuzco PE	-13,524	-71,985	3.420	11,7	23,3	-1,4	21,1
Quito EC	-0,224	-78,512	2.810	14,1	23,5	6,1	15,0

Feuchte Mittel [g/kg]	Feuchte Maximum [g/kg]	Feuchte Minimum [g/kg]	Strahlung Mittel [W/m²]	Strahlung Maximum [W/m²]	Strahlung Summe [kWh/m²a]	Heiz-gradtage [Kd/a]	Kühl-gradtage [Kd/a]	Befeuchtungs-grammtage [gd/kga]	Entfeuchtungs-grammtage [gd/kga]
17,6	25,1	8,2	201,5	1.084,0	1.765,1	0,0	3.086,0	0,0	2.514,0
18,5	25,3	13,2	199,6	1.149,0	1.748,5	0,0	3.028,9	0,0	2.871,1
17,9	24,9	12,3	188,9	1.152,0	1.654,8	0,0	2.790,0	0,0	2.762,9
18,3	24,1	12,8	205,1	1.159,0	1.796,7	0,0	2.732,1	0,0	2.837,9
15,1	22,2	8,4	228,1	1.107,0	1.998,2	0,0	3.114,2	0,0	1.824,6
18,9	25,0	13,2	186,3	1.080,0	1.632,0	0,0	2.714,8	0,0	2.993,7
15,9	26,7	9,4	231,2	1.168,0	2.025,3	0,0	2.350,7	0,0	2.160,8
16,0	23,0	9,6	184,9	1.187,0	1.619,7	0,0	2.593,0	0,0	2.134,9
14,2	22,1	7,5	214,6	1.208,0	1.879,9	0,0	1.842,1	0,1	1.637,5
13,8	22,9	5,6	209,8	1.285,0	1.837,8	62,9	2.019,9	8,3	1.509,4
16,6	24,3	11,5	205,1	1.187,0	1.796,7	0,0	2.005,2	0,0	2.385,4
12,3	21,0	5,2	204,6	1.259,0	1.792,3	0,0	1.721,4	26,2	1.155,3
13,6	19,9	8,2	185,1	1.209,0	1.621,5	0,0	1.233,2	0,0	1.476,5
13,3	20,7	7,7	207,4	1.306,0	1.816,8	0,0	1.711,7	0,0	1.422,9
12,1	18,8	6,6	213,2	1.208,0	1.867,6	0,0	1.368,2	1,5	1.092,7
13,8	23,8	5,4	201,5	1.072,0	1.765,1	9,6	2.211,3	15,0	1.484,0
16,4	27,2	7,2	214,5	1.057,0	1.879,0	0,0	3.155,9	0,4	2.210,2
14,3	24,1	8,1	193,0	1.205,0	1.690,7	0,0	1.912,3	0,0	1.712,2
16,3	26,0	7,8	185,8	1.156,0	1.627,6	0,0	2.639,6	0,0	2.202,4
10,1	14,3	5,4	179,4	1.310,0	1.571,5	262,9	121,1	2,3	641,9
8,4	14,4	3,5	255,7	1.441,0	2.239,9	1.886,3	122,2	174,8	276,2
10,3	15,5	6,0	189,6	1.231,0	1.660,9	141,8	107,6	20,6	583,9

Wüsten

Stadt	Breite [°]	Länge [°]	Höhe üNN [m]	Temperatur Mittel [°C]	Temperatur Maximum [°C]	Temperatur Minimum [°C]	Tagesgang Maximum [K]
Abu Dhabi AE	24,470	54,420	0	27,2	44,9	11,1	16,9
Doha QA	25,220	51,530	30	26,6	45,4	10,1	15,9
Dubai AE	25,230	55,280	0	27,1	43,6	11,9	13,4
Hyderabad PK	25,380	68,400	61	27,6	41,7	9,5	15,4
Mekka SA	21,430	39,820	336	26,4	41,0	12,6	15,2
Manama BH	26,200	50,570	0	26,6	41,7	12,6	10,8
Sharjah AE	25,330	55,430	46	26,3	44,5	8,5	17,7
Alexandria EG	31,220	29,920	0	20,1	33,1	6,8	14,4
Kairo EG	30,050	31,250	84	21,3	39,6	5,1	15,4
Marrakesch MA	31,630	-8,010	460	19,6	43,7	4,0	17,6
Alice Springs AU	-23,800	133,900	545	21,2	42,0	-0,2	21,2
Medina SA	24,500	39,580	762	27,5	46,0	8,0	14,4
Riad SA	24,650	46,770	701	25,5	43,9	4,9	16,8
Las Vegas US	36,170	-115,170	680	19,5	44,9	-3,4	18,8
Teheran IR	35,670	51,430	1.140	17,0	39,9	-6,9	15,8
Yazd IR	31,920	54,370	1.219	19,1	42,9	-6,1	16,5
Almaty KZ	43,320	76,980	976	9,0	36,5	-21,8	23,5
Denver US	39,750	-105,000	1.622	10,2	34,2	-20,5	23,1
Kabul AF	34,516	69,195	1.800	12,1	37,4	-11,0	21,7
Salt Lake City US	40,750	-111,920	1.309	11,0	38,2	-14,6	22,9

Feuchte Mittel [g/kg]	Feuchte Maximum [g/kg]	Feuchte Minimum [g/kg]	Strahlung Mittel [W/m²]	Strahlung Maximum [W/m²]	Strahlung Summe [kWh/m²a]	Heiz-gradtage [Kd/a]	Kühl-gradtage [Kd/a]	Befeuchtungs-grammtage [gd/kga]	Entfeuchtungs-grammtage [gd/kga]
12,5	27,7	5,2	232,2	1.034,0	2.034,1	0,0	3.318,4	25,4	1.098,0
12,3	28,2	5,1	194,7	1.063,0	1.705,6	0,0	2.949,0	30,2	1.066,4
13,3	30,3	4,6	231,3	1.031,0	2.026,2	0,0	3.122,1	32,0	1.341,2
14,7	27,9	4,1	227,4	1.012,0	1.992,0	0,0	3.247,7	75,1	1.718,7
14,0	24,2	6,6	254,5	1.068,0	2.229,4	0,0	3.135,1	2,8	1.514,4
11,5	23,2	4,6	237,6	1.006,0	2.081,4	0,0	2.657,8	48,0	867,1
13,5	28,4	5,1	228,6	1.047,0	2.002,5	0,0	3.185,1	28,0	1.351,8
10,2	20,1	3,8	231,5	1.045,0	2.027,9	25,9	1.304,1	126,2	642,2
8,5	17,8	3,3	228,5	1.104,0	2.001,7	81,7	1.799,0	290,8	313,4
8,3	17,1	3,7	212,5	1.060,0	1.861,5	388,8	1.543,7	248,8	246,0
7,1	23,3	2,1	257,2	1.217,0	2.253,1	485,4	2.133,2	540,0	169,2
6,2	13,9	2,5	274,5	1.132,0	2.404,6	0,0	3.455,0	593,2	17,7
6,0	19,9	2,3	249,9	1.101,0	2.189,1	119,7	3.033,7	660,6	37,5
4,0	15,2	1,2	234,6	1.080,0	2.055,1	1.245,6	1.914,0	1.126,6	16,4
4,8	13,8	1,5	209,9	1.104,0	1.838,7	1.935,6	1.465,7	906,5	8,5
4,4	11,7	1,3	230,1	1.166,0	2.015,7	1.468,4	1.917,4	1.020,4	1,1
5,2	15,0	0,6	153,6	1.060,0	1.345,5	3.984,8	663,5	818,5	61,9
4,9	16,2	0,6	191,1	1.137,0	1.674,0	3.484,6	651,2	954,7	69,1
5,8	13,2	1,4	225,4	1.192,0	1.974,5	2.964,2	846,5	720,4	66,8
5,0	15,4	1,0	202,9	1.119,0	1.777,4	3.345,8	818,5	894,3	29,4

Literatur und Links

[Argos]   Argos – Software zur Berechnung von Wärmebrücken nach EnEV und DIN 4108.
www.zub-kassel.de/software/argos

[ASHRAE-55]   ASHRAE Standard 55: *Thermal Environmental Conditions for Human Occupancy.* Atlanta, ASHRAE, 2009

[Bartenbach, Witting 2009]   Bartenbach, C.; Witting, W.: *Handbuch für Lichtgestaltung.* Wien, New York 2009

[Behling et al. 1996]   Behling, S.; Behling, S.; Schindler, B.: *Sol Power. Die Evolution der solaren Architektur.* München, New York 1996

[BINE-Info]   BINE-Info – Online-Informationsdienst für Informationstransfer aus der Forschung in die Praxis. www.bine.info

[Blüthgen, Weischet 1980]   Blüthgen, J.; Weischet, W.: *Allgemeine Klimageographie.* 3. Auflage. Berlin 1980

[Brandi 2005]   Brandi, U.: *Detail Praxis. Tageslicht – Kunstlicht.* München 2005

[Brunner et al. 2009]   Brunner, R.; Hönger, C.; Menti, U.; Wieser, C.; Unruh, T.: *Das Klima als Entwurfsfaktor.* Luzern 2009

[ClimaDesign]   ClimaDesign. Lehrstuhl für Bauklimatik und Haustechnik. TU München. www.climadesign.de

[ClimaTool]   ClimaTool – Interaktives Planungswerkzeug zur bauspezifischen Klimaanalyse jedes beliebigen Standorts weltweit. www.climate-tool.com

[Daniels 1999]   Daniels, K.: *Technologie des ökologischen Bauens. Grundlagen und Maßnahmen, Beispiele und Ideen.* Basel, Boston, Berlin 1999

[Daniels 2000]   Daniels, K.: *Gebäudetechnik. Ein Leitfaden für Architekten und Ingenieure.* München 2000

[DIALux]   DIALux – Kostenlose Software zur professionellen Lichtplanung. www.dial.de/CMS/German/Articles/DIAL/DIAL.html?ID=1

[Dibowski, Wortmann 2004]   Dibowski, G.; Wortmann, R.; AG Solar Nordrhein-Westfalen: *Luft-Erdwärmetauscher L-EWT.* Jülich 2004

[Doswald 1977]   Doswald, F.: *Planen und Bauen in heißen Zonen.* Zürich 1977

[Ebert et al. 2010]   Ebert, T.; Eßig, N.; Hauser, G.: *Detail Green Books. Zertifizierungssysteme für Gebäude.* München 2010

[Ellis 1960]   Ellis, F. P.: „Physiological Responses to Hot Environments." In: *Medical Research Council Report No. 298,* H.M.S.O., 1960

[Epass Helena]   Epass Helena – Software zur Berechnung nach EnEV 2009, DIN V 18599, DIN V 4108 und DIN V 4701. www.zub-kassel.de/software/epass-helena-enev-2009

[ESP-r]   ESP-r dynamisches Gebäude- und Anlagen-Simulationsprogramm. www.esru.strath.ac.uk/Programs/ESP-r.htm

[Fanger 1982]   Fanger, P. O.: *Thermal Comfort. Analysis and Applications in Environmental Engineering.* Florida 1982

[Flagge, Herzog 2001]   Flagge, I.; Herzog, T.: *Architektur und Technologie.* München 2001

[Forkel 2008]   Forkel, M.: www.klima-der-erde.de. 21.11.2008

[Gaines, Jäger 2009]   Gaines, J.; Jäger, S.: *Albert Speer & Partner. Ein Manifest für nachhaltige Stadtplanung.* München 2009

[GeoDataZone 2010]   GeoDataZone – Das Lexikon der Erde. www.geodz.com

[Gerhart 2002]   Gerhart, J.: „Windwirkungen." In: Eisele, J.; Kloft, E.: *Hochhaus Atlas.* München 2002

[Göbel 2004]   Göbel, P.: *Wetter und Klima.* Köln 2004

[Goris et al. 2010]   Goris, A.; Heisel, J.: *Schneider, Bautabellen für Architekten.* Neuwied 2010

[Gösele et al. 1996]   Gösele, K.; Schüle, W.; Künzel, H.: *Schall, Wärme, Feuchte.* Wiesbaden, Berlin 1996

[Häckel 1999]   Häckel, H.: *Farbatlas Wetterphänomene.* Stuttgart 1999

[Häckel 2005]   Häckel, H.: *Meteorologie.* 5. Auflage. Stuttgart 2005

[Hausladen, Tichelmann 2009]   Hausladen, G.; Tichelmann, K.: *Ausbau Atlas.* Basel, Boston, Berlin 2009

[Hayner et al. 2010]   Hayner, M.; Ruoff, J.; Thiel, D.: *Faustformel Gebäudetechnik: für Architekten.* München 2010

[Hegger et al. 2005]   Hegger, M.; Auch-Schwelk, V.; Fuchs, M.; Stark, T.; Rosenkranz, T.: *Baustoff Atlas.* Basel, Boston, Berlin 2005

[Hegger et al. 2007]   Hegger M.; Fuchs M.; Stark T.; Zeumer M.: *Energie Atlas. Nachhaltige Architektur.* Basel, Boston, Berlin 2007

[Herzog et al. 2004]   Herzog, T., Krippner, R., Lang, W.: *Fassaden Atlas.* Basel, Boston, Berlin 2004

[Heyer 1972]   Heyer, E.: *Witterung und Klima. Eine allgemeine Klimatologie.* 7. Auflage. Leipzig 1972

[Hindrichs, Heusler 2006]   Hindrichs, D.; Heusler, W.: *Fassaden. Gebäudehüllen für das 21. Jahrhundert.* 2. Auflage. Basel, Boston, Berlin 2006

[Hindrichs, Daniels 2007]   Hindrichs, D.; Daniels, K.: *Plusminus 20°/40° Latitude.* Stuttgart, London 2007

[Hupfer, Kuttler 2006]   Hupfer, P.; Kuttler, W.: *Witterung und Klima. Eine Einführung in die Meteorologie und Klimatologie.* Begründet von Ernst Heyer, 12. Auflage. Wiesbaden 2006

[h,x-Diagramm]   h,x-Diagramme für verschiedene Höhen. www.dolder-ing.ch/wissen/Lueftung-Klima/h-x-diagramm/Mollier_h-x-diagramm_pdf-vorlagen-dowload.htm

[Hyde 2006]	Hyde, R.: *Climate Responsive Design*. 3. Auflage. Cornwall 2006
[IBP-Fraunhofer]	Fraunhofer-Institut für Bauphysik. www.ibp.fraunhofer.de
[IDA]	IDA – Software zur dynamischen Gebäudesimulation. http://equa.se.linweb57.kontrollpanelen.se/en/software/idaice
[ILK]	ILK_hx-Diagramm – Freeware (Excel-Tool) zur Darstellung von Prozessen im Mollier-hx-Diagramm. www.ilkdresden.de/index.php?id=833
[Kaltenbach 2003]	Kaltenbach, F.: *Detail Praxis. Transluzente Materialien*. München 2003
[Kaltschmitt 2006]	Kaltschmitt, M.; Streicher, W.; Wiese, A.: *Erneuerbare Energien. Systemtechnik, Wirtschaftlichkeit, Umweltaspekte*. Berlin 2006
[Keller et al. 2007]	Keller, B.; Rutz, S.: *Pinpoint, Fakten der Bauphysik zu nachhaltigem Bauen*. Zürich 2007
[Klimafibel 2007]	*Städtebauliche Klimafibel Land Baden-Württemberg*, in Zusammenarbeit mit dem Amt für Umweltschutz. Stuttgart 2007. www.staedtebauliche-klimafibel.de
[Kohler et al. 2009]	Kohler, N.; König, H; Kreissig, J.; Lützkendorf, T.: *Detail Green Books. Lebenszyklusanalyse in der Gebäudeplanung*. München 2009
[Köppen-Geiger]	Effektive Klimaklassifikation nach Köppen-Geiger. http://koeppen-geiger.vu-wien.ac.at.
[Koschenz, Lehmann 2000]	Koschenz, M.; Lehmann, B.: *Thermoaktive Bauteilsysteme tabs. EMPA*. Dübendorf 2000
[Köster 2004]	Köster, H.: *Tageslichtdynamische Architektur: Grundlagen, Systeme, Projekte*. Basel, Boston, Berlin 2004
[Lang 2001]	Lang, W.: „Alles nur Fassade? Zu den funktionalen, energetischen und konstruktiven Aspekten der Gebäudehülle." In: Schittich, C. (Hrsg.): *Im Detail. Gebäudehüllen. Konzepte, Schichten, Material*. Basel, Boston, Berlin 2001
[Lauber 2005]	Lauber, W.: *Tropical Architecture*. München, Berlin, London, New York 2005
[Lenz et al. 2010]	Lenz, B.; Schreiber, J.; Stark, T.: *Detail Green Books. Nachhaltige Gebäudetechnik*. München 2010
[Liedl 2011]	Liedl, P.: *Interaktion Klima-Mensch-Gebäude: Planungswerkzeuge für die Konzeption von Verwaltungsgebäuden in unterschiedlichen Klimaregionen im Kontext von Energie und Raumklima mit detaillierter Klimaanalyse*. Dissertation. TU München, 2011
[Lippsmeier 1980]	Lippsmeier, G.: *Tropenbau/Building in the Tropics*. 2. Auflage. München 1980
[Meteonorm]	Meteonorm – Global Solar Radiation Database. Version 6.0. www.meteonorm.com
[Meyers 2005]	*Meyers Großes Länderlexikon*. Mannheim 2005
[Milne, Givoni 1979]	Milne, M.; Givoni, B.: „Architectural Design Based on Climate." In: Watson, D. (Hrsg.): *Energy Conservation through Building Design*, Chapter 6. New York 1979
[Mommertz 2008]	Mommertz, E.: *Detail Praxis. Akustik und Schallschutz*. München 2008
[NASA 2006]	National Aeronautics and Space Administration: *The Earth Observer*. Nov./Dec. 2006. Volume 18, Issue 6. 2006
[NASA 2008]	National Aeronautics and Space Administration. www.nasa.gov
[Oesterle et al. 1999]	Oesterle, E.; Lieb, R.; Lutz, M.; Heusler, W.: *Doppelschalige Fassaden, Ganzheitliche Planung*. München 1999
[Olgay 1963]	Olgay, V.: *Design With Climate. Bioclimatic Approach to Architectural Regionalism*. New Jersey 1963
[Oliver 2003]	Oliver, P.: *Dwellings*. London 2003
[PCM express]	PCM express – Kostenloses Planungs- und Simulationsprogramm für den Einsatz von Phasenwechselmaterialien (PCM). www.valentin.de/produkte/pcm
[Pfundstein et al. 2007]	Pfundstein, M.; Rudolphi, A.; Spitzner, H.; Gellert, R.: *Detail Praxis. Dämmstoffe*. München 2007
[Pistohl 2009]	Pistohl, W.: *Handbuch der Gebäudetechnik*. Düsseldorf 2009
[Pültz 2002]	Pültz, G.: *Bauklimatischer Entwurf für moderne Glasarchitektur*. Berlin 2002
[PV-Kalkulation]	Online-PV-Kalkulation (u. a. optimale Neigungswinkel) für Standorte in Europa und Afrika. http://re.jrc.ec.europa.eu/pvgis/apps4/pvest.php
[PV*SOL]	PV*SOL – Dynamisches Simulationsprogramm mit 3D-Visualisierung und Verschattungsanalyse von netzgekoppelten Photovoltaik-Anlagen. www.valentin.de/produkte/photovoltaik
[Radiance]	Radiance: Dynamisches Tageslichtsimulationsprogramm. www.al-ware.com/index.php?CATID=523&SUBCATID= 562#3DLi
[Recknagel 2007]	Recknagel, H.; Sprenger, E.; Schramek, R.: *Taschenbuch für Heizung und Klimatechnik 07/08*. München 2007
[Recknagel et al. 2010]	Recknagel, H.; Sprenger, E.; Schramek, E.: *Taschenbuch für Heizung und Klimatechnik 2011/2012*. München 2010
[Richarz et al. 2008]	Richarz, C.; Schulz, C.; Zeitler, F.: *Detail Praxis. Energetische Sanierung*. München 2008

[Roberts, Guariento 2009]	Roberts, S.; Guariento, N.: *Gebäudeintegrierte Photovoltaik: Ein Handbuch*. Basel, Boston, Berlin 2009
[RWE 2010]	RWE Energie Aktiengesellschaft: *Bau-Handbuch 2009*. Heidelberg 2010
[Schönauer 2000]	Schönauer, N.: *6000 Years of Housing*. New York 2000
[Schönwiese 2003]	Schönwiese, C.-D.: *Klimatologie*. 2. Auflage. Stuttgart 2003
[Schultz 2002]	Schultz, J.: *Die Ökozonen der Erde*. Stuttgart 2002
[SolarCoolingLight]	SolarCoolingLight – Freeware zur Vordimensionierung von solaren Kältesystemen. www.solair-project.eu/218.0.html#c1010
[TAS]	TAS – Modular aufgebautes dynamisches Simulationsprogramm. www.edsl.net/main/
[Top-Wetter]	Top-Wetter: Meteorologische Kalkulationen. www.top-wetter.de/calculator
[Treberspurg 1999]	Treberspurg, M.: *Neues Bauen mit der Sonne. Ansätze zu einer klimagerechten Architektur*. Wien, New York 1999
[TRNSYS]	TRNSYS – Modular aufgebautes, dynamisches Gebäude- und Anlagen-Simulationsprogramm. www.transsolar.com/__software/docs/trnsys/trnsys_uebersicht_de.htm
[T*SOL]	T*SOL – Dynamisches Simulationsprogramm zur detaillierten Untersuchung thermischer Solarsysteme und deren Komponenten. www.valentin.de/produkte/solarthermie
[U-Wert]	U-Wert-Berechnung von Materialien und Bauteilen. www.u-wert.net
[Vitra Design Museum 2007]	Vitra Design Museum: *Leben unter dem Halbmond*. 2. Auflage. Weil am Rhein 2007
[Walter, Lieth 1967]	Walter, H.; Lieth, H.: *Klimadiagramm-Weltatlas*. Jena 1967
[Webb 1960]	Webb, C.G.: *Thermal Discomfort in an Equatorial Climate*. London 1960
[Weller et al. 2009]	Weller, B.; Hemmerle, C.; Jakubetz S.; Unnewehr, S.: *Detail Praxis. Photovoltaik*. München 2009
[Wellpott 2006]	Wellpott, E.; Bohne, D.: *Technischer Ausbau von Gebäuden*. Stuttgart 2006
[World Ocean Atlas 2010]	World Ocean Atlas: *National Oceanographic Data Center NODC*. www.nodc.noaa.gov
[Wüstenrot Stiftung 2009]	Wüstenrot Stiftung: *Energieeffiziente Architektur*. Stuttgart 2009
[ZUB-Kassel]	Zentrum für Umweltbewusstes Bauen e. V. www.zub-kassel.de
[DIN ISO 2533]	DIN ISO 2533: *Normatmosphäre*. Berlin 1997
[DIN 5034]	DIN 5034: *Tageslicht in Innenräumen. Teil 1, 2, 3*. Berlin 1999, 1985, 2007
[DIN EN ISO 7726]	DIN EN ISO 7726: *Umgebungsklima-Instrumente zur Messung physikalischer Größen*. Berlin 2001
[DIN EN ISO 7730]	DIN EN ISO 7730: *Ergonomie der thermischen Umgebung*. Berlin 2006
[DIN 12524]	DIN 12524: *Wärme- und Feuchteschutztechnische Eigenschaften. Tabellierte Bemessungswerte*. Berlin 2000
[DIN EN 12665]	DIN EN 12665: *Licht und Beleuchtung. Grundlegende Begriffe und Kriterien für die Festlegung von Anforderungen an die Beleuchtung*. Berlin 2002
[DIN EN 15251]	DIN EN 15251: *Eingangsparameter für das Raumklima zur Auslegung und Bewertung der Energieeffizienz von Gebäuden. Raumluftqualität, Temperatur, Licht und Akustik*. Berlin 2007
[DIN 33403-2]	DIN 33403-2: *Klima am Arbeitsplatz und in der Arbeitsumgebung. Teil 2: Einfluss des Klimas auf den Wärmehaushalt des Menschen*. Berlin 2000
[DIN 33403-3]	DIN 33403-3: *Klima am Arbeitsplatz und in der Arbeitsumgebung. Teil 3: Beurteilung des Klimas im Warm- und Hitzebereich auf der Grundlage ausgewählter Klimasummenmaße*. Berlin 2001
[DIN V 18599]	DIN V 18599: *Energetische Bewertung von Gebäuden. Berechnung des Nutz-, End- und Primärenergiebedarfs für Heizung, Kühlung, Lüftung, Trinkwarmwasser und Beleuchtung*. Berlin 2007

Sachwortverzeichnis

Autoren und Dank

Univ.-Prof. Dr.-Ing. Gerhard Hausladen

1947	geboren in München
1967 bis 1972	Studium Maschinenbau an der Technischen Universität München (TUM)
1972 bis 1980	Wissenschaftlicher Mitarbeiter und wissenschaftlicher Assistent am Lehrstuhl für Haustechnik und Bauphysik der TUM
1980	Promotion zum Dr.-Ing.
1980 bis 1985	Technischer Leiter eines mittelständischen Industrieunternehmens im Bereich Heizungstechnik
1986	Gründung eines eigenen Ingenieurbüros für Haustechnik, Bauphysik und Energietechnik
1992 bis 2001	Professur für Technische Gebäudeausrüstung an der Universität Kassel
1998	Gründung des Zentrums für Umweltbewusstes Bauen e.V. (ZUB) an der Universität Kassel
1998 bis 2001	Vorstand des ZUB an der Universität Kassel
seit 2001	Ordinarius des Lehrstuhls für Bauklimatik und Haustechnik an der TUM
seit 2007	Vorstandsvorsitzender ClimaDesign e. V.

www.climadesign.de; www.ibhausladen.de

Dr.-Ing. Petra Liedl

1976	geboren in Weiden i.d. Opf.
1995 bis 2001	Architekturstudium an der TUM
2002 bis 2007	Wissenschaftliche Assistentin am Lehrstuhl für Bauklimatik und Haustechnik an der TUM Internationale Forschungs- und Lehraufenthalte
2007 bis 2010	Promotionsstipendium der International Graduate School of Science and Engineering (IGSSE) an der TUM
2008 bis 2009	Associate der Stiftung „Neue Verantwortung", Gruppe „Sustainable technology leadership", Berlin
2011	Promotion zum Dr.-Ing. mit dem Thema „Interaktion Klima-Mensch-Gebäude": Entwicklung der interaktiven Planungswerkzeuge ClimaTool und FassadenTool sowie einer bauklimatischen Klimaklassifikation Dr. Marschall-Preis 2011 der Fakultät für Architektur der TUM
seit 2006	Zusammenarbeit mit dem Ingenieurbüro Hausladen, Kirchheim bei München
seit 2007	Gründungsmitglied und Mitglied des Vorstands ClimaDesign e.V. Lehraufträge an Universitäten und Akademien mit dem Schwerpunkt ClimaDesign international

www.climate-tool.com

Prof. Dr.-Ing. Mike de Saldanha

1966	geboren in München
1982 bis 1985	Ausbildung zum Energieanlagenelektroniker, Fa. Siemens in München
1987 bis 1994	Architekturstudium in München und Kassel
1994 bis 1996	Studium Energie & Umwelt in Kassel
1995	Solarmobilexpedition nach Nordafrika
seit 1995	Selbständige Tätigkeit im Energie- und Solarbereich
seit 1997	Tätigkeit im Ingenieurbüro Hausladen
1998 bis 2001	Wissenschaftlicher Mitarbeiter an der Universität Kassel
1998	Gründungsmitglied des Zentrums für Umweltbewusstes Bauen e.V. in Kassel
2002 bis 2006	Wissenschaftlicher Assistent am Lehrstuhl für Bauklimatik und Haustechnik der TUM
2002	Gründungsmitglied des Masterstudiengangs Klimaengineering und Mitglied des wissenschaftlichen Beirats an der Donau-Universität Krems
2005	Konzeption und Etablierung des Masterstudiengangs ClimaDesign an der TUM
2006	Promotion zum Dr.-Ing. an der TUM mit dem Thema „Interaktion von Hülle, Raum und Struktur"
seit 2006	Inhaber atelier.ClimaDesign
seit 2010	Professur für Gebäudetechnologie + Energietechnik am Fachbereich Architektur und Innenarchitektur an der Hochschule Darmstadt

www.atelierclimadesign.de; www.simulationsstudio-darmstadt.de

Wir danken Dipl.-Ing. Michael Kehr herzlich für sein Engagement bei diesem Buchprojekt, für seinen kreativen Input bei den Grafiken wie für seine große Sorgfalt bei der fachlichen Zusammenarbeit. Ebenso geht ein großer Dank an Dipl.-Ing. Sandro Pfoh für seine tatkräftige Unterstützung bei der Umsetzung der Grafiken.

Bei M.Sc. Georg Hausladen bedanken wir uns herzlich dafür, dass er uns für dieses Buch seine Vegetationsfotos aus den einzelnen Klimazonen zur Verfügung gestellt hat.

Unser Dank gilt auch Siemens Real Estate, insbesondere Bernd Heibel, Rainer Kohns und Otto Reich, für die Möglichkeit der Zusammenarbeit im Rahmen einer Studie zu klimagerechten Bürogebäuden weltweit.

Ganz besonders danken wir Annette Gref, Berit Liedtke, Sarah Schwarz und Werner Handschin vom Birkhäuser Verlag für den intensiven Austausch, das professionelle Lektorat und die hervorragende Zusammenarbeit. Sie haben das Buchprojekt inhaltlich und technisch bestens betreut und uns viele hilfreiche Anregungen gegeben.

Konzept Gerhard Hausladen, Petra Liedl, Mike de Saldanha
Texte Gerhard Hausladen, Petra Liedl, Mike de Saldanha
Lektorat Annette Gref, Berit Liedtke, Sarah Schwarz
Projektkoordination Annette Gref, Berit Liedtke,
Sarah Schwarz

Bibliografische Information der Deutschen Nationalbibliothek
Die Deutsche Nationalbibliothek verzeichnet diese
Publikation in der Deutschen Nationalbibliografie;
detaillierte bibliografische Daten sind im Internet über
http://dnb.d-nb.de abrufbar.

Dieses Buch ist auch in englischer Sprache erschienen
(ISBN 978-3-0346-0728-5).

© 2012 Birkhäuser, Basel
Postfach, 4002 Basel, Schweiz

Part of De Gruyter

Gedruckt auf säurefreiem Papier, hergestellt aus chlorfrei
gebleichtem Zellstoff. TCF ∞
Printed in Germany

ISBN 978-3-0346-0727-8

9 8 7 6 5 4 3 2 1   www.birkhauser.com